새로운 성경

한국어로 내려온
New Bible

제139권

9부 | 총10부

하얀마음

하나님 말씀 중에서

1. 사랑의 하나님

- 세상을 창조하신 하나님은 모두를 사랑하신다. 인간만 특별히 더 사랑하지 않고, 우주 만물을 다 똑같이 사랑하신다. 그러니 하나님이 창조하신 천지 만물과 화친하고, 미물까지도 소중히 대하라.

- 하나님은 특정 종파나 민족만을 더 사랑하지 않으신다. 자기 자신만 구원받겠다는 욕심을 버리고, 자기 종파만 구원받는다는 편협한 교리에서 벗어나야 한다. 종파를 초월해서, 모두를 사랑하라.

- 원수까지 사랑하라 했으니, 이 세상에 사랑하지 못할 자가 누가 있겠는가? 종파가 다르다고 해서 부모 형제와 원수처럼 지내는 자는 인간의 근본을 모르는 자다. 가장 가까운 가족부터 사랑할 때 남도 진심으로 사랑할 수 있다.

- 한 사람을 원수같이 생각하던 마음에서 사랑하는 마음으로 돌리면, 자기 자신의 마음이 가장 기쁘고 행복하다. 하나님께서는 인간의 마음속에 무거움이 없이 기쁘고 행복한 삶을 살기를 바라신다.

- 이웃을 "내 몸처럼" 사랑하라 했으니, 마지막 한 장 남은 천국의 티켓도 이웃에게 양보하라. 자기 중심적인 신앙에서 벗어나서 남을 위해 살아야 한다.

- 독초도, 약초도, 이단도 사탄도 천사도 다 필요하기에 존재한다. 독초일지라도 극소량을 사용해서 생명을 살릴 수 있고, 약초라 하더라도 남용하면 생명을 잃을 수 있다.

- 세상 모든 것을 명약으로 활용하는 것은 인간의 지혜에 달렸다. 어떤 것이든 어떤 사람이든 적재적소에 꼭 필요한 명약으로 승화시키라.

- 사탄도 이단도 천사도 모두 하나님의 주관하에 존재한다. 진정한 하나님의 백성은 사탄과 마귀까지도 감화시켜서 천사로 거듭나게 한다.

2. 기도

- 하나님은 인간의 생각까지 모두를 다 알고 계신다. 우리의 소원도 이미 알고 계시기에, 소원의 기도를 할 필요가 없다. 우리가 받을 자격이 되면 내려 주신다.

- 죄를 짓고 아무리 회개를 해도 용서받지 못한다. 도둑질한 자는 용서해 달라고 기도하고, 도둑맞은 자는 도둑을 잡게 해 달라고 기도하면, 공의의 하나님은 누구의 편에 서시겠는가?

- 자기가 잘못한 것은 그 사람에게 직접 갚고 용서를 구하라. 그가 용서하면 하나님도 용서하신다. 땅에서 매면 하늘에서도 매이고, 땅에서 풀리면 하늘에서도 풀리는 이치다.

- "회당에서 기도하지 말고 골방에서 기도하라" 했다. 눈에 보이는 골방이 아니라, 골방과 같이 고요한 마음이다. 잡념을 버리고 하나님을 향해 마음을 집중하며, 사랑하고 용서하는 아름다운 생각만 나오도록 하라.

- "두드리면 열릴 것이다." 하는 것은 육의 소원을 위해 두드리라는 것이 아니라, 진리의 깨달음을 얻기 위해 두드리라는 것이다.

- 기도하는 방법: 생활 속에서 수시로 기도하는 삶을 살아야 한다.

- "저의 죄를 용서하여 주옵소서." 하는 회개의 기도를 하라.
- 범사에 "하나님! 감사합니다." 하라. 현재 가진 것에 감사하며, 과욕하지 말라. 자기 노력 이상의 것을 더 갖고자 기도하는 것은 도둑놈심보다. 공의의 하나님은 각자 노력한 만큼 주신다.
- "하나님 뜻대로 살아가겠나이다." 하며 마음의 각오를 다지라.

- 기도는 하나님의 말씀을 받아서 "행하는 것"이다. 하나님이 계심을 굳건히 믿고, 하늘을 향하여 한 점 부끄럼 없이 사는 삶 자체가 가장 위대한 기도이며, 삶이 곧 예배다.

3. 지도자

- 똑같이 사랑한다는 말을 해도, 순수하게 하는 말은 천사의 말이지만, 사기 쳐서 재산을 가로채려고 하는 말은 사탄의 말이다.

- 종교 지도자가 아무리 훌륭한 설교를 해도, 신도의 재물을 거둬서 더 큰 교회를 짓고 자기의 부귀영화를 바라며 설교하면 사탄의 가르침이 된다.

- "저희 교회는 만원사례요, 믿음은 다 같으니 이웃의 개척 교회에 가서 예배를 드리시오." 하며, 이웃 교회의 부흥을 먼저 생각하여 제 신도를 보내는 종교 지도자가 있다면 그를 따르라. 그가 하나님의 사랑을 실천하는 자다.

- "부자가 천국에 들어가는 것은 낙타가 바늘구멍을 통과하는 것보다 더 힘들다" 하였거늘, 지금의 교회에서는 부자가 되기만을 기도하고 소원하니, 이는 곧 천국을 포기하고 지옥 행 열차의 티켓을 사는 것과 같다.

- 예수는 빈손이었다. 종교 지도자가 예수보다 더 호화롭고 편안하게 살아간다면 잘못된 것이다. 부귀영화와 명예를 바라는 자는 절대로 갈 수 없는 좁고 협착한 길이 종교 지도자의 길이다.

- 종교 지도자는 유리로 비춰 봐 한 점의 부끄러움이 없이 살아야 한다. 의식주도 직접 일해서 해결하고, 예수의 가르침과 행함을 그대로 따라야 한다.

- 종말은 없다. 지금의 잘못 가는 종교 집단에게만 종말이 있다. 보이지 않는 하나님은 보이는 육의 종말은 관여하지 않으신다. 환경 파괴로 인간이 스스로 멸망을 자초하는 것이다. 종파끼리 싸우기 전에, 무너진 인성을 바로잡고 지구의 몸살을 해결하는 데 뜻을 모으는 게 급선무다.

4. 성전이란

- 이 세상 자체가 하나님께서 만드신 성전이다. 자연보다 더 아름다운 성전이 있는가? 보이는 건물이 성전이 아니라, 성스러운 마음가짐이 성전이다.

- 반석 위에 교회를 지으라 했다. 지상의 단단한 돌은 인간이 쪼갤 수 있으나, 마음속의 굳은 결의는 세상 무엇으로도 쪼갤 수 없다. 바르고 굳건한 믿음으로 성경의 가르침을 실천하는 것이 마음의 반석 위에 교회를 짓는 것이다.

- 손으로 지은 건물의 교회에 모여서 복음을 전하는 것이 아니라, 교회를 개인과 가정에 심어 주어야 한다. 무너지고 부서지는 건물을 짓지 말고, 마음속에 영원히 불변하는 참진리의 교회를 지으라.

5. 십계명

- 십계명은 인간이 죽어서 반드시 통과해야만 하는 열 개의 관문이다.

- 부모를 공경하지 아니한 자는 "네 부모를 공경하라." 하는 제5계명의 관문이 열리지 않으니 구원받을 수 없다.
- 살인, 간음, 거짓, 우상 등의 나머지 계명도 마찬가지다.

- 십계명은 하나님의 친필이다. 모기소리만 한 하나님의 음성이라도 들어 보겠다고 여기저기 찾아 헤매지 말고, 십계명부터 암송하고 지키라.

- 십계명은 영혼을 구원하는 양식이며, 십계명을 지키는 것이 구원을 받는 길이다. 인간이기에 지키고자 노력하고 또 노력한다면 지킬 수 있다.

- 십계명을 지키고 천사처럼 아름답게 살아가는 그 마음 하나면 세상에 이루어지지 않는 것이 없다.

6. 보물

- 하나님은 재물이 아니라 우리의 마음을 받으신다. 사랑을 실천하며 천사처럼 변하는 마음이 하나님께 바치는 보물이다.

- 보이지 않는 하나님께 재물을 바치려 하지 말고, 너희를 길러 준 부모에게 용돈 드리고, 찾아뵙고, 효성을 다하라. 그것이 하나님께 효도하는 것이다.

- 하늘에는 선과 악의 창고가 있다. 자기 창고에 선이 많으면 천국으로 구원을 받고, 악이 많으면 심판받아 지옥으로 간다. 그것이 바로 "선한 일을 행한 자는 생명의 부활로, 악한 일을 행한 자는 심판의 부활로" 나오는 것이다.

- "선악과를 따먹지 말라"는 것은 양심을 지키라는 것이다. 선과 악을 구분할 수 있는 양심을 최초에 인간에게 주셨다. 선한 열매는 취하고, 악한 열매는 버리며, 양심에 비추어 부끄럼 없는 삶을 살아가라.

- 가장 작은 거짓말을 하지 않고, 가장 작은 죄를 짓지 않으며, 가장 작은 선행을 하고, 가장 작은 악행을 멀리하는 것이 율법의 일점 일획도 빠뜨리지 말고 다 지키는 삶을 사는 것이다.

7. 우상

- 박물관에 있는 불상은 하나의 예술품이다. 그 조각품에 대고 제 소원을 빌 때 우상숭배가 된다. 십자가라 하여도 그 앞에서 소원을 빈다면 우상숭배하는 것이며, 하나님께 소원을 빈다면 하나님을 우상으로 전락시키는 것이다.

- 지금 기복신앙에 젖어 있는 모든 사람이 우상 앞에 절을 하고 있다. 조각품을 우상이라며 파괴하지 말고, 네 마음속에 있는 욕심의 우상을 무너트리라.

- 생수를 약초가 먹으면 약을 만들고 독사가 먹으면 독을 만든다. 같은 성경을 봐도 선한 지도자는 신도를 천사로 만드는 데 활용한다. 그러나 욕심이 가득한 지도자는 재물을 거두어들여 제가 부귀영화를 누리는 데 악용한다. 그가 바로 성경을 우상숭배의 도구로 전락시키는 거짓 선지자다.

- 성경을 한 획도 빼거나 더하지 말라는 것은, 그 가르침을 빠트리지 말고 온전히 지키라는 것이다. 성경 속에서 자기에게 유리한 구절만 보는 것은, 자기에게 불리한 구절들을 빼 버리는 것이다. 믿음이 제일이요, 행함은 구원과는 관계없다는 것은 자신에게 유리한 쪽으로 성경을 악용하는 것이다.

- 진정한 종교 지도자는 종파에 관계없이 어떤 종파든 어떤 책이든 접하고 보고 깨우쳐 견문을 넓히도록 인도한다. 참진리를 모르고 자신이 없는 자가 남을 이단이라며 배척하고, 신도들의 눈과 귀를 가린다.

8. 예수

- 예수의 재림은 없다. 예수가 다시 온다 해도, 과연 누가 그를 예수라고 믿겠는가? 예수와 같은 삶의 행함이 곧 예수의 재림이다. 각자 모두가 "재림 예수"가 되는, 차원 높은 믿음으로 가야 한다.

- 예수는 "주여 주여 하지 말고, 아버지의 뜻대로 행하라"고 했다. 예수가 전한 하나님의 뜻이 곧 "길이요, 진리요, 생명"이며, 그 가르침이 예수의 보혈처럼 소중한 것이다. 예수를 믿는 것은, 예수의 가르침을 믿고 따르는 것이다.

- 예수는 낮은 자로서 만백성을 섬기고자 했다. 만나는 모든 사람을 다 하나님이라 생각하라. 돈을 벌수록 겸손하고, 높은 지위를 얻을수록 낮아지라.

- 예수는 종파를 만들지 않았다. 인간이 만든 종교와 인간의 교리를 따르지 말고, 예수를 통해 전한 하나님의 참진리를 연구하고 따르라.

- 예수가 2천 년 전에 만백성을 위해 죽었으니, 지금 이 땅에는 예수의 가르침대로 사는 천사만 존재해야 한다. 예수가 죽어 가면서 바란 것은 만백성이 천사가 되어 예수의 자리를 채워 주는 것이지, 지금과 같이 재물을 바치면서 중언부언 제 소원만을 비는 백성들을 바란 것이 아니다.

9. 구원

- 천사가 사는 천국에는 천사만 갈 수 있으니, 천사 같은 마음을 길러야 한다.

\- "천국 열쇠를 네게 주리니 땅에서 무엇이든지 매면 하늘에서도 매일 것이라" 했다. 땅에서 천사같이 사는 자가 하늘에서도 천사가 되어 천국에 들어간다. 모든 사람에게 천사같다는 말을 듣는 삶을 살아야 한다.

- 천사의 곱고 아름다운 마음은 부모를 공경하고 어른을 어른으로 대접하는 데에서 출발한다. 효도하는 자는 형제와 화목하게 지내기에 가정이 화목해지고, 이웃과 화목해지고, 국가가 화목해지고, 온 인류가 화목해진다.

\- 그러므로 지상의 아름다운 소왕국은 가정에서부터 이루어야 한다.

- 선택된 14만 명만 구원받는 것이 아니라, 천사처럼 변하고자 하는 14만 명을 기초로 온 인류가 천사처럼 거듭나는 영적인 개혁이 시작되는 것이다.

- 천 년에 걸쳐서 하늘에서 이루어진 것같이 이 세상을 낙원으로 만들어, 만백성이 지상의 천국에서 살다가 죽어서 그대로 하늘의 천국으로 들어가는, 영원한 지상 낙원을 건설하는 것이 하나님의 계획이다.

- 이것이 구약과 신약에 이어 "새로운 성경"으로 역사하시는 하나님의 창조의 완성이다.

- 지금의 믿음으로 구원받을 수 있다면 그 길을 가라. 그러나 자신이 없다면 하나님께서 직접 내리신 160권의 "새로운 성경"을 읽고 구원의 길을 보라!

하나님 머리말씀

이 새로운 성경을 읽는 너희 모두는
이 율법에 따라 행하면 영원히 구원받을 것이니라.

너희 인간이 수년, 수십 년, 평생
성서를 공부하고 기도하는 것은
하늘나라 나의 곁으로 오고 싶은 소망일진대,

몇천 년 전의 너희 인성과 생각이
지금의 너희와는 판이하게 다르니,

꺾여 가고 병들어 가는 너희를 고칠 수 있는 길은,
오늘 내가 선지자에게 내리는 새로운 성경과 같이
너희가 변화되는 것뿐이니라.

나의 예수가 태어난 것처럼
내가 아들 선지자를 선택하여
나의 새로운 성경을 온 세계에 전하고자 하니,

묵은 것은 버리고 새로운 것은 취하여,
너희 모두는
'여호와 하나님! 저의 죄를 용서하여 주옵소서.'
하는 기도문으로 기도하고, 죄를 뉘우치라.

이 새로운 성경은
수천 년간 내려온 성서를 요약한 것이니,
너희는 이 책을 정독하여 쉽게 깨달음을 얻고,
이대로 실천하여 하늘에 오르라.

대역자 머리말

■ 하나님의 율법을 지키는 선지자로 선택을 받도다.

저는 남들처럼 그저 열심히 살아온 평범한 사람이었습니다. 그러나 50대 중반에 사업에 실패하여 많은 부채에 시달렸으며, 건강도 악화되어 눈이 잘 안 보이고, 걷기도 어렵고, 두통이 심해서 잠을 이룰 수 없는 고통의 나날을 보냈습니다. 그때 제가 선택할 수 있는 것은 육의 삶을 끝내는 길뿐이었습니다.

죽기 직전에 그동안에 죄를 지은 이들에게 용서를 빌고 인생을 끝내기로 작정하였습니다. 어려서부터 지은 죄를 빌고 빌다 보니 끝이 없었고, 죽음으로도 그 많은 죄를 용서받을 길이 없다는 생각에 하염없이 눈물이 흘렀습니다. 그 순간 '재래식 화장실의 구더기는 죄를 짓지 않는데, 나는 인간으로서 구더기만도 못한 삶을 살았구나.' 하는 생각이 들면서 괴로움에 몸부림칠 때, 갑자기 하나님의 음성이 들렸습니다.

"나는 여호와 하나님이니라. 너는 십계명을 암송하고 내가 내려 주는 메시지를 받아 책으로 만들어 만백성을 구하라." 하시며, 제 눈을 손으로 문지르게 하시고, 아픈 머리와 다리를 손으로 두드리게 하셨습니다. 그러고 나니 눈도 잘 보이고 걸을 수 있었으며 머리의 통증도 말끔히 낫게 되었습니다. 그때부터 십계명을 암송하고 나면 들려주시는 말씀을 기록하였고, 1999년 8월부터 2004년 7월까지 권당 288쪽, 총 160권을 받아서 "새로운 성경"이라는 책으로 펴내게 되었습니다.

그러한 저에게 죽기보다도 힘든 길이 시작되었습니다. 모든 교인들이 저에게 사탄이요, 이단이요, 악마요, 마지막 시대에 온 거짓 선지자라 하면서 공격하였고, 저를 짐승을 보듯이 대하는가 하면, 편협한 종교 지도자들의 선동으로 신도들이 이 책을 직접 읽어 보고 평가할 기회마저 막아 버렸습니다. 그래서 하나님의 말씀을 세상에 내는 데 많은 어려움을 겪으며, 피를 토하는 심정으로 책을 전하고 있습니다.

그러나 아무리 인간의 힘으로 막으려 해도, 하나님의 뜻이 세상에 전해지는 위대한 역사는 계속될 것입니다. 책으로 전해지는 "하나님의 말씀"은 세상 끝날까지 항상 우리와 함께하실 것입니다. 사람은 죽어도, 책에 기록된 말씀은 영원히 남으니까요.

■ 따뜻한 실천

하나님께서는 어려운 사람들에게 삶의 터전을 마련해 주고, 미래를 열어 주는 것을 기뻐하십니다. 어려운 이웃이 스스로 자립할 수 있도록 이끌어 주는 것이 진정으로 이웃을 돕는 것이라고 말씀하셨습니다. 그래서 일자리가 없는 제자들에게 작은 사업장을 만들어 주는 "달란트 사업"을 하고 있습니다. 식당, 반찬 가게 등을 차려 주고, 기존의 어려운 사업장이 자립할 수 있도록 돕고 있습니다(커피숍, 미용실, 의상실 등).

하나님께서는 교회에 나와서 모든 시간과 재물을 쏟기를 원하지 않으시고, 그 시간과 재물을 교육에 투자하여 스스로 미래를 열어 가기를 원하십니다. 그래서 제때 공부하지 못한 제자들에게 학업을 이어 가도록 하였습니다. 중화요리 주방장을 하며 초등학교 검정고시부터 공부하여 2012년에 방통대를 졸업한 36세 남성, 만학도들의 2년제 중학교에 입학해서 2007년에 명지대학을 졸업한 38세 여성, 중학교 검정고시를 시작으로 숭의여자대학을 졸업한 47세 여성 등이 있습니다. 그밖에도 많은 제자들에게 나이를 초월하여 배우고 깨우쳐서 사회 속의 당당한 일원이 되도록 인도하고 있습니다.

학자금 대출로 힘겨워하는 젊은이들을 위해 "따뜻한 바람 장학회"를 발족하여(2016년 12월) 대출받은 학자금 전액을 매월 갚아 주고 있습니다. 또한, 다문화 가정을 위해 "다문화 가족 랜드"를 조성하여, 각종 시설을 무료로 활용하도록 하고 있습니다.

이러한 따뜻한 실천이 아직은 미약합니다. 그러나 책의 수입이 늘고, 저와 뜻을 같이하는 분들이 늘어나면 계속 확대할 것입니다. 지도자로서 신도의 재물을 헌금으로 거둬들여 착복하는 것이 아니라, 하나님께서 기뻐하시는 일에 사용하도록 중매 역할만 하며 살아가고자 합니다. 이런 제가 과연 사탄이고 이단인가요? 하나님께서 기뻐하시는 일이라면, 저에게 사탄이라 하든 거짓 선지자라 하든 굽히지 않고 실천해 나갈 것입니다.

끝으로, 일상의 삶 속에서 "지금 내가 하는 행동이 과연 하나님께서 기뻐하실까, 슬퍼하실까?" 생각하고, 매사에 하나님께서 기뻐하시는 길을 택하기 바랍니다. 교회에 모여서 집단적으로 예배 드리는 것이 아니라, 개인이나 가정 단위로 새로운 성경을 읽어 스스로 깨우치고 그대로 행하면 충분합니다. 그것이 마음속에 성전을 짓고, 신령과 진정으로 예배 드리는 길입니다. 그러면 천국의 문에 들어서게 됩니다.

2017.2.1.

하나님 말씀 대역자 김용철

차 례

십 계 명

이 책은 십계명을 암송하고 나면 내려 주시는 "하나님의 음성"을 듣고 그대로 받아쓴 기록입니다. 하나님께서 십계명을 모세에게 내려 주셨지만, 그것은 만백성에게 내려 주신 것입니다. 마찬가지로 이 책의 모든 말씀도 저에게 내려 주셨지만, 만백성 각자에게 들려주시는 말씀입니다. 여러분도 이 책을 접할 때마다 십계명을 암송하고 나서 정독해 주시기 바랍니다.

제일은, 너는 나 외에는 다른 신들을 네게 있게 말지니라.

제이는, 너를 위하여 새긴 우상을 만들지 말고, 또 위로 하늘에 있는 것이나, 아래로 땅에 있는 것이나, 땅 아래 물 속에 있는 것의 아무 형상이든지 만들지 말며, 그것들에게 절하지 말며, 그것들을 섬기지 말라.

제삼은, 너는 너의 하나님 여호와의 이름을 망령되이 일컫지 말라.

제사는, 안식일을 기억하여 거룩히 지키라.

제오는, 네 부모를 공경하라.

제육은, 살인하지 말지니라.

제칠은, 간음하지 말지니라.

제팔은, 도적질하지 말지니라.

제구는, 네 이웃에 대하여 거짓 증거하지 말지니라.

제십은, 네 이웃의 집을 탐내지 말지니라.

나 여호와가 존재함을 믿는 그 자체가 구원의 길에 들어서는 기본이요, 근본이며, 나의 새로운 성경을 가슴에 안고 정독하는 자, 반석 위에 서서 하늘에 오르는 찬란한 빛을 보게 되는 영광을 얻게 됨이니라. 진정 나를 따르고 믿는 자는 감히 사탄이나 마귀도 근접하지 못하느니라.

〈하나님 말씀〉

2004년 4월

10,372 번째 하나님 말씀

2004년 4월 7일 07시 22분

1 사랑하는 나의 아들아!
2 "네, 아버님! 말씀하옵소서."
3 너희들이 나에게 오르는 길이요, 너희
들이 그리 갈구하는 구원의 의미요,
그 뜻을 알았을 것이니라.
4 그 구원의 의미가 무엇이더냐?
5 욕심이요, 죄 속에 있는 '나'가 죽는
것, '나'가 존재하지 아니하는 것, 너희
들이 그와 같은 삶이 아니면 결코 역
사할 수 없느니라.
6 그러니 바로 너희들이 무엇이더냐?
7 너희들이 욕심의 '나'를 죽게 하는 것
은 하루아침에 그리 이루어지는가?
8 너희들이 수많은 노력과 고통 속에서
싸우고 견디어 나갔을 때, 스스로 네
것이 되며, 너희 욕심의 '나'가 죽는
그 삶을 살 수 있을 것이니라.
9 그러니 그 변하는 것은 끝이 없고 한
이 없기에, 오늘의 모든 종교 집단이
요, 지도자들은 그 멀고도 먼 길을 가
기 싫으며, 그 고통의 길을 갈 필요가
없다 그리 생각하기에, 나의 백성들에
게 뭐라 말하느냐?
10 인간인 너희들이 인간의 노력으로써
는 거듭날 수 없으며, 인간의 노력으
로써는 이루어질 수 없다 그리 말하느
니라.
11 그러니 그저 나의 아들 예수를 찾기만
하면 너희들이 성령으로 임함이니, 성
령으로 임하는 것만이 너희들이 구원
의 길을 간다 함이니,
12 과연 너희들이 수천 년 동안 그와 같
이 울고불고 오는 자, 성령이 임한 백
성이 있던가?
13 너희들이 의인이 세상에 나온 자가 있
더냐?
14 절대 너희들은 그와 같은 식으로 나의
피조물 만백성을 우롱하며 그들을 끌
고 가지 말라.
15 나의 아들을 따르는 그 제자들이 하나
의 악습을 버리기 위하여 피나는 노력
을 함이니,
16 그리하여 너희들이 피나는 노력이요,
너희들의 목숨을 던져 모두를 지키고
자 하는 그 고통 속에서 너희들이 하
나씩 하나씩 변화되는 그와 같은 삶을
살 수 있거늘,
17 그와 같은 값진 노력은 하지 아니하고
무조건 성령으로 임한 백성이 되었다
그리 생각하며 그리 가르침이니라.
18 그러니 모든 백성들이 가만히 앉아 있
어 말로만 울고불고하며 그저 금화와
은화 몇 닢 갖다 바치는 것으로써 성
령이 임하는 그와 같은 간단한 방법이
있으니, 그를 싫다 할 사람이 없으며
그를 거부할 수 없느니라.
19 그러니 모든 대중적인 백성들이 그쪽
에 모여 있음이니, 많이 모여 있는 곳,
지금 너희들이 웅성거리는 곳, 그곳
이 바로 죄의 온상이요, 거기서 너희
들이 지옥으로 가는 티켓을 사는 그

와 같은 장소라 내가 말함을 너희들
은 잊지 말아야 될 것이니라.
20 너희들은 그저 십자가의 구원만 원하
며, 십자가만 강조하면 너희들이 구원
을 받는 백성이라 그리 지금 깨달아
가고 있지 않으냐?
21 여기서 너희들이 내려보내는 그 종교
집단이요, 지도자 그들이 얼마나 잘
못 가고 있으며 얼마나 사악한 백성
들이더냐?
22 나의 아들을 따르는 제자 너희들은 알
것이니라.
23 너희들이 변하고자 하여, 너희들이 거
듭나고자 하여 노력할 때, 너희들 자
신도 힘들고 어려우나 작고 미약한 것
이라도 하나하나 고쳐 가며, 하나하나
버려 가는 그와 같은 마음으로 너희들
이 살아가지 않더냐?
24 처음에는 너희들이 길거리에 이쑤시
개를 버리지 아니하는 그와 같은 습관
서부터 시작하니, 큰 것을 버리지 아
니하며 큰 것을 줍기만 하다가 너희
들이 작은 것을 줍는 그와 같은 마음
으로 하나하나 변하는 것이 아니더냐?
25 이것은 앞으로 나가는 것이요, 전진하
는 믿음 속에서 모두가 역사함이니라.
26 그러나 모든 지금의 믿음의 길을 가는
백성 저희들이 어찌하느냐?
27 나의 백성들이 전진하여 깨달으면, 지
도자 저희들보다 더 내 뜻을 알며, 더
위대한 백성이 나오는 것이 두렵고
겁이 나서,
28 그리고 그들이 앞으로 나가 깨우치면
저희의 치부요, 저희가 비진리를 가
르치는 것을 깨우쳐 알까 봐 모든 나
의 백성들을 붙잡아 놓는 것만 하고
있음이니라.
29 붙잡아 놓아서 나가지도 못하며, 앞으
로 가지도 못하며, 그저 한 번 걸려들
면 쇠사슬로 묶어 그들이 앞으로 나가
지도 못하며 전진하지도 못하도록 그
저 붙들어 매어 놓는 그와 같은 짓만
하고 있느니라.
30 그리고 거기서 너희들이 있는 것, 모
두를 바치지 아니하면 생명수요, 너희
들에게 그 모든 음식을 주지 아니한
다 그리 엄포 놓는 자들과 무엇이 다
르더냐?
31 그와 같은 행위를 하고 있는 그 속에
서 어찌 너희들이 진리가 있으며 나에
게 오를 수 있는 길이 있단 말이더냐?
32 이제 너희들은 알아야 될 것이니라.
33 그와 같은 것에 너희들이 쇠사슬을 끊
고 뛰쳐나오는 백성이 되어야 되며,
붙잡혀 있는 그 고리를 과감히 자르지
아니하면 너희들은 나에게 오르는 길
을 볼 수 없으며 구원의 길을 받을 수
가 없음이니라.
34 이제 붙잡아 놓고자 하는 것이요, 너
희들을 얽매어 놓는 자, 거기에서 과
감히 탈출하는 그와 같은 백성이 되도
록 그리하라.
35 그리하여 전진하라.
36 너희들이 하나하나 모두를 역사하지
아니하면 이루어지지 아니함이니라.
37 너희들이 아무리 멀고 먼 길이요, 고
달픈 길이라도 너희들이 목적지를 향
해서 가야 한다면, 출발하는 것이 우
선 급한 것이요, 출발하여 너희들이
한 발짝 한 발짝 갈 때 너희들은 그 목

표물에 가까이 갈 수 있는 것이니라.
38 가고 못 가는 것은 너희들도 모르며
너희 자신도 모르니, 나 여호와만 아
느니라.
39 그러니 너희들이 지금 변하고자 노력
하는 것, 그리고 너희들이 거듭나고자
노력하는 것, 나의 성령을 받을 수 있
는 백성으로 너희들이 거듭나고자 하
여 피나는 노력을 했을 때,
40 너희들은 목적지를 힘들고 어렵게 걸
어가는 백성처럼 그리 가면 되는 것이
며 그리 변화되고 가면 되느니라.
41 그 후에 구하고 못 구하는 것, 목적지
에 도착하고 못 하는 것, 그것은 나 여
호와가 너희들을 평가함이요, 그것이
있기에 심판이라는 것이 있음을 알라,
사랑하는 나의 아들딸들아!

10,373 번째 하나님 말씀

2004년 4월 7일 07시 29분

1 사랑하는 나의 아들아!
2 "네, 아버님! 말씀하옵소서."
3 수천 년 동안 믿음의 길을 오는 백성
들이요, 나의 아들 예수가 세상에 너
희들을 구원하고자 하는 그 2천 년의
역사가 흐르는 동안에 너희들은 무엇
을 역사했느냐?
4 '믿습니다, 그리고 예수님의 보혈로써
구원을 받습니다, 그리고 구원을 받았
습니다.' 그리 너희들이 나를 찾기만
하면 구원을 받으며,
5 너희들의 손으로 지은 그 죄의 온상에
가 금화와 은화를 바치는 것으로 너희
들은 구원을 받았다 하여 그를 믿기만
하면, 너희들이 그리 행하기만 하면
구원을 받을 것이라는 생각으로써,
6 너희가 지금 갈 길이 멀고도 먼 험난
한 길이 앞에 있거늘, 너희들은 가지
아니하려 하며 그저 네 마음속에 위
안을 가지며, 지금 네가 푹 쉬어 가고
있으며 머물러 있으며 오늘의 삶을 즐
기고 있는 그와 같은 삶을 살지 않는
가?
7 너희들은 '거북이와 토끼'라는 이야기
를 모르는 자 없을 것이니라.
8 땀 흘려 꾸준히 걸어가는 그 거북이와
같은 자세가 신앙의 자세요, 나에게
오르는 길이니라.
9 그리하여 너희들이 잘 달릴 수 있으
며, 먼저 갈 수 있으며, 느림보 거북이
를 보며 제가 놀고 쉬며 그와 같이 안
주하고 푹 잠을 자는 토끼처럼
10 오늘의 너희들이 믿기만 하면 구원을
받으며, 재물을 바치면 구원을 받으
며, 나의 아들 예수의 보혈로써 구원
을 받았다는 그와 같은 안일한 생각으
로써 이제 마음 푹 놓고 경주하다 잠
을 자는 토끼와 같은 형국은 과연 아
닌가 너희들이 한번 돌아다보지 아니
하면 아니 됨이니라.
11 믿음이라는 것은 땀 흘려 꾸준히 걸어
가는 거북이와 같이 변함없이 너희들
이 가야 될 것이며, 그리 가야만 목적
지에 도달할 수 있다는 것을 절대 잊
지 말라, 사랑하는 나의 아들딸들아!
12 그리 너희들이 푹 쉬고 잠을 자는 그
와 같은 오늘의 믿음에서 벗어나지 아
니하면 아니 되느니라.
13 너희들이 성령을 받고 은혜를 받고 축

복을 받았다는 그 착각 속에 지금 사
로잡혀, 너희들이 전진하는 그 어렵고
힘든 길을 모두 포기하고 그저 안주하
고 있는 것이 아닌가 한번 돌이켜 보
도록 그리하라.
14 그러니 그와 같은 마음속에 사는 너희
들이 무엇을 볼 수 있겠는가?
15 그리하여 많은 나의 백성들이 지금의
믿음이 잘못됐다 생각하며, 그리고 저
희들이 믿음의 그 구원의 길에 지금
해결이 되지 아니하며,
16 저희들이 허전하며 허망한 마음속에
서 지금 어떠한 길이 진정한 길이요,
어떠한 것이 하늘에 오르는 길인가 초
조하고 불안한 마음으로써 하루하루
를 살아가는 그 백성들이 수없이 있음
이니라.
17 그들도 너무나 길고 긴 세월 속에 세
뇌되고 또 세뇌되었기에, 나의 법전이
세상에 내려와도, 이를 정녕 나 여호
와의 뜻이라 선뜻 받아들여 가슴에 안
고 정독하는 그와 같은 용기가 없는
백성, 그들을 너희들이 과연 보고만
있어야 되겠는가?
18 그들을 깨우쳐 주어야 될 것이니라,
사랑하는 나의 아들딸들아!
19 나의 아들 예수의 보혈로써 구원을 받
았다 하여 그저 편안하게 머물러 안주
하는 그 백성들, 거기에 집착하여 너
희들이 미련을 버리지 못하며, 쉬운
방법으로써 너희들이 구원을 받으며
하늘에 오르겠다는 그 생각을 버리지
못하고 있음이니,
20 나 여호와가 내리는 새로운 진리요,
너희들이 하늘에 오르는 길이요, 그리
고 너희들이 모두를 나에게 거듭나는
영광을 얻을 수 있는 그것을 보지 못
하고 있음이니라.
21 이제 내가 많은 나의 피조물 만백성에
게 전하니, 너희들은 나의 법전을 접
하지 아니하며, 나의 아들의 강론을
듣지 아니하며, 그리고 내가 전하는
것을 듣고 이 길을 따라오지 아니한다
면, 너희들은 결코 구원의 길에 역사
할 수 없음이니라.
22 지금 나의 아들을 따르는 제자들의 그
뒤를 너희들 스스로 따르지 아니하면
아니 될 것이라는 것을 명심하고 또
명심하도록 그리하라.
23 내가 너희들에게 명했느니라.
24 모두 '나'를 던져 만백성을 구하는 거
듭나는 백성으로 태어나지 아니하면
아니 된다 하였음이니, 너희들은 기도
하는 소리요, 너희들이 울부짖는 그
소리를 들어 보라.
25 너희들이 과연 '나'를 버리며, 소금이
자신을 녹여서 그 음식의 위대한 맛을
내듯이, 너희 자신을 녹여서 너를 버
리고자 하는 삶을 사는가?
26 무엇을 이루어 달라, 무엇을 더 달라,
더 큰 것을 달라, 그리하여 너희들에
게 뜻을 이루어 달라 울고불고하는 것
이 오늘의 믿음이니, 그 욕심을 버리
지 못한 증거이니라.
27 그러니 너희들이 어찌하여 '나'를 버
리며 욕심의 뿌리요, 욕망의 뿌리를
버리며, 시기 질투하는 마음을 버리
며, '나'를 중심으로 하여 모두를 사랑
하는 그와 같은 너희들의 희생된 삶을
살아간다 할 수 있겠느냐?

28 그러니 내가 너희들이 나와는 관계없
으며, 너희들이 울부짖는 소리가 개구
리 울음소리만도 못하다는 이 무서운
뜻을 가슴에 깊이 제대로 받아들이고
깨우치지 아니하면 거듭날 수 있는 영
광은 너희들에게 없음을 알라.

10,374 번째 하나님 말씀

2004년 4월 7일 07시 33분

1 사랑하는 나의 아들아!
2 "네, 아버님! 말씀하옵소서."
3 내가 너희들에게 상을 내리는 것은 물
질이요, 재물로써 역사하는 것이 아니
요, 내가 지혜로써 너희들에게 상과
은혜를 내린다 하였음이니라.
4 그러니 너희들은 내가 내리는 그 지혜
가 인간 세상의 상식이요, 인간 세상
에서 생각하는 것이요, 너희들이 대중
적으로 깨닫는 그와 같은 지혜를 말하
는 것인 줄 알고 있느냐?
5 내가 인간 세상에 살아가는 너희의 요
령이요, 그와 같은 삶에 도움이 되는
그 지혜를 너희들에게 내려 주는 것이
아님이니라.
6 나 여호와가 너희들에게 내리는 그 지
혜라는 것은 하늘의 뜻이요, 하늘의
이치를 깨닫는 지혜이니라.
7 내가 수천 년 동안 비밀로 밀봉해 뒀
던 그 성경을, 너희들이 그 속에 있는
비밀을 깨우치는 지혜요, 그리고 나의
아들을 통하여 내리는 나의 법전이요,
그 비유의 뜻이요,
8 또한 내가 너희들에게 직접 내리는 그
와 같은 뜻에서 너희들이 뼈에 살을
만들 수 있는 그와 같은 지혜요, 그리
하여 나 여호와의 뜻을 알고 있으며
하늘의 뜻을 알 수 있는 그것을 내려
줌이니라.
9 이 세상에 감춰 뒀던 모두를, 하늘의
모든 비밀이요, 그 뜻을 알아 하늘에
와 너희들이 얻을 수 있는 영광을 얻
기 위하여 너희들이 얻을 수 있는 그
와 같은 내가 너희들에게 주는 지혜임
을 알라.
10 너희들이 내가 내리는 그 지혜를 얻는
자, 이는 곧 너희들에게 성령이 임하
기 시작하는 것이요, 그리하여 하늘의
이치요, 하늘의 역사하는 그 지혜를
나로부터 받았을 때,
11 너희들이 역사하는 것, 하늘에 오르는
길이요, 너희들이 나에게 올 수 있는
길이 무엇인가를 깨달음이니,
12 그리하여 모든 영광이요, 권세를 너희
들이 누릴 수 있는 것임을 알라.
13 그러니 내가 너희들에게 주는 지혜가
인간 세상의 지혜를 줌이 아니니라.
14 내가 그 모든 너희들의 수고로움에 재
물로써 은혜를 내리지 아니하고 지혜
를 내린다는 것은, 하늘의 지혜요, 하
늘의 이치를 아는 지혜요, 나 여호와
의 뜻을 아는 것이요, 성경에 통달할
수 있는 지혜요,
15 그리고 나의 법전을 통달할 수 있는
지혜요, 나의 십계명에 숨어 있는 그
뜻을 알 수 있는 그와 같은 영원불변
하는 지혜를 내림이니,
16 이는 하늘의 지혜를 내가 너희들에게
내려 준다는 것을 알라, 사랑하는 나
의 아들을 따르는 제자들아!

10,375 번째 하나님 말씀

2004년 4월 7일 11시 44분

1 사랑하는 나의 아들아!
2 "네, 아버님! 말씀하옵소서."
3 지금의 모든 믿음의 길을 가는 백성
들이 바라고 원하는 것이 무엇이더냐?
4 나의 아들 예수가 재림하여 그 모두를
역사한다 하였음이니라.
5 그러니 나의 아들 예수가 재림하여 그
모두를 역사하기를 바란다면, 인간 너
희들이 오늘의 교회요, 오늘의 성당이
요, 성전이요, 회막이요, 그 모든 것을
지어서 너희들이 나의 백성들을 가르
치는 그와 같은 행위를 할 수 없음이
니라.
6 나의 아들이 와서 다시 강림할 때 너
희들에게 모두를 깨우칠 것이며 너희
들을 인도할 것이니, 너희들은 그때까
지 기다리라 한 그와 같은 성경에 기
록된 내용이 있음이니,
7 너희들은 어찌하여 그 성서를 믿는 백
성들이 오늘의 이렇게 험악하고 무서
운 세상으로 만들었단 말이더냐?
8 내가 나의 아들을 통하여 성서에 기록
하여 전하기를, 나의 아들이 다시 세
상에 내려와 너희들을 구원할 때까지
너희들은 인간의 생각이요, 인간의 판
단으로써 뭐든지 하지 말라, 판단치
말라 내가 그리 나의 아들을 통하여
못을 박았음이니라.
9 그러니 너희들은 그를 믿고 나의 아들
이 다시 내려와 모두를 역사한다는 것
을 기다리며 재림하기를 바라는 것이
아니더냐?
10 그러니 나의 아들이 내려와 나의 아들
이 재림하여 모두를 역사한다면, 너희
들은 입을 다물며 오늘과 같이 움직이
는 행동이요, 너희들의 마음대로 나의
몸에 상처를 내는 교회요, 성당이요,
이와 같은 걸 지을 수가 없으며,
11 백성을 모아 놓고 너희들이 재물을 갈
취하며 구원의 길이라 할 수 있는 것
이 없음이니라.
12 내가 모두를 판단치 말라 하였음이니,
너희들이 그렇다면 나의 아들 예수가
올 때까지 어떠한 행동도 하지 말며,
너희들이 조용히 입을 다물고 그저 살
아가는 그와 같은 삶으로 사는 것이
도리거늘,
13 어찌하여 너희들이 성서의 한 자도,
한 획도 고쳐서는 안 된다 말하며, 너
희들 인간의 생각으로써 판단치 말라,
나의 아들 예수가 내려와서 판단할 때
까지 기다리라 한 그 대목을 어찌하여
이리 짓밟고 무시하고 이와 같은 행위
를 한단 말이더냐?
14 그러니 그 모두가 너희들 인간의 생각
이요, 인간의 지혜로써 모두를 만들어
서 지금 역사한 것이라 함이니라.
15 그러니 너희들이 오류를 낳게 되었으
며, 나 여호와와 관계없이 지금의 잘
못 가는 그와 같은 형국에 도달했음을
너희들은 알겠는가?
16 너희들은 나의 아들이 재림한다 그리
믿는 백성이며, 또 나의 아들이 천군
을 데리고 천사를 데리고 재림해서 모
두를 판단해 주고 역사하고 너희들을
구분할 것을 기다린다면,
17 너희들이 그것을 이리 하고 저리 하고

오늘과 같이 혼란한 생활이요, 혼란한
짓을 하지 말고 조용히 기다리는 삶을
살았어야 될 것이니라.
18 그러나 너희들은 알라.
19 나는 나의 아들 예수가 재림함이 아니
라 하였음이니라.
20 나는 나의 아들 예수가 재림함이 곧
그는 성령이요, 성령으로써 세상을 지
배하고 통제한다는 그 뜻을 너희들이
알겠는가?
21 그러니 너희들이 이리 해도 내 뜻이
아니요, 저리 해도 내 뜻이 아니요, 너
희들 인간의 생각이요, 인간의 지혜
요, 인간의 교리로써 이 세상을 이리
다 무너트렸으며, 사악한 세상을 만들
었음이니라.
22 내가 다시 한 번 너희들에게 말하니,
나의 아들 예수가 재림하여 그가 올
때까지 너희들은 판단치 말며 기다리
라 하였음이니,
23 그리하여 어찌하여 기다린다는 것은
너희들이 그리 행하고 기다리면서, 너
희들이 마음대로 판단해서 하지 말라
는 것을 이와 같이 복잡한 세상을 만
들었으며,
24 너희 인간 마음대로 교회를 지으며,
나의 백성들을 우롱하며,
25 하늘에 오르는 길이요, 재물을 많이
바치는 자 구원을 받으며, 하늘에 재
물을 바치면 그 축복이 너희들이 죽어
그 앞에 천국의 문이 열릴 때 영광이
있다 하며 갖은 방법을 다 가르쳐 너
희들이 지금 하고 있지 않으냐?
26 육의 세상의 부모에게 즐거움이요, 형
제에게 행복함보다 나 여호와를 즐겁
고 행복하게 한다는 그것이 내 뜻이
아니라 했으니,
27 그게 바로 너희들이 판단치 말며 기다
리라 한 그것을 너희들이 너희 마음대
로 판단하며, 너희들 마음대로 역사한
그와 같은 오늘의 오류를 범한 것이
니, 그리하여 너희들은 내가 관계없는
백성이라 함을 이제 알겠는가?
28 어찌하여 너희들이 그리했는가?
29 나는 너희가 다시 판단할 수 있는 세
상은 나의 성령을 내려보냄이니라.
30 성령을 내려보내어 그를 깨닫고 깨닫
는 백성들이 스스로 모두를 알 수 있
는 그와 같은 역사를 이루고자 했던
것이지, 나의 아들 예수가 재림하는
것이 아니니,
31 나의 아들 예수가 재림하여 판단할 때
까지 너희들이 기다리며 판단치 말라
하는 것을 너희들이 정면으로 거부한
백성들이 아니더냐?
32 그러니 너희들은 이리 해도 내 뜻이
아니요, 저리 해도 내 뜻이 아닌 인간
의 생각이요, 인간 마음대로 만들고
판단하여 만든 것이 오늘의 헬 수 없
는 수천수만의 그 교회요, 건물이요,
너희들의 성당이요, 모든 종파들이 지
금 존재하고 있는 것이니라.
33 이것을 너희들이 알고 깨닫는다면 하
늘의 뜻을 알 것이며, 오늘의 잘못됨
을 알 것이거늘,
34 내가 나의 법전에 이리 상세히 기록하
여 하나하나 너희들의 머리에 심어 주
고 깨우쳐 주거늘, 어찌하여 이를 받
아들이지 않으며 이를 이해하려 하지
않느냐?

35 그러니 모든 백성들이 인간의 지혜에
젖어 있기 때문에 젖어 있는 것을 벗
어나지 못하며, 하늘의 지혜요, 하늘
의 가르침을 듣지 못하기 때문이니라.
36 그러니 수십억 인구가 지금의 믿음의
길을 간다 해도 하나도 내 백성이 없
음이니,
37 오로지 지금 나의 아들을 따르는 제자
들이요, 나의 법전을 읽고 깨우치는
백성, 그들이야말로 하늘의 지혜요,
하늘의 뜻이 무엇인가를 알고 있기에,
38 그들만큼 깨우친 자가 없으며, 그러니
그들과 너희들을 바꾸지 아니한다는
것이 여기 있으며, 너희들과 그 차별
화가 여기 있음을 알라.
39 다시 한 번 너희들을 깨우쳐 주기 위
하여 내가 전함이니라.
40 너희들이 정녕 나의 아들 예수가 재
림하여 모두를 평가하기를 기다린다
면, 나의 아들이 재림할 때까지 너희
들이 아무것도 판단하지 말라 했거늘,
41 오늘의 이렇게 어지럽고 혼란한 세상
을 만들며, 뒤죽박죽을 만든 것, 그것
이 내 뜻이요, 나의 아들 예수의 뜻을
너희들이 정면으로 거부하고 거부한
짓이 아니더냐?
42 그러니 너희들이 어찌하여 그와 같은
것을 감당하려 그와 같은 사악한 짓
을 하고서 지금에 너희들이 두렵고
무서운 인간의 교리요, 너희들의 수법
대로 그저 맞춰 죽을 때까지 끌고 가
는 그와 같은 사악한 행위를 하는가?
43 정녕 너희들이 성서의 내 말대로 한
획도 고치지 말고 그대로 믿어야 된다
면,
44 나의 아들 예수가 재림하여 다시 내
려와 너희들을 판단할 때까지 아무것
도 판단치 말며 행하지 말라 하였으니,
45 너희들은 입을 다물고 조용히 인간의
본연의 자세요, 아름다운 삶을 살아가
는 데 그저 묵묵히 살아가는 그와 같
은 삶을 살았어야지,
46 이 아름다운 나의 지상에 교회요, 성
당이요, 성막이요, 회막이라 하여 그
수많은 상처를 내게 만든 그와 같은
사악한 짓을 너희들이 할 수도 없으며,
47 그러니 이 모든 집단, 너희들이 그것
이 인간이 역사를 이룬 것이지, 내 뜻
으로써 이룬 것이 아니요, 너희들이
인간의 장삿속으로써 장사꾼으로서
모든 걸 이룬 것이지, 참진리의 뜻이
거기 없다 함을 너희들은 알라, 나의
불쌍한 백성들아!

10,376 번째 하나님 말씀

2004년 4월 7일 11시 48분

1 사랑하는 나의 아들아!
2 "네, 아버님! 말씀하옵소서."
3 나의 뜻에 의해 정녕 거듭나려는 백성
들과 거듭나지 아니하려는 백성이 무
엇인 줄 알겠느냐?
4 거듭나는 백성이요, 거듭나고자 하는
선택된 백성, 너희들은 오늘의 고난과
고난에 순종의 길뿐이라는 것을 알고
있으며,
5 그리고 육을 갖고 있으면서 너희가 거
듭나는 어렵고 힘든 그 길을 가지 아
니하면 아니 된다는 것을 알고 있는
것이 나의 아들을 따르는 제자들이요,

6 그리고 자신을 버리지 아니하며 자신
의 모든 끈을 놓지 아니하면 이 세상
의 어떠한 것도 너희들이 이룰 수가
없으며,
7 자신이 존재하는 것을 알고 있다면,
자신이 존재함을 의식한다면 나에게
오르는 길을 올 수 없다는 것을 오늘
의 나의 아들을 따르는 그 제자들은
알고 있느니라.
8 그리하여 그들이 얼마나 고난과 눈물
의 고통 속이요, 그 속에서 순종의 길
을 가고자 하여 몸부림치는가?
9 너희들 자신은 알고 있을 것이며, 너
희들의 그 고통이 무엇인가를 알고 있
을 것이니라.
10 한 발짝 앞에 나갔다 두 발짝 무너지
는 그와 같은 너희들의 그 자세에서
너를 통곡하며 너를 비관하며, 너를
다스리고자 하며,
11 고난의 통곡이요, 그 눈물을 흘리며
너희들이 순종의 길을 가고자 하는 것
이 얼마나 어렵고 힘들며, 그 길을 가
기 위한 너희들의 오늘의 고통이 어떠
한 것인가?
12 너희들이 거듭나는 그 길을 알고 있기
에, 그 길을 가려는 고통의 눈물 없이
는 역사할 수 없으며,
13 육이 존재할 때, '나'를 버리지 아니하
며 눈물의 길을 가지 아니하면 절대
너희들이 이룰 수 없다는 것을 알고
있으니, 그 고난의 길을 마다하지 않
고 가고 있지 않더냐?
14 그러니 지금의 수천 년 동안 믿음의
길을 온 그 백성들이 그를 아는가?
15 너희들의 눈물과 고통의 길을 알더냐?
16 어려운 그 길을 알더냐, 깨우치는 것
이 무엇인가를 알더냐?
17 그저 편안히 머물러 있는 백성들이니
라.
18 되는 대로 편안히 머물고자 금화와 은
화를 저희들의 손으로 지은 죄의 온상
에 몇 닢을 바치며, 그저 가서 눈물을
흘리고 콧물 흘리고 너희들이 찬송 부
르며 '할렐루야, 아멘!' 찾고 나와,
19 너희들이 인간의 본연의 자세로 돌아
가서 또 묻어 버리고 죄를 짓는 것이
요, 죄의 두려움을 모르며, 육의 향락
을 위해서 너희들이 오늘의 배움을 네
것으로 만들어 그를 지키고자 뼈아픈
그 길을 가는가?
20 그러니 그들 속에는 남는 것이 없으
며, 사업적으로 만난 것이요, 사업적
으로 모두가 이루어짐이니,
21 거기서 사업적인 이득이 있을 때 은혜
를 받은 것이요, 사업적인 이득이 없
으면 은혜를 받지 못함이니, 너희들
속에는 은혜가 없음이니라.
22 내가 성령으로 임하는 것이 너희들이
나에게 오르는 가장 귀한 것이라 하
였으니, 성령이 임하는 것이 바로 지
혜이니라.
23 그러니 내가 지혜를 얻도록 지혜를 내
리는 것이 성령을 너희들에게 내리는
것이거늘,
24 그 이치 하나도 모르고 편안한 길에
안주하는 백성들, 평탄한 마음에서 너
희들이 평화로움 속에서 살아가고자
하는 것, 그 길을 가고자 하는 것, 그
리고 되는 대로 가고자 하는 것, 그것
이 오늘의 너희들의 믿음이니,

25 그 불쌍하고 가련한 백성들에게 전해
쥐야 될 것이니라.
26 머물러 있는 자, 나가지 못하는 자, 그
리고 머물러 있도록 나가지 못하도록
가둬 두는 그 종교 지도자의 쇠사슬
에 묶여 몸부림치는 그 백성들,
27 고통이 무엇인지도 모르면서 그 끈을
나오려 하지 아니하며, 그 속에서 고
통 속에서 몸부림치고 있는 그 불쌍하
고 가련한 백성들,
28 그들이 지금 가고 있는 믿음이 무엇
이며, 저희들이 사는 것이 무엇이며,
저희들이 정녕 나 여호와 하나님의
뜻을 거부하는 것이요, 내 뜻에 대하
여 거부하고 나에 대한 용서받지 못
할 죄를 짓는 것이 무엇인가를 알 수
없음이니,
29 나의 법전을 전하고 전하여 그들이 살
아가면서 그 모두를 깨우칠 수 있도
록 너희들이 그를 다스리라.
30 모르는 것은 죄가 아니라 그리 생각하
라.
31 모르고 짓는 그 죄를 너희들은 사랑
으로써 다스려 주도록 그리하라, 사랑
하는 나의 아들딸들아!

10,377 번째 하나님 말씀

2004년 4월 7일 11시 52분

1 사랑하는 나의 아들아!
2 너희들이 지금 나의 법전을 읽지 아니
하며, 나의 아들을 통하여 내리는 이
귀하고 소중한 나의 성령이요, 너희들
의 구원의 심판을 믿지 않는 어리석은
백성들아!
3 그러니 내가 너희들이 믿고 따르는,
그리고 한 자도 고쳐서 안 된다는 그
성서의 내용을 내가 너희들에게 다시
전하며, 내가 나의 아들을 통하여 하
늘의 뜻을 너희들에게 깨우쳐 줌이니,
4 그 은혜 앞에 너희들이 감사의 눈물을
흘리며 거듭나는 백성이 되지 아니하
는 자, 나를 보지 못할 것이니라.
5 나의 아들 예수가 그리하였느니라.
6 '내가 내 아버지께 구하겠으니, 그가
또 다른 보혜사를 너희들에게 주사 영
원토록 너희와 함께 있게 하리니' 이
구절의 의미를 너희들은 어찌 깨우치
고 어찌 받아들이느냐?
7 너희들이 여기서 이 대목을 알아야 될
것이니라.
8 나의 아들 예수가 재림하는 것이 아니
요, 인간으로서 재림하는 것이 아니
라, 성령으로써 내려온다는 그 구절의
의미가 거기 있음을 왜 모르느냐?
9 영원토록 너희와 함께함이니, 영원토
록 너희들과 함께하는 그 보혜사가 내
려지며 역사한다는 것은 너희들은 과
연 육을 갖고 있는 그와 같은 어떠한
형태든 영원히 너희들과 같이할 수 있
으며 영원히 이 지상에서 존재한다 생
각하는가?
10 그러니 영원히 존재하는 그 사람이 너
희들은 내려오기를 바라는가?
11 너희들은 알라, 육을 가지고 있는 나
의 아들 예수도, 너희들 인간의 형체
를 가지고 있는 나의 아들 예수도 영
원히 존재할 수 없으며,
12 지금의 나의 법전을 기록하여 전하는
나의 아들도 육이 있는 한 영원히 존

재하지 못하는 것을 너희들은 어찌하
여 모른단 말이더냐?
13 그러면 나 여호와가 육을 가지고 있는
너희들이 영원토록 존재할 수 없다는
걸 모르기에, 내가 나의 아들딸들로
하여금 너희들이 영원토록 존재하는
자를 내려보낸다 그리 말했단 말이더
냐?
14 그러니 너희들이 이것이 잘못된 것이
요, 그리고 너희들은 이를 믿으면 뭐
라 말하겠느냐?
15 나 여호와가 거짓 하는 자요, 나의 아
들 예수가 너희들을 속이고 거짓 한
것이라 너희들은 그리 반박하고 대들
고 싶을 것이니라.
16 그러나 내가 내리는 뜻이 맞음을 알라.
17 너희들과 영원토록 같이 있는 그 보혜
사는 무엇이더냐?
18 글과 내가 책으로써 내려보내는 나의
법전이요, 새로운 성경이니라.
19 이 나의 성령만이 영원토록 존재하며
영원토록 너희들과 같이할 수 있는 것
이니,
20 인간의 육을 가지고 있는 어떠한 사람
도, 어떠한 인간이요, 나의 백성도 존
재할 수 없으며,
21 예수가 다시 세상에 나간다 해도 너희
들이 육을 가지고 있는 한 영원히 같
이 존재하지 못하는 것을 알아야 될
것이니라.
22 영원토록 견딜 수 없는 이와 같은 것
을 내가 가지고 너희들에게 영원히 너
희와 함께하리라 했겠느냐?
23 이는 성령이요, 나 여호와의 말이니라.
24 새로운 말씀으로써, 너희들이 말하는
아버님의 말씀이요, 창조주의 말씀이
요, 새로 내려보내는 그 말씀이야말로
너희들과 영원히 같이하는 성령임이
니,
25 이게 바로 나의 160권의 법전이요, 내
가 내리는 이 법전이요, 글로써 써 내
리는 이 책이요, '하늘에 오르는 길'이
요, '하나님! 말씀하옵소서.' 너희들이
이를 읽고 보라 함이니,
26 이게 바로 내가 너희들에게 영원히 같
이하는 성령을 내려보냄이니 그리 알
라.

10,378 번째 하나님 말씀

2004년 4월 7일 11시 55분

1 사랑하는 나의 아들아!
2 "네, 아버님! 말씀하옵소서."
3 인간 세상에 너희들이 혁명을 주도하
는 것은 무엇이더냐?
4 인간 세상에도 대혁명이라는 것을 주
도하는 백성은 죽고 사느냐 하는 그
기로에서 모든 각오를 다져 역사하는
것이 아니더냐?
5 그러나 또한 그와 같은 것은 너희들이
무력이요, 힘으로써, 집단의 조직으로
써 역사할 수 있음이니라.
6 그러나 지금 나의 아들을 통하여 이루
는 종교 혁명이요, 그리고 너희들이
사는 세상에 인간 삶의 모두의 혁명
을, 이 두 가지 혁명을 같이 이루는 나
의 아들이 무력으로써 이루는 것도 아
니요,
7 그저 너희들이 나의 성령으로써 그 모
두를 역사하는 길을 가니, 그 제자들

이 얼마나 힘들고 어려운 길이더냐?
8 너희들은 성령을 받아들일 수 있는 그
와 같은 백성들이 있다면, 나의 법전
을 전하여 깨우쳐 그들이 더불어 혁명
의 대군으로서 같이 역사한다면 간단
한 길이나,
9 성령을 받을 자격이 되어 있지 않으
며, 자격을 또한 받을 준비가 되지 아
니한 그 백성들, 그리하여 그들이 성
령을 받을 수 있도록 너희들이 깨우치
고 가르쳐서 성령을 부어 넣어,
10 그들로 하여금 너희들이 이 종교 혁명
이요, 그리고 이 세상의 모든 나의 백
성들이 살아가는 삶의 상태에서 그 모
두를 되돌려 놓는 그 두 가지의 혁명
을 양손에 잡고 감이니, 얼마나 너희
들이 벅차고 어려운 길을 가느냐?
11 그러니 이를 주도하는 나의 아들을 따
르는 제자 너희들의 그 고통과 시련을
어찌 누구인들 견디겠는가?
12 그러니 너희들은 그 고통과 시련이 없
이는 아무것도 역사할 수 없음이니라.
13 그러나 너희들이 그와 같은 역사를 이
루었을 때, 너희들이 이 세상에 존재
함을 알며, 나의 뜻에 따라 너희들이
역사하는 것이 얼마나 위대한 것인가
를 머지않아 그 모두를 알게 될 날이
있음이니라.
14 그러니 오늘의 고통은 당연한 것이며,
오늘의 시련은 당연한 것이며, 나의
법전을 전하는 데 힘들고 어려운 것도
다 당연한 것이니라.
15 두 가지 혁명을 다하는 너희들이야말
로 얼마나 어렵고 힘든 길을 가는 것
이더냐?
16 그러나 동조하는 사람이 없는 것을,
동조하는 사람으로 너희들이 이해시
키고 설명하여 깨우쳐서 너희들이 동
지로 만들어 두 가지의 그 혁명을 동
시에 이루어야 되는 것이니,
17 오늘의 눈물 어린 고통이요, 그 시련
을 두려워하지 말며 거부하지 말라.
18 이것은 당연한 너희들의 몫이라 그리
받아들이라, 사랑하는 나의 아들딸들
아!

10,379 번째 하나님 말씀

2004년 4월 7일 12시 01분

1 사랑하는 나의 아들아!
2 **"네, 아버님! 말씀하옵소서."**
3 모든 백성의 믿음이 너희들이 얼마나
평준화되어서 편안한 길을 가고자 하
느냐?
4 나 여호와를 찾기만 하면, 나의 아들
예수를 찾기만 하면, 그리고 나의 아
들 예수가 나의 아들이라는 걸 믿기만
하면 그 보혈로써 너희의 모두를 다
씻어 준다 그리 말하며 구원받은 백성
이라 그리하느니라.
5 그러면 너희들은 구원된다 생각하는
그와 같은 믿음, 거기에서 너희들이
거듭나지 아니하면 아니 된다는 나의
법전에 수천 번 기록한 그 내용을 너
희들은 읽고 또 읽어, 나의 이 애절한
마음을 너희들이 받아들이도록 하지
아니하면, 너희들은 결코 나를 볼 수
없음을 알라.
6 너희들이 나의 구약이요, 신약이요,
그리고 나의 법전을 접하는 것, 그리

고 너희들이 예수를 찾는 것, 나를 찾
는 것, 그 모든 행위는 너희들이 스스
로 출발선에서 나에게 오르고자 하는
출발이요, 반석 위에까지 서는 위대함
이라 내가 하지 아니하였더냐?
7 다만, 거기에서 모두가 그치는 것이니
라.
8 다만, 너희들이 출발선에 서 있음이
니, 너희들은 거기에서 가르침을 얻어
그 길을 선택하는 것, 너희들은 그와
같은 것은 너희들의 몫이라는 것을 어
찌하여 모른단 말이더냐?
9 너희가 출발선에 서 있는 것이라는 것
을 가르쳐 준 그 뜻을 너희들은 어찌
하여 받아들이지 아니하며, 인정하려
하지 아니하며, 너희들이 이를 들어
네 것으로 깨우침으로써 네 것으로 만
들려 하지 않는단 말이더냐?
10 너희가 구원을 받는다면 그 구비 조건
이 갖춰지지 아니하면 절대 구원을 받
을 수 없는 것이 하늘의 법도라는 그
무서움을 알라.
11 그 누구도 대신해 줄 수 없으며 그 누
구도 역사할 수 없는 것이니라.
12 내가 너희들에게 성령이 임하는 것이
하늘의 이치를 깨달음이요, 하늘에 오
르는 길을 본다 했음이니, 그 성령을
내가 너희들에게 임하여 내리는 것도
무엇이라 하느냐?
13 그걸 받을 수 있는 그릇이 되었으며
준비가 된 자에게 내가 성령인 생수를
부어 넣어 만백성을 구할 수 있도록
내가 한다 하지 않았더냐?
14 그러니 생수를 부음을 받을 준비가 되
지 아니한 자, 나의 뜻을 알아들을 수
없음이니, 내가 거기에 어찌하여 그를
붓는단 말이더냐?
15 절대 붓지 않는다 내가 너희들에게 그
리 가르쳐 주지 않았더냐?
16 그러니 너희들은 나의 이 뜻을 받아들
이지 아니하려 하며, 죽으면 죽었지
나의 법전이 전하는 것, 나의 성령이
요, 나의 뜻을 절대 받아들이지 아니
하려는 것이 너희들의 오늘의 마음이
요, 그리고 종교 집단이요, 지도자들
이니,
17 오늘의 너희들이 그 믿음이요, 신앙의
길이 그래서 잘못된 것이며,
18 잘못된 지도자를 만났으며, 잘못 가르
치는 지도자를 만났으며, 알지 못하는
지도자를 만났기에,
19 너희들이 참진리의 뜻이 세상에 내려
와도 그를 보지 못하며, 너희들이 받
지 못하며, 접하지 못하도록 모든 장
벽을 쳐 놓은 그 우리 안에 너희들이
갇혀 있음을 알라.
20 너희들은 어떠한 백성이든 그 조건이
갖춰진 백성은 누구나 다 나로부터
구원을 받을 수 있다는 것을 전하라.
21 너희들이 말하는 이방인이요, 어떠한
형태로 가든, 그들이 어떠한 백성이든
나로부터 성령을 받을 자격을 갖춘
삶을 사는 백성,
22 그리고 너희들이 나에게 오를 수 있는
구비 조건이 갖춰진 백성은 나를 찾
고 안 찾고 관계없이 누구든 나로부
터 구원을 받을 수 있다는 것을 만천
하에 전하도록 그리하라.
23 너희가 교회나 성당이요, 회당에 와서
구원을 받는 것이 아니요, 그와 같은

곳에서만 역사하는 것이 아니요, 너희
들의 강론을 듣는 것만 역사하는 것
이 아니니, 정해진 장소에서 너희들이
구원을 받을 수 있는 것이 아니라는
것,
24 그 준비가 갖춰진 자요, 자격이 갖춰
진 자에게 모두를 내린다는 것을 알
라.
25 그러니 지금의 종교 집단이요, 지도자
들이 이제 나의 사랑하는 백성들에게
더 이상 사기극을 벌이지 못하도록
중단하도록 하고자 내가 내리며, 거기
에 더 이상 너희들이 넘어가지 말라.
26 내가 그들에게 오늘의 이 시점에 경
고함이니, 내가 그들을 그대로 두지
아니할 것이며 그들을 다스리기 시작
할 것이니라.
27 성령이 임하지 아니하며 자격이 없는
자, 성경에 나의 계명이요, 나의 법전
의 그 뜻을 알 수 없으며, 그 속에 있
는 의미를 아무것도 알 수 없는 자이
니,
28 제가 알지 못하며 제가 할 수 없고 자
격이 없는 자가 어찌 그를 가르치며,
그를 행할 수 있는 자라 그리 말하더
냐?
29 이제는 내가 그들을 다스리기 시작함
이니, 모두에게 경고함이니 그리 알라
전하라.

10,380 번째 하나님 말씀

2004년 4월 7일 12시 06분

1 사랑하는 나의 아들아!
2 "네, 아버님! 말씀하옵소서."
3 창조주 나 여호와가 바라며 내가 원하
며 나의 가장 큰 기쁨은 너는 무엇이
라 생각하느냐?
4 "네, 아버님!
5 아버님이 그리도 극진히 사랑하는 아
들딸이요, 아버님의 창조주 피조물인
만백성 저희들이 구원의 길을 볼 수
있으며 천사와 같은 마음으로 변하는
것, 그리하여 저희가 구원의 자격을
얻는 것, 그것이 아버님께 가장 큰 기
쁨이요, 아버님께서 바라는 영광된 기
쁨이라 저는 그리 생각하고 있사옵나
이다."
6 사랑하는 나의 아들아, 그러니라.
7 나의 모두를 다 던져 사랑하는 나의
피조물 만백성 너희들을 구하는 것이
나의 가장 큰 기쁨이요, 나에게 가장
큰 기쁨을 너희들이 전하는 것이니라.
8 육의 세상에 살아가면서 부모가 자식
이 바르게 크고 바로 된 자식이요, 남
에게 욕먹지 아니하며 남에게 칭송받
는 그 자식을 앞장세워 걸어가는 그
부모의 마음의 기쁨을 어찌 알겠느냐?
9 너희들은 인간이 자식을 잘 가르치고
다스려 남으로부터 칭송받는 자식을
앞에 세우고 걸어가며 뒤에서 그 자식
을 칭찬하는 소리를 듣는 부모의 기쁜
마음을 모른단 말이더냐?
10 나는 나의 피조물 만백성을 수십억의
헬 수 없는 그 아들딸들을 세상에 내
보내 너희들로 하여금 너 자신이 구
원을 받는 것이 나의 가장 큰 기쁨이
라 내가 했거늘,
11 어찌하여 너희들이 구원을 받는 백성
이 되어 나에게 그 기쁨을 안겨 주는

백성이 지금까지 없었단 말이더냐?
12 지금도 없음이니라.
13 그리하여 나 여호와는 너희들에게 구
원의 기본이요, 성령을 내가 거듭 내
려보내며, 그리고 성령을 내가 너희들
에게 계속 세상에 내려 붓지 않더냐?
14 그러니 지금도 나의 아들을 통하여 이
제는 글과 책으로써 모든 성령을 부
어 내림이니,
15 성령을 끝없이 내가 세상에 내려보내
나, 이를 받아들이는 백성이 없으며
준비된 백성이 없음이니,
16 오늘의 나의 아들을 통하여 오늘의 하
늘의 뜻을 내가 글로써 책으로 만들어
서 세상에 내려보내니, 이는 내 모두
를 태워 내려보내는 성령이라는 것을
너희들은 알라.
17 그러하니 너희들이 성령으로 임할 수
있는 그와 같은 아들딸로서 거듭나기
위하여, 내가 너희들을 다스리고 가꾸
기 위하여 지금 나의 아들을 통하여
160권의 법전을 세상에 내려보내며,
그가 숨을 거둘 때까지 하늘의 뜻을
내가 모두를 전함이니,
18 160권이 세상에 나와서도 그 제자들
이 변하지 못하며 만백성이 변하지
못할 때, 나는 너희들에게 더 이상 깨
우칠 방법이 없으며, 내가 더 이상 은
혜를 베풀 것이 없으며, 더 이상 사랑
을 베풀 것이 없다는 그와 같은 판단
이 될 때,
19 나의 아들 예수를 거둬들였듯이 내가
나의 아들을 거둬들일 것이니,
20 너희들이 나의 아들이 거둬지는 그
순간에 모두는 마지막이요, 내가 두
번 다시 너희들에게 기회가 없다 함이
니,
21 내가 너희들의 손을 놓았을 때 어떠한
형국이 생기며, 나의 아들을 거둬들였
을 때 어떠한 형국이 생길 것인가는
너희들이 상상을 초월할 것이니, 너희
들이 알아서 행하도록 그리하라.
22 나는 나의 아들을 통하여 160권의 법
전을 세상에 내보내며, 나의 성령의
모두를 내려보내 그를 전하고 역사하
는 그 제자들, 그들이 전하고 전하는
것을 너희들이 가슴에 안고 정독하여
감사 기도 드리며 너희들이 깨우치는
백성이 될 때,
23 나는 그대로 나의 아들이 내 하늘의
뜻 모두를 죽을 때까지 기록하여 전하
게 할 것이요,
24 너희들이 그때도 변하지 아니하고 나
의 아들을 핍박하며, 나의 법전을 사
탄이요, 이단이라 하여 이 세상이 하
늘에서 이루어진 것같이 지상이 이루
어질 수 없다면,
25 나는 너희들에게 천 년의 세월을 거둬
들이기 전에 나의 아들부터 먼저 거둬
들인다는 것을 너희들은 명심하고 명
심하도록 그리하라.
26 너희들은 악에 약하며, 너희들이 죄를
짓는 것에 약하며, 악과 싸우는 데 약
하여, 그리하여 내가 너희들을 구원하
기 위하여 내가 성령으로써 너희들에
게 임하고자 하며,
27 그리하여 너희들에게 성령을 부어 넣
으나, 그를 받아들일 수 있는 백성이
없다 함이니, 이 마음이 얼마나 아프
고 가슴 저린 줄 알겠느냐?

28 그리하여 내가 나의 아들을 통하여 너
희들을 구원하기 위하여 성령이 임할
수 있는 기초의 나의 법전을 지금 책
으로 만들어 너희들에게 전함이니,
29 성령이 임할 수 있는 그 기초를 다스
리는 그를 읽지 않고 보지 아니하면,
너희들은 영영 성령이 임할 수 없으며,
30 성령이 임하지 않는 자, 거듭날 수 없
으며 나의 아들딸이라 할 수 없음이니,
31 모든 구원의 근본이요, 너희들이 거듭
남이요, 그와 같은 기초가 다 나의 법
전에 있음을 알라,
32 새로운 성경 속에 있음을 너희들은 알
라 그리 전하라.

10,381 번째 하나님 말씀

2004년 4월 7일 12시 12분

1 사랑하는 나의 아들아!
2 "네, 아버님! 말씀하옵소서."
3 예수가 재림한다는 것, 그리고 보혜사
가 다시 내려온다는 것, 그리고 보혜
사가 너희들을 위하여 보내진다는 것,
그 모두는 너희들이 성령으로써 임하
여 성령을 내려보낸다는 뜻임을 알아
야 될 것이니라.
4 그 모두는 나의 뜻이요, 너희들이 말
하는 창조주 아버님의 말씀이라는 나
의 성령으로써 모두가 이루어지고 내
려지는 비유의 뜻임을 이제 너희들은
깨우치라.
5 성령으로써 이 세상을 다스리며 성령
으로써만이 너희들을 구원할 수 있기
때문이요, 그래서 내가 너희들에게 모
두는 성령으로 임함이니라.
6 그 뜻을 나의 아들을 따르는 제자들은
알고 있을 것이니, 만백성 그들에게
전하라.
7 모든 역사하는 것은 비유의 뜻이요,
성령을 내려보내며 성령으로써 모두
를 역사한다는 것,
8 그리하여 그 성령이 지금 나의 아들을
통하여 160권의 법전으로써 세상에
기록하여 전한다는 것을, 성경에 기록
하여 너희들에게 전한 뜻을 내가 나의
법전에 수없이 기록한 뜻을 알겠느냐?
9 '내가 너희들에게 보혜사를 보내며 영
원토록 너희들과 있게 하며, 내가 세
상 끝까지 너희와 함께할 것이라'는
내용의 뜻을 너희들은 육을 가진 그
백성은 누구도 존재할 수 없음이니라.
10 그러니 그 모두는 나의 성령으로써 임
하는 것이요, 성령의 모두 역사하는
것이요, 성령과 더불어 너희들이 존재
한다는 것을 알아야 될 것이니, 그를
몰라서는 아니 되느니라.
11 오늘의 믿음의 모든 종교 집단이요,
그들의 육신으로써 나의 아들 예수가
재림하여 온다는 것, 그리 말한다면
어떻게 너희들이 영원히 함께 있겠다
는 말이더냐?
12 그러니 이를 믿지 말라.
13 이를 너희들이 믿어서도 아니 되며 이
를 기다려서도 아니 되느니라.
14 그리하여 그와 같은 사기극을 벌이는
자들이 뭐라 말하느냐?
15 종말론이라 하여 만들고 예수가 재림
한다는 것, 부질없는 그와 같은 형국
으로써 지금 헬 수 없는 수많은 수천
의 종파가 세상을 다스리고 있으니,

16 그 모두는 거짓 삯꾼들에 의하여 지
금 이 세상이 혼란해졌음을 알라.
17 내가 성경에 기록하였느니라.
18 나의 아들 예수가 내려와 다시 판단할
때까지 너희들이 인간의 생각이요, 지
혜로 판단하지 말라 하는 그 뜻을 내
가 오죽 답답하면 기록하고 또 기록하
여 전하였겠느냐?
19 판단하지 말라 함은 너희들이 입을
열지 말며 떠들지 말며 요란 피우지
말며 조용히 기다리라는 것이니, 바로
성령이 내려올 때까지 기다리라는 것
이니라.
20 이는 곧 내가 나의 아들을 통하여 내
리는 160권의 새로운 성경이 내려올
때까지 너희들은 조용히 기다리라,
21 그러면 너희들이 그 모두를 깨우치는
것을 그 지혜를 거기서 얻을 것이니,
22 나의 법전을 보는 것만이, 나의 새로
운 성경을 보는 것만이 내 뜻을 알 수
있으며, 내가 역사할 수 있는 것이요,
정통의 길을 올 수 있기 때문이니라.
23 너희들이 지금 모두가 이와 같이 무너
진 것은 인간의 생각으로써 판단치 말
라 한 세상사의 모두를 판단하여 장
사꾼으로서 모두가 전락되었으며,
24 너희들이 이해관계에 따라서 전락되
었기 때문에 너희들을 돌이키려 해도
돌이킬 수가 없는 이와 같이 무겁게
너희들이 가라앉는 형국이 되어 있음
이니라.
25 그래도 내가 너희들을 사랑하기에 나
의 아들을 보내며, 선택된 그 제자들
로 하여금 너희들에게 성령이 역사하
는 것이 얼마나 소중한지, 모두는 성
령으로 역사한다는 것을 내가 이리 깨
우쳐 너희들에게 성경의 비유의 뜻을
전함이니, 너희들은 그리 알라.
26 종말론이니 재림이니 부질없는 짓을
하는 그 삯꾼들에게 모두를 바치면서
너희들이 지옥으로 가는, 사탄을 도와
주는 일을 하여 그 죄를 너희들이 벗
어나지 못하는, 그 나로부터 은혜를
입지 못하는 어리석은 행위를 하지 말
라.
27 재물을 바치지 말며, 너희들이 그와
같은 더 큰 건물이요, 더 큰 교회요,
그리고 더 호화롭게 역사하는 그 삯꾼
들에게 더 이상 희생되지 말라 함이
니라.

10,382 번째 하나님 말씀

2004년 4월 7일 12시 16분

1 사랑하는 나의 아들아!
2 "네, 아버님! 말씀하옵소서."
3 예수가 세상에 다시 내려가 너희들을
인도하고 이끈다면, 왜 지금의 성령이
필요하며, 너희들은 성령으로써만이
구원을 받는다 하겠느냐?
4 지금 나의 아들 예수가 재림하여 너희
들을 구원하며 이끄는 그와 같은 역사
를 이룬다면, 나는 나의 아들을 통하
여 이와 같이 성령을 내려보내는 어렵
고 힘든 길을 역사하지도 아니하였을
것이니라.
5 나 여호와는 나의 아들을 통하여 나의
성령을 내려보내는 그 역사를 지금 계
속하고 있는 그 뜻이 무엇이더냐?
6 너희들이 재림이요, 구원이요, 그 모

든 역사는 너희들에게 보혜사가 보내
진다는 것, 다른 사람이 온다는 것,
7 그 모두가 다 성령으로써 내려보내지
며, 성령은 곧 나의 뜻이요, 너희들이
말하는 창조주 아버님의 뜻이요, 말씀
이라 하는 것이 아니더냐?
8 그리하여 내가 지금 성령을 내려보내
는 그 역사를 계속하고 있음이니라.
9 정녕 나의 성령이 아니요, 나의 뜻이
아니라면, 내가 160권이라는 이 새로
운 성경이 세상에 나올 수 있도록 계
속 이와 같은 역사를 하겠느냐?
10 이는 벌써 중단되었으며 이는 벌써 부
서졌으며 깨졌을 것이니라.
11 너희들이 지금 160권의 법전이요, 새
로운 성경이 세상에 나오며 나의 성령
이라는 것을 실감하지 못하며 느끼지
못하나,
12 막상 160권이라는 나의 성령이 글로
써, 책으로써, 새로운 성경으로써 세
상에 빛을 발할 때, 너희들은 그 파괴
력의 위대함을 감당치 못할 것이니라.
13 그러니 그때 가서 너희들은 알게 될
것이며, 그때는 이미 늦어져 있음을
알라 그리 전하라.
14 나 여호와는 몇천 년을 기다리고 기다
리며 지금 내가 이루고 있음을 너희들
은 알라.
15 그러니 너희들은 몇천 년 동안 나의
아들 예수가 재림하여 온다 온다 하는
것이 오지 아니하였으며,
16 몇천 년 동안 기다렸으면 이제는 너희
들이 그 삯꾼들의 사기극에 더 이상
속지 말며, 그들의 감언이설에 너희들
이 지옥으로 가는 그와 같은 일을 하
지 말라.
17 온다 온다 하며 몇천 년 동안을 기다
렸으나 오지 아니하였으며, 너희들이
보지 못했고, 너희들 조상은 그를 기
다리다 죽어 지금 지옥 불에 가 심판
을 받음이니, 그 모두로 오는 것은 새
로운 성령이니라.
18 그리하여 내가 새로운 성령을 열어 새
로운 시대를 지금 열고 있지 않으냐?
19 지금도 거짓 삯꾼들이 계속 사기극을
벌이고 있음이니, 어찌하여 너희들이
구태의연한 그 사기극에서 벗어나지
못하고 있단 말이더냐?
20 세상의 교육도 변하고 변하여 너희들
이 따라가지 아니하면 뒤처짐이니,
21 나이 든 자가 젊은 세대를 따라가지
못하도록 처진 자들이 지금 그 고집만
을 피우고, 그 구습을 가지고 지키고
살겠다 몸부림치는 그와 같은 자보다
도 더한 것이 오늘의 종교 집단이니,
22 지도자들이 지금 계속 사기극을 벌여
오던 것을 사기극에서 벗어나지 못하
고 그를 진행하고 있다는 것을 알라.
23 지금 제3의 시대가 성령으로 시작하
여 성령으로 그 모두가 역사함이니 너
희들은 알라.
24 나의 아들 예수가 계속되는 그 성령
속에 남겠다 한 그 뜻은 또 무엇이더
냐?
25 성령과 같이하며 영원히 남는다는 그
뜻은, 내가 내리는 그 성령은 구약의
시대에서부터 영원히 존재하는 세상
에 존재할 때까지 모두는 하나의 그
성령으로써 역사함이니 예수도 그 속
에 남고자 함이요,

26 지금 나의 아들 또한 너희들에게 새로
운 성경에 이 모두를 전하며, 나의 아
들도 성령 속으로써 모두가 존재함이
니,
27 나 여호와가 흐르는 그 속에서 한 몫
의 자리를 지켜 내 뜻을 전하고 역사
하는 그 속에 있겠다는 뜻이니라.
28 지금 나의 아들을 따르는 제자, 너희
들이 거듭니며 천사와 같이 변할 때,
너희들도 내가 역사하는 그 성령 속에
같이함이니,
29 너희들이 모든 백성과 내가 성령과 같
이한다 말할 수 있는 자격이 있음이니
라.
30 나 여호와의 성령으로만 너희가 영원
히 같이할 수 있으며, 성령으로써 임
한 백성만이 너희들이 성령 속에 영원
히 임하는 백성이니,
31 모든 백성과 더불어 나와 더불어 너희
들이 영원히 같이 존재한다는 말을 전
해도 되도록, 자격이 있는 백성으로서
거듭나도록 그리하라, 사랑하는 나의
아들딸들아!

10,383 빈째 하나님 말씀

2004년 4월 7일 12시 23분

1 사랑하는 나의 아들아!
2 "네, 아버님! 말씀하옵소서."
3 너희들이 기록하여 전하기를, '그러므
로 때가 이르기 전에 나의 예수가 다
시 올 때까지 아무것도 너희들이 판단
치 말라.' 하는 그 대목이 기록되어 있
다 하였음이니라.
4 그러니 아무것도 판단치 말라는 그 말
대로 너희들이 그를 믿으며 그를 따르
는 순종하는 백성들이라면,
5 너희들이 지금의 이 굴레에서 한 발짝
도 더 벗어나서 안 되며 더 나가도 아
니 되는 것이 아니더냐?
6 그러니 너희들은 더 험악한 것으로 지
금 굴러왔으며, 험악한 방법으로써 너
희들이 나의 백성을 이끌고 왔으니,
이와 같이 세상을 혼란케 만든 것이
너희의 판단으로 이루어진 것이 아니
더냐?
7 그러니 너희들은 어느 것도 받아들이
지 못하며, 어느 것도 깨닫지 못하며,
어느 것도 알지 못하는 인간의 생각으
로써 지금까지 모두를 역사했음을 다
시 한 번 내가 깨우쳐 주고자 함이니
라.
8 나의 아들 예수가 재림할 때만 기다리
는 믿음, 그러나 너희가 비유의 뜻이
요, 성경에 너희들이 눈이 어두워져
있으며, 귀가 열리지 아니한 백성들이
기 때문에,
9 성령으로써 모두 내가 다시 역사하며
새로운 성령이 내려와 죄에 대하여 깨
우쳐 주며, 심판에 대해서 너희를 깨
우쳐 주며, 지옥과 천국에 대해서 깨
우쳐 주는 그와 같은 성령이 다시 임
한다는 것을 너희들이 알지 못함이니
라.
10 너희들이 깨닫지 못하며 변화되는 삶
을 살지 못하기에 너희들이 성경을 받
아 알지 못하며, 성경을 들어도 듣지
못하는 그와 같은 눈먼 장님이요, 귀
머거리가 되어 있는 것이 오늘의 종교
집단이요, 지도자들이니라.

11 그리하여 모두는 성령으로써 임하며 모두는 성령이 역사한다는 걸 모르느니라.

12 나의 새로운 성령이 세상에 내려와 너희들에게 눈을 뜨게 해 줌이니, 그리하여 너희들이 법전을 읽고 눈을 떴을 때 새로이 성경의 뜻을 알며 성경의 비유의 뜻을 알게 되니,

13 그때 너희들이 죄에 대한 것을 무엇인가를 깨우치게 된다 하였으며, 심판에 대한 것을 깨우친다 했으니, 지옥과 천국이 얼마나 두렵고 무서운가를 깨우친다 했으니,

14 지금 나의 아들을 따르는 그 제자들이요, 나의 법전을 읽고 깨우친 백성들은 이와 같은 것이 마음이 두렵고 무서워 그들이 얼마나 바로 서고자 노력하는지 아느냐?

15 이것을 깨닫는 백성이야말로 성령으로써 너희들이 거듭나는 백성이요, 나 여호와의 뜻을 기다리기 위하여 너희들이 침묵하고, 그 모든 판단을 내릴 때까지 기다린 백성들이라는 것을 알아야 될 것이니라.

16 지금까지 지나온 성경의 가르침이요, 너희들이 그 모두를 묻어 두고 다 버린 것이니라.

17 성령을 묻어 버리고 너희들이 다 던져 버린 것이니라.

18 그리하여 너희들은 성경을 다시 생각나게 하고자 하는 것이 나 여호와의 뜻이요, 새로운 성령이 내려가 너희들이 성경에 들어 있는 모든 생각을 거듭 생각나게 만들며, 깨우치도록 하여,

19 너희들이 깨닫는 백성으로서, 내가 성령이 임한 백성으로서 나에게 올 수 있는 그 빛을 볼 수 있도록 하고자 하는 것이 나 여호와의 뜻이니라.

20 새로운 성경이 올 때를 기다리는 뜻이 바로 무엇인 줄 알겠느냐?

21 바로 너희들이 새로운 성령이 올 때를 기다리라는 것이 무엇인 줄 알겠느냐?

22 성서에 기록되어 있는 그 내용을 너희들이 잘 깨우쳐야 될 것이니라.

23 성령이 새로 내려오니, 성령으로 임한 백성, 성령으로써 모두가 거듭나는 백성, 그와 같은 백성이 아니고는 너희들이 나를 알 수 없으며 나를 볼 수 없다 하였음이니,

24 오늘의 나의 160권의 법전이요, 새로운 성경이 내려올 때, 너희들이 성경을 놓고 함부로 판단하지 말며, 그 성경을 판단해서 오류를 범하는 험악한 행위를 하지 말라 하였음이니라.

25 너희들이 그저 성서를 읽고 너희들이 깨우치는 그와 같은 형국으로 왔더라면, 오늘과 같이 세상을 지배하는 이와 같은 장사꾼의 집단으로 변화되지 아니하여 이 세상을 멍들고 썩게 만들지는 아니하였을 것이니,

26 너희들이 모르는 자가 장삿속으로 나의 성경이요, 나의 아들이요, 그리고 나 여호와를 상품으로 내놓아 팔고 파는 장삿속에서 오늘의 너희들이 사업이요, 기업을 이룬 것이지, 나 여호와의 뜻이 아니라는 그 무서운 뜻을 알라.

27 인간의 생각에 의해서 지금처럼 너희들이 이와 같이 장삿속으로 번창한 것이요, 너희들이 오로지 한 것은 나

여호와의 몸에 상처를 내는 그 교회
요, 성당이요, 성막을 짓는 것, 그것밖
에 한 것이 없으니,
28 나에게 고통을 준 자들이요, 그것밖에
너희들이 한 것이 없는 것이 오늘의
종교 집단이요, 믿음의 길을 가는 백
성 너희들이요, 감히 그러면서 구원을
받았다며 하늘을 향하여 울부짖는 어
리석고 불쌍한 그 백성들이니 그리 알
라.

10,384 번째 하나님 말씀

2004년 4월 7일 12시 26분

1 사랑하는 나의 아들아!
2 "네, 아버님! 말씀하옵소서."
3 있지도 않은 재림이요, 이루어질 수도
없는 재림이요, 그 모두를 갖다 너희
들이 역사할 수 없다는 것을 나는 너
희들에게 그리 가르치고 전하거늘,
4 모든 종교 집단의 지도자들이요, 그
백성들이 있지도 아니하며 이루어질
수 없는 나의 아들 예수의 재림을 이
루어지는 것처럼 너희들이 너무나 많
은 일을 저질러 놓았음이니라.
5 그리하여 너희들이 그와 같은 것을 팔
아 나의 피조물 만백성을 우롱하여 내
아름다운 이 지상을 너희들이 너무나
흩트려 놓았으며, 너무나 상처투성이
로 만들어 놓았으며,
6 너희들은 도저히 원상복구시킬 수 없
으며 되돌릴 수 없도록 이 험악한 지
경으로 만든 것이, 있지도 아니하며
있을 수도 없는 재림이라는 그 상품을
가지고 너희들이 지금 장사해 먹은 자
들이 아니더냐?
7 그러니 너희가 너희들의 뜻대로 판단
하여 행치 말라는 그것을 거역한 것이
요,
8 그리하여 너희들이 그 뜻을 거역함으
로 오늘의 이와 같이 험악한 세상이
되었음이니,
9 내가 다스리려야 다스릴 수 없는 이와
같은 지경에 왔음이니라.
10 나의 아들 예수가 올 때까지 모든 것
을 판단치 말라 했거늘, 너희들이 지
금 하고 있는 그 모두가 위배되는 행
위요, 위배되는 행위만을 하였음이니,
11 아래로는 나의 아들 예수의 뜻에 위배
되는 짓을 했으며, 위로는 하늘의 나
여호와의 뜻에 위배되는 그와 같은 짓
들만을 하고 있는 것이 너희들이니,
12 그리하여 내가 너희들을 단죄하며 너
희들을 다스리고자 함이니,
13 나의 법전이요, 새로운 성경 160권이
세상에 나와 그 빛을 발할 때, 그 빛
앞에 너희들이 모두가 다 재가 될 것
이니 그리 알라.
14 이제 나의 아들을 따르는 제자 너희들
은 그를 볼 것이니라.
15 너희들이 죽기 전에 육의 모두를 끝마
치기 전에 너희들이 그를 볼 것이며,
16 그리하여 너희들이 나의 법전을 만들
고 나의 법전을 전한 역사가 얼마나
위대한 것인가를 알게 될 것이며, 그
때 바로 너희들이 바로 서게 될 것이
며, 바로 깨우쳐 줄 것이니라.
17 그리하여 흙으로써 만들어진 나의 아
들딸 너희들이 흙에서 영원히 사람으
로서 다시 거듭나는 은혜와 영광과 축

복을 얻을 수 있을 것이니 그리 전하
라.

10,385 번째 하나님 말씀

2004년 4월 7일 12시 33분

1 사랑하는 나의 아들아!
2 "네, 아버님! 말씀하옵소서."
3 지금의 믿음의 길을 가는 기독교요,
너희들이 신앙생활을 하는 헬 수 없
는 많은 백성들이요, 그 신도들이라는
나의 아들딸들, 너희들이 나 여호와의
참진리를 위해 오는 백성이 없으며,
4 인간의 교리요, 인간이 만든 그 교리
에 따라서 인간의 사업에 의하여 너희
들이 그 도구로써 사용되었으며, 너희
들이 그리 모두가 이용된 것을 알겠
느냐?
5 어찌하여 나의 사랑하는 백성, 너희들
이 그 귀하고 소중한 삶을 참진리요,
나 여호와의 뜻을 알고 내가 역사하
는 것을 알고자 너희들이 그 길을 오
는 것이 아니요,
6 어찌하여 사악한 인간이요, 삯꾼의
목자들에게 그 사업 도구로써, 상품으
로써 너희들이 그리 팔리고 팔려 오
는 그와 같은 형국으로써 오늘의 그
삶을 산단 말이더냐?
7 이제는 나 여호와가 너희들에게 깨우
쳐 주었음이니라.
8 나에게 오를 수 있는 길이요, 구원을
받는 것, 성령이 임하는 것은 모두 자
격을 갖춘 자요, 그 자격이 된 자만이
모두를 내가 똑같이 역사한다 하였음
이니, 자격 미달자는 아무것도 이룰
수 없음이니라.
9 그러니 너희들이 참진리와 성령에 의
한 삶을 살도록 그리하라.
10 그리하여 아무것도 너희들이 이루지
못하는 백성으로서 지옥 불에 가는 그
와 같은 삶을 살지 말도록 그리하라.
11 지금 내가 이 세상에 믿음의 길을 가
는 그 백성들이 헬 수 없으며, 지금까
지 죽어 간 그 백성들이요, 또한 생존
해 있는 너희들이, 수십억 백성 그들
이 아무리 많고 많아도 나와는 관계없
다 하였음이니,
12 나는 지금 나의 아들을 따르는 제자,
그들과 너희와 바꾸지 아니한다는 뜻
을 알겠느냐?
13 나의 아들을 따르는 제자들이요, 그들
은 지금 바로 서기 위하여, 성령이 임
하기 위해서 얼마나 피나는 노력의
역사함으로 가고 있는가?
14 그러니 너희와 그들과의 차이이니라.
15 그러니 나는 아무리 양이 많다 해도
나에게는 관계없으며, 오로지 나에게
는 질이 필요함이니라.
16 그러니 나의 뜻에 의하여 살아가는 백
성들이요, 그리고 나의 아들을 따르는
그 제자들과 지금 수많은 백성 너희들
과의 그 거리가 이루 말할 수 없이 멀
고 멀게 차별화되어 있음을 너희들은
알라.
17 모든 종교 집단이요, 지도자라는 자,
너희들이 방대한 조직이요, 방대한 재
물이요, 그리고 방대한 교회라는 그것
을 가지고 어찌 감히 너희들에게 도전
하느냐 비웃을지 모르나,
18 너희들은 인간 사업으로써 상품으로

써 팔리고 팔리는 그와 같은 백성이
요, 신도가 되었으며, 나의 아들딸들
은 그렇지 아니함이니라.
19 지금의 나의 아들을 따르는 그들은 그
렇지 아니함이니, 너희들이 무엇이 다
른지 내가 전하여 깨우쳐 줌이니, 명
심하여 너희들이 가슴에 심도록 그리
하라.
20 지금의 삯꾼의 목자를 따르는 그 백
성들은 인간의 지혜를 배우며, 인간의
교리를 배우며, 인간의 지혜를 깨달음
으로써 너희들이 그 한계를 벗지 못함
이니라.
21 그러나 나의 아들을 따르는 그 아들딸
들이요, 그 제자들은 무엇인 줄 알겠
느냐?
22 그들은 하늘의 지혜를 얻음이요, 하늘
의 지혜에 따라 그들이 그 깨달음을
얻음이니, 그들은 나의 법전이요, 나
의 성령을 받아 그 뜻을 알며 그 뜻을
들여다볼 수 있는 것이니,
23 바로 하늘의 지혜를 얻어 하늘의 뜻
을 따라가는 백성들과, 육의 세상의
인간 삶의 지혜를 배워 그 지혜 속에
서 벗어나지 못하는 너희들이 얼마나
하늘과 땅의 차이인 줄 알겠는가?
24 죽은 자와 산 자요, 너희들이 육의 세
상의 삶이요, 천국에 오르는 것만큼
그와 같이 너희들이 차이가 있음을 알
라.
25 지금의 나의 아들딸들은 몇 명이 되지
아니하며, 그 양이 얼마 되지 아니한
다 해도 그들이야말로 고급의 질이요,
고급의 제품이요, 그리고 하늘의 뜻이
요, 하늘의 지혜를 가지고 있는 자들
이요,
26 인간 너희들은 아무리 고급화되며 훌
륭하며 위대한 백성이라 해도 지상의
인간의 지혜에서 인간의 삶의 지혜에
서 벗어나지 못하는 것이기 때문에,
27 너희들이 감히 그들의 삶을 알 수 없
으며, 그들이 가는 길을 알 수 없으며,
그들이 변하는 것을 알 수 없는 것이
너희와의 차이임을 알라 전하라.

10,386 번째 하나님 말씀

2004년 4월 7일 20시 43분

1 사랑하는 나의 아들아!
2 "네, 아버님! 말씀하옵소서."
3 나의 법전이요, 나의 성령의 강론을
듣는 너희들은 어떠한 상태든 사람을
외형으로 평가하며 차별하는 그와 같
은 마음으로 살아서는 절대 안 됨이
니,
4 너희들이 과연 사람의 외형이요, 권
력이요, 재물을 가지고 있는 것으로써
그 사람을 평가하지는 아니하며 너희
들이 대우하는 것이 다르지 아니한가
너희 자신을 다스려 보도록 그리하라.
5 나는 성서에 기록하여 너희들에게 그
리 전했느니라.
6 패물을 가지고 있는 자, 재물 있는 자,
상석이요, 좋은 자리에 앉히지 말며,
어렵고 불쌍한 자라 하여 너희들이 함
부로 대하지 말라 내가 그리 말하였느
니라.
7 이제 나의 아들을 따르는 제자 너희들
은 그를 지키고 따라야 될 것이니라.
8 모든 종교 집단이요, 지도자 그들이

과연 지금 어찌 가는가?
9 너희들이 헌금을 많이 내는 자요, 재
물을 많이 가지고 있는 자요, 권력을
가지고 있는 자, 좋은 자리의 상석을
내주지 아니하는가?
10 그리고 없는 자, 불쌍한 자들은 네 발
아래 두고자 하며, 네 발밑에 두고 비
비고자 하며, 있는지 없는지 존재 자
체도 너희들이 의식하지 아니하고 사
는 그와 같은 종교 지도자들이 과연
없는가?
11 너희들이 외형으로 사람을 평가하는
그와 같은 오늘의 만연된 그 종교 지
도자들이요, 그 집단 속에서 나의 아
들을 따르는 제자들이요, 나의 법전을
읽고 깨우친 백성, 너희들은 절대 그
와 같은 것을 나 여호와가 용서치 아
니할 것이니,
12 사람을 권력이요, 재물이요, 그를 가
지고 평가하여 자리를 내주고 아니 내
주는 그와 같은 행위를 하지 말라.
13 너희들이 이제 성령으로 임하여 나의
뜻을 알며, 하늘의 뜻이 무엇인가를
알며, 내가 역사하고자 하는 것이 무
엇인가를 알며, 성서를 읽고 나의 법
전을 읽으면 그 뜻이 무엇인가 아는
지혜를 얻고 있는 너희들이니,
14 이제 너희들이 열여섯 권의 법전이요,
그 기본의 교육을 마쳐 감이니, 너희
들이 오늘 이후부터 지킬 것은, 사람
이 재물이 있고 없는 것이요, 권력이
있고 없는 것이요, 곱게 입고 추하게
입은 것이요, 그를 가지고 구분하여
자리를 구분하지 말며,
15 너희들이 더 좋은 자리를 있는 자에게
양보하며, 어려운 자는 너희들이 기억
하지 아니하며, 네 발아래 뭉개는 그
와 같은 마음 자세로 살 때, 나의 아들
을 따르는 제자 너희들은 내가 절대
용서치 않을 것이며,
16 너희들이 나의 법전을 전하는 어떠한
역사를 한다 해도, 사람이 사람을 그
와 같이 외형으로 평가하는 그와 같
은 행위를 하는 자, 어떠한 역사를 한
다 해도 내가 너희들을 모른다 할 것
이니,
17 너희들은 이후부터 사람의 외형이요,
그 재물이요, 권력이요, 가지고 있는
그것으로써 자리를 내주고 아니 내주
며 차별하는 삶을 절대 살아서는 아
니 되니,
18 이것이 나의 아들을 따르는 제자들이
요, 성령으로 임한 백성이요, 내 뜻을
역사하는 너희들이 가장 먼저 지켜야
될 근본이요, 기본이라는 걸 잊지 말
라.
19 이를 거역하고 이를 어기는 자, 내가
절대 너희들을 용서치 아니할 것이니
라.

10,387 번째 하나님 말씀

2004년 4월 8일 06시 11분

1 사랑하는 나의 아들아!
2 "네, 아버님! 말씀하옵소서."
3 나로부터 선택된 자요, 나의 명을 받
은 자요, 나의 성령으로써 역사하는
백성과 그렇지 아니하는 백성의 차이
가 있음이니라.
4 그렇지 아니한 백성은 성서를 아무리

읽고 보며 나의 법전을 읽고 봐도 그
뜻을 알 수 없으며, 그 속의 흐름을 모
르며, 내가 무엇을 원하는지 알 수가
없음이니라.
5 그러나 성령으로 임한 나의 아들이요,
너는 성경을 봄으로 인하여 또 내가
내리는 그 뜻을 받아 너는 내가 무엇
을 원하며 내가 무엇을 추구하고자 하
는 말인가 그 뜻을 알고 있음이니, 그
것이 다름이니라.
6 그러니 세상사에 알고 가는 자와 알지
못하고 가는 자와의 차이가 무엇이던
가?
7 아는 자는 곧바로 그 길을 향해서 가
는 것이요, 알지 못하는 자는 제자리
에서 도는 것과 같으니 무엇이 다르더
냐?
8 그러니 그것이 다름이니라.
9 그러니 너를 따르는 제자들이요, 나의
법전을 읽는 만백성 너희들은 알아야
될 것이니라.
10 성서의 비유의 뜻을 설명하며 성서에
나 여호와의 뜻이요, 그렇지 않으며
인간의 교리로써 너희들이 기록한 것,
그 모두를 찾아내며 구분할 수 있는
것,
11 그리하여 그 모두를 풀어서 나의 법전
에 기록하는 것이 바로 나의 아들이
가는 길이며, 이는 나로부터 대명을
받은 나의 아들임을 너희들이 알아야
될 것이니라.
12 성서를 바로 보지 못하며 성서를 바로
풀지 못한다면, 이는 나의 아들로서
나에게 명받은 자가 아님을 알라.
13 그러니 성서가 수천 년 동안에 흘러오
면서 인간의 교리로써 너희들이 다듬
고 만든 자의 뜻과 생각으로써 기록된
부분이 너무 많이 있음이니, 이를 바
로잡지 아니하면 아니 되기 때문이니
라.
14 그리하여 이를 바로잡아 내 뜻을 전하
지 아니하며 내 뜻을 이해할 수 없다
면, 이는 나의 뜻이 아니요, 너희들이
인간의 생각으로써, 인간의 교리로써
모두를 역사함이니,
15 그를 찾아내고 너희들이 잘못 가고 잘
못 아는 것을 모두를 바로잡지 아니하
면 절대 이는 역사할 수 없음이니라.
16 그러니 때가 되면 모든 비유의 뜻이
요, 모두를 연다 하였음이니, 바로 때
가 되었을 때는 그를 볼 수 있는 사람
이요, 그를 해석할 자요, 선택된 자가
있기 때문에 그때가 된다는 것을 너희
들은 알아야 될 것이니라.
17 그리하여 지금 내가 새로 내리는 성
경이요, 너희들이 지금까지 알고 있는
그 성경의 뜻을 하나하나 다 설명하
여 그 모두를 상세히 너희에게 전해
주며, 너희들을 깨우쳐 잘잘못을 시시
비비하는 그와 같은 것을 역사하는
것이 바로 나의 아들이요, 나로부터
선택된 선지자요, 목자임을 알라.
18 내가 뭐라 말하였느냐?
19 때가 되면 내가 성서를 비유로 말하지
아니하며, 그리고 성서에 죄에 대해
서, 의에 대해서, 너희들이 어떤 것이
하늘에 오르는 길인지 그 모두를 알
게 되며, 그를 깨우치며 그것을 가르
쳐 주는 자가 선택된 자요, 나의 아들
이라는 것을 내가 성서에 기록한 뜻

이니,
20 지금 나의 아들이 가는 역사함이 어
떠한 것인가 너희들이 돌이켜 보면 알
것이니라.
21 다만, 모든 종교 집단이요, 지도자 너
희들이 오늘의 나의 피조물 만백성을
세뇌시켜 끌고 왔던 그것을 너희들이
그대로 유지하고자 하는 생각이요, 그
방법에 의하여 모두가 변하지 못하는
그와 같은 역사가 있지 않더냐?
22 내가 너희들에게 뭐라 말하였느냐?
23 지금의 흐르는 세월 속에 너희의 후
손들이 세상 이치를 깨우치는 것도 너
희들이 변하는 속도에 따라 급속도로
변하여 가듯이,
24 그러나 그것을 주장하며 나이 먹은
자, 변화되는 것을 거부하며, 그것은
방법이 되지 아니하였으며 그것은 아
니 된다 말하고 있는 너희들이 고집
을 피운다 해서 세대의 흐름이 멈추
겠는가?
25 그리고 너희의 방법과 지금 젊은 세
대들이 역사하는 모든 방법이 너희들
이 말하는 대로 하늘과 땅의 차이요,
하루 배우는 게 너희들이 평생 배우
는 것만큼 그와 같이 변화되는 그것을
누가 막을 수 있으며, 누가 그것을 중
단시킬 수 있단 말이던가?
26 바로 그와 같은 것이 진리의 이치라
는 걸 알면 되느니라.
27 모든 지금의 종교 집단이요, 지도자
저희들이 나이 먹은 자의 구습이요,
그 습관을 버리지 못하고 그것만을 고
집하는 것이요,
28 새로운 나의 법전은 세상의 모두를
헤쳐 보며 모두를 다 역사하는 것, 그
와 같이 변화되는 그 소용돌이를 너희
들이 사탄이요, 이단이라 거부해도,
이를 보고 읽는 백성이 있을 것이며,
이를 보고 깨닫는 백성이 있으니,
29 그 물결이요, 그 흐름은 너희들이 결
코 막을 수 없다는 것을 알 날이 머지
않았음이니 그리 알라.

10,388 번째 하나님 말씀

2004년 4월 8일 06시 17분

1 사랑하는 나의 아들아!
2 "네, 아버님! 말씀하옵소서."
3 너희들의 생명책에 너희의 이름이 기
록되어야 하며, 그와 같은 역사의 은
혜를 얻지 아니하면 아니 된다 내가
너희들에게 그리 말하였느니라.
4 생명책에 네 이름이 기록되지 아니하
면, 너희를 내가 정녕 모른다 하였음
이니라.
5 너희들이 나의 법전을 만들며, 나의
법전을 전하며 만백성을 깨우치고자
한다 해도, 너희들이 성령으로 역사하
는 삶을 살지 아니하면 내가 너희들을
모른다 그리하였음이니,
6 나의 아들을 따르는 제자들이요, 나의
법전을 읽고 깨우친 만백성 너희들은
스스로 노력하여 너희들 손으로 역사
하여 생명책에 너희들의 이름이 기록
되는 그와 같은 길을 가지 아니하면
아니 됨이니라.
7 그리하여 너희들 이름이 생명책에 기
록될 수 있는 나의 법전을 내려보냈
으니, 그리하여 그를 정독하고 읽고

깨우치지 아니하면, 너희들은 결코 생
명책에 이름이 기록될 수 없다 함을
알라.
8 내가 나의 아들에게 명하여 뭐라 하였
느냐?
9 나의 아들이 160권의 법전의 모두를
다 역사함이니, 마지막 장에 너희들의
이름을 기록한다 하였음이니라.
10 이게 바로 거기에 기록되는 자, 거기
에 너희들이 기록되어 올려 오는 자,
내가 너희들을 알 것이며, 내가 너희
들을 거둬들일 것이니라.
11 그러나 다만, 내가 너희들에게 기록될
자, 기록되지 아니할 자를 구분할 것
이니, 너희들은 그리 알아야 될 것이
니라.
12 사랑하는 나의 아들아!
13 나 여호와가 생명책에 정녕 기록되는
자, 너희들을 어찌 내가 증거하는지
알고 있는가?
14 "네, 아버님! 알고 있사옵나이다.
15 그 생명책에 기록하는 자를 구분하기
위하여 아버님께서 보여 주신 그것을
저는 알고 있사옵니다.
16 저의 제자 중에 한 사람이 흰 옷을 입
고 아버님께 간다 그리 말씀하셨사옵
나이다.
17 그러니 그 자식이 하얀 옷을 입고 걸
어감이니, 그 부모가 지금 죽어 저승
에 가 있으며 하늘나라 세상에 지금
그 죄의 대가를 치르고 있으니,
18 아들이 하얀 옷을 입고 지나가는 거기
에서 감히 말을 붙이지 못하며, 안아
달라 말을 하지 못하며, 그저 눈으로
써만 바라보는 그와 같은 형국이 되는
것,
19 하얀 옷을 입고 아버님께 걸어가는 그
제자의 모습을 보여 주신 것,
20 그리하여 하얀 옷을 입는 제자들만이
아버님이 말씀하시는 160권의 법전
속에 그 이름이 기록된다는 것, 그것
으로써 아버님께서 저에게 명하신다
는 걸 저는 그리 알고 있사옵나이다.
21 하얀 옷을 입은 자, 그는 성령으로 임
할 수 있는 자격이 있으며, 아버님께
구원을 받을 수 있는 자이기에, 하얀
옷을 입고 아버님께 걸어가는 그 모
습을 보여 주실 때,
22 그 사람들만이, 그 백성만이, 그 제자
만이 아버님의 새로운 성경의 끝장에
이름이 기록되는 것을 아버님께서 내
린 증표라 그리 알고 있사옵나이다."
23 그러니라, 사랑하는 나의 아들아!
24 그 누구라 하여 160권의 법전에 기록
될 수는 없으며, 나의 성전에 와 있다
하여 그 이름이 기록될 수는 없음이니
그리 알라.

10,389 번째 하나님 말씀

2004년 4월 8일 06시 26분

1 사랑하는 나의 아들아!
2 "네, 아버님! 말씀하옵소서."
3 나의 피조물 만백성이 나의 뜻을 거역
하며, 나의 아들 예수가 전하고자 했
던 그 모든 뜻을 거역하며, 저희들이
행하고 살아가는 모습이 과연 너희들
은 봐서도 모르며 들어서도 모른단 말
이더냐?
4 나의 아들 예수가 재림할 때까지 너희

들이 모두를 기다리라 하였으며, 그리
하여 또 나의 아들 예수가 재림할 것
이라 울부짖고 있는 백성들, 예수가
재림하여 너희들 모두를 구원한다 그
리 말하는 백성들이,
5 나의 아들 예수가 너희들에게 전하기
를, 나의 아들 예수가 재림할 때까지
너희들은 모든 것을 인간의 생각으로
써 판단하지 말며 행하지 말라 성서에
그리 기록하여 전한 것을 어찌하여 행
하지 않는가?
6 그러니 나의 아들 예수가 재림할 때까
지 너희들이 인간의 생각으로 판단하
지 말며 기다리라 했던 것을 어찌하여
너희들은 그는 행하지 아니하며,
7 오로지 나의 아들 예수가 재림한다,
재림한다는 것으로써 너희들이 수많
은 종파를 만들었으며,
8 그때 선택되는 백성이 아니 되면 너희
들이 영원히 구원을 받지 못한다는 이
와 같은 자작극을 만들어 나의 피조물
만백성들로부터 재물을 거둬들이며
그들을 지옥으로 이끌어 가는 그와 같
은 행위를 했으니,
9 지옥으로 보내기 위하여 너희들이 재
물을 갈취하는 그와 같은 것이 오늘의
믿음이요, 신앙의 길이니라.
10 내가 나의 아들이 재림할 때까지 너희
들이 어떠한 것도 판단하지 말라 명
했으니,
11 너희들이 나의 뜻을 따른다면 너희들
은 그때까지 입을 다물고 있어야 되
며, 어떠한 행동도 해서는 아니 되며,
그저 너희들이 묵묵히 기다리는 그와
같은 삶을 사는 것이 너희들이 나 여
호와의 뜻이요, 예수가 전한 그 뜻을
너희들이 행하고 지키는 자가 아니더
냐?
12 그 보혈로써, 그 죽음의 은혜로써 구
원을 받았다 하는 자들이 나의 아들
예수가 재림할 때까지 너희들은 인간
의 생각으로써 모두를 판단하지 말며
조용히 기다리라는 그 구절이 성서에
수없이 있음이니,
13 너희들이 어찌하여 오늘의 이와 같이
세상을 험악하게 만들었단 말이더냐?
14 너희들이 조용히 입을 다물며 조용히
기다리며 조용히 아름다운 삶을 살아
가는 것으로써 너희들의 직분을 다하
는 것이거늘,
15 이 세상을 이렇게 혼란스럽게 만들었
으며, 나 여호와의 몸에 모두를 상처
내는 교회요, 성전이요, 성막을 지어
너희들이 짓지 말라는 것을 지으며,
모아서 가르치지 말라는 나의 교육의
비진리를 가지고 이렇게 험악하게 만
든 것이니,
16 이것은 나의 아들 예수를 너희들이 정
면으로 거부하며, 나 여호와가 가르치
는 것을 정면으로 거부하는 그와 같은
행동을 하고 있음을 어찌 모른단 말
이더냐?
17 너희들이 어떠한 것인지 판단해서 행
동하면 아니 될 것이며, 이를 그리하
지 말라 내가 너희들에게 명한 그 뜻
을 너희들이 정면으로 부인하고 거부
한 것이 오늘의 교회요, 성전이요, 성
막이요, 너희들이 지금 행하고 있는
것임을 알라.
18 그러면서 너희들은 나의 피조물 만백

성을 인간의 교리로 깨우쳤기 때문에
하늘에 오르는 길이요, 나에게 오르는
길이 아니라, 너희들이 지옥으로 보내
는 그 일만 하고 있음이니,
19 너희들이 과연 그리하고도 어찌 그를
다 감당할 수 있다 생각하느냐?
20 너희들은 들으라.
21 나의 아들 예수가 재림할 때까지 너희
들이 모두를 판단하지 말라 하는 것은,
22 나의 아들 예수가 육으로써 세상에
오는 것이 아니요, 그가 성령으로써
다른 보혜사요, 다른 뜻이 세상에 내
려와 너희들의 모든 죄에 대한, 의에
대한 그 모두를 깨우쳐 줄 때,
23 진정 너희들의 비유가 아니요, 쉽게
너희를 깨우쳐 줄 수 있는 그와 같은
성령이 역사할 때까지 기다리라 함이
니라.
24 그러니 너희들이 지금 기다렸더라면,
오늘의 나의 법전이요, 새로운 성경이
내려와 너희들이 이를 가지고 공부했
더라면,
25 오늘같이 험악하게 믿음의 길을 가는
백성들이요, 너희들이 그 험악한 교회
요, 그리고 너희들이 성당이요, 성막
이요, 나의 몸에 상처 내는 행위는 절
대 하지 아니하였을 것이니,
26 내가 2천 년 동안 너희들이 입을 다물
고 조용히 기다리라는 것이 나의 아들
예수가 재림하여 너희들에게 임한다
했으니,
27 예수를 대신하여 오는 동안 지금의 나
의 아들이나 또한 예수나 다 같은 것
이요, 나의 성령 안에서 모두가 역사
하며 성령 쪽에서 모두가 다 이루어지
니,
28 시작도 성령이요, 끝도 성령으로써 이
루어짐이니,
29 그 모두가 나의 아들 예수가 다시 온
다 하였음이니, 이는 나의 뜻이요, 나
의 성령으로써 내려감이니라.
30 다만, 너희들이 그때까지 입을 다물며
조용히 기다리며, 오늘과 같이 험악한
행위를 하지 말았어야 되느니라.
31 그러니 내가 너희들에게 뭐라 하였느
냐?
32 2천 년이라는 세월 동안 내가 침묵을
지켰으며 너희에게 관여하지 아니하
였으며, 내가 너희들을 다스리지 아니
한 시대라 하지 않았더냐?
33 그러니 2천 년 동안 너희들이 울고불
고 역사한 그 믿음이 나와 관계없으
며, 오늘에 짓지 말라는 교회를 수없
이 지어 놓는 것, 그를 내가 너희들과
관계없다 함이니라.
34 다만 너희들이 조용히 인성을 다스리
며 사랑을 베풀며, 그저 지금까지 이
와 같은 험악한 세상을 만들지 아니하
고 조용히 물 흐르듯이 그냥 살아왔더
라면,
35 오늘의 나의 아들을 통하여 다시 내리
는 나의 성령이요, 너희들이 읽고 깨
우쳐 보아 깨우칠 수 있는 간단하고
쉬운 이와 같은 성경이 세상에 내려와
너희들의 마음을 천사와 같이 바로잡
고 바로 돌려놓을 수 있으나,
36 너희들이 험악하게 이와 같이 죄를 지
은 행위를 했기에, 지금 나의 새로운
성경이요, 이 모두가 내려가도 이를
전하기가 어려우며,

37 이를 보고 깨우치는 백성들을 훼방하
는 자가 있으니, 나의 백성들이 깨우
치지 못하는 이와 같은 형국이 되어
있으니,
38 너희들은 내가 성서에 전한, 나의 아
들 예수가 재림하여 너희들에게 모두
를 다시 깨우쳐 줄 때까지 조용히 있
으라, 판단하지 말라 한 그 뜻을 이제
는 알고 깨우쳤을 것이니라.
39 그러니 이제 모든 백성 너희들은 지금
이라도 내가 나의 아들 예수를 내려보
내어 너희들에게 판단할 때까지 기다
리라 했던 그 성령이 지금 세상에 내
려가 너희들을 구원하고자 하니,
40 너희들이 지금이라도 나의 법전을 읽
고 깨우쳐 바로 서는 백성은 나를 볼
것이요, 그렇지 못한 백성들은 나를
볼 수 없다는 것을 알아야 될 것이니
그리 알라.

10,390 번째 하나님 말씀

2004년 4월 8일 06시 31분

1 사랑하는 나의 아들아!
2 "네, 아버님! 말씀하옵소서."
3 지금의 모든 종교 집단이요, 지도자
요, 그 신도들, 그들이 이 세상을 살아
가면서 인간 세상에서 너희들이 재물
이요, 금화와 은화를 거래함으로써 안
이루어지는 것이 없으며,
4 얻을 수 없는 것이 없는 이와 같은 부
정부패라는 것으로써 썩을 대로 썩어
진 이 세상에 인간의 삶을 그와 같은
속에서 산 자이기에,
5 너희들이 하늘에 오르는 길이요, 믿음
이요, 신앙의 길도 너희들이 그리 생
각하고 사는 것이 아니더냐?
6 내가 보는 너희들의 믿음은 그러니라.
7 모두 금화와 은화를 뒷거래로 하며,
너희들이 부정한 자가 자리를 지키며,
부정한 자가 승자가 되는 것이며, 부
정한 자가 역사하는 그와 같은 인간
세상에 살기에,
8 너희들은 지금 인간 세상에 이루어지
는 것처럼, 오늘의 믿음이요, 신앙의
그 모두도 너희들이 금화와 은화요,
재물을 주고 믿음을 살 수 있으며 성
령을 살 수 있다 그리 깨닫는 백성이
라는 것을 알아야 될 것이니라.
9 그러니 너희들이 지금 그렇지 않다 말
할 것이니라.
10 너희들은 진정한 믿음이요, 진정한 참
진리로써 성령을 구한다 하나, 너희들
이 하고 있는 행위는 무엇이더냐?
11 지도자는 많이 바치면 많이 거둬들이
는 것이요, 많이 너희들이 갖다 바치
는 역사함이 구원을 받는 길이요, 하
늘에 오른다 그리 말함이니, 그것은
무엇이더냐?
12 하늘에 오르는 것은 너희들이 성령이
임한 백성이요, 성령이 임하지 아니하
면 나에게 오를 수 없다 함이니,
13 너희들이 하늘에 오를 수 있는 자격을
갖는 것이 재물을 많이 바치며, 하늘
에 많이 쌓아 놓음으로써, 너희들 인
간이 지은 죄의 온상인 교회에 갖다
많이 바침으로써 너희들은 하늘에 오
를 수 있는 은혜의 축복과 영광을 얻
으며,
14 더욱이 하늘나라에 쌓은 것, 창고의

그 보물의 양에 따라 너희들이 나에게
와 상을 받고 못 받는다 함이니,
15 너희들은 하늘을 팔며 나를 팔며 나의
아들의 고통스러운 죽음을 팔며, 그리
하여 인간 속에서 썩어진 금화와 은화
를 거래하고서 모두가 안 이루어지는
것이 없으며, 모두를 얻을 수 있다는
그와 같은 생각을 가지고 있는 자들이
지금 믿음이요, 그리고 신앙생활을 하
는 자들이니,
16 너희들이 재물로써 모든 성령을 다 살
수 있으며 성령을 거래로써 얻을 수
있다는 그와 같은 착각 속에 살아가는
것이 아니더냐?
17 그러니 인간 생각에 너희들이 뒷거래
하는 자, 그리고 그것도 추하고 썩은
자, 범법 행위를 아름다운 것이라 생
각하는 자, 영리하다고 생각하는 자,
지혜로운 것이라고 생각하는 자, 그
리고 남들보다 앞에 가는 자라 생각하
는 자,
18 그와 같은 너희들이 사악한 생각이요,
썩고 썩은 부패함에서 벗어나지 못하
였기 때문에, 금화와 은화로 너희들이
성령을 살 수 있다 대드는 백성들이
니라.
19 그러니 성령은 너희들이 재물이요, 어
떠한 세상 것을 다 줘도 살 수 없으며
역사할 수 없다는, 내가 법전에 기록
한 그 무서운 내용을 안다면, 오늘의
너희들이 그와 같은 생각을 바꾸지 아
니하면 아니 됨을 알라.
20 나는 너희들에게 그리 말하지 아니함
이니라.
21 너희들이 스스로 노력하여 구할 것이
며, 스스로 노력하여 변하는 삶에서
얻을 수 있는 백성들, 그들만이 내가
너희들을 안다 할 것이며, 너희들을
거둬들인다 하였음이니라.
22 이제 성령으로 역사함을 재물로 살 수
있다는 그와 같은 생각을 버리며, 그
와 같은 자세의 깨우침에서 그와 같은
믿음의 신앙생활에서 벗어나지 아니
하면 절대 안 됨이니라.
23 내가 모두를 상세히 기록하여 너희들
에게 전함이니, 이것이 무엇인 줄 알
겠느냐?
24 나 여호와가 비유의 뜻으로 하지 아니
하고 내가 모두를 풀어 전하는 세상의
시대가 온다 하였음이니, 그 시대가
왔음이요,
25 그리하여 성경의 비밀까지 내가 다 너
희들에게 풀어서 가르치는 이와 같은
새 시대요, 제3의 역사가 이루어진다
는 것을 믿고 믿어야 될 것이니라.
26 흔들리는 자는 구원받지 못할 것이며,
흔들리는 자는 어렵고 힘든 이 길을
갈 수 없음을 알라.

10,391 번째 하나님 말씀

2004년 4월 8일 06시 37분

1 사랑하는 나의 아들아!
2 "네, 아버님! 말씀하옵소서."
3 오늘의 믿음의 길을 가는 백성들이
신앙의 길이란, 하늘에 오르는 길이
요, 나에게 오르는 영광의 길이요, 그
길을 위하여 너희들이 기초요, 기본인
성령까지도 금화와 은화를 주고 사려
대드는 자요, 산다 생각하는 어리석은

백성들이니,
4 그것은 너희들의 뿌리가 그리했느니
라.
5 너희들의 조상의 뿌리가 금화와 은화
를 주고 모두를 역사할 수 있다는 그
믿음으로 가기에 나의 아들 예수가
그를 부정하였으며 그를 안 된다 하니,
6 너희들이 그를 핍박하여 그리 고통의
죽음의 길로 가도록 하였으니, 너희들
이 그 증거가 무엇인 줄 알겠느냐?
7 믿음이요, 나의 뜻에 따라 사랑을 베
푼다는 그 백성, 지도자라는 자들이
면죄부라는 것을 만들어 그 면죄부를
팔아 행사하는 그와 같은 것이 너희들
의 뿌리인 조상들이 했던 짓이 아니더
냐?
8 저희들이 무엇이기에 대가를 받으며
죄의 대가를 거둬들여 죄인을 용서해
주는 그와 같은 것을 팔고 사는가?
9 그와 같은 행위를 한 것이 오늘의 믿
음의 뿌리인 너희들의 조상들이니라.
10 그러니 그 후손들이 지금도 금화와 은
화를 받고 성령을 팔고 사는 그와 같
은 장사를 할 수 있다고 대드는 것은
당연한 것이며, 그 뿌리의 썩은 정신
을 아직도 너희가 계승하여 흘러왔기
때문이니,
11 너희들은 아름다운 진리요, 참진리는
계승해서 받지 아니하고, 악의 근원이
요, 악의 축인 그것만을 너희들이 계
승하여 받은 그 뿌리가 오늘도 너희들
의 모든 재물과 돈과 금화로써 장사하
는 것,
12 그것으로써 모두를 거래하는 그와 같
은 것이 지금의 교회요, 모든 성전이
되었음이니, 그러니 너희들이 어찌 그
와 같은 형국으로 되었더냐?
13 너희들이 산 자에게 면죄부를 팔아먹
던 너희들 조상의 뿌리처럼, 구원이라
는 것, 성령을 지금 재물이요, 금화와
은화를 받고 팔아먹으면서 너희들의
지금의 그 행위가 어디까지 도달했느
냐?
14 죽은 자의 이름도 너희들이 돈이요,
그를 받아들이며 그걸 바치는 후손이
있으면 너희들은 그들을 지옥에서 천
국으로 인도할 수 있다 말하는 것이
오늘의 믿음의 길을 가는 종교 집단이
요, 지도자이니,
15 그것이 재물에 말려 있는 사탄의 삯
꾼들이 오늘에 종교 지도자로서 존재
하며, 그들의 횡포가 하늘을 능멸하는
그와 같은 행위를 하고 있음이니라.
16 그러니 너희들은 이를 알아야 될 것이
며, 이를 너희들이 듣고 보고도 어찌
하여 너희들이 깨달음을 알 수 없단
말이더냐?
17 모든 종교 집단의 지도자가 나의 아
들을 사탄이라 말하는 것도 그 또한
무엇이더냐?
18 저희들이 그와 같은 행위를 해서는 아
니 되며 그리 구원을 역사할 수 없다
는 것을 나의 아들이 너희들에게 전
함이니,
19 나의 아들 예수처럼 너희들이 그리 또
죽이고자 할 것이며, 그보다 더 잔악
한 방법으로써 나의 아들을 제거하려
함이니,
20 너희들은 하늘의 천사요, 하늘의 사탄
이요, 그 모두를 구분할 수 있는 그와

같은 것을 내가 너희들에게 가르쳐 줌
이니, 천사의 행동과 사탄의 행동을
구분하라 내가 너희들에게 그를 가르
쳐 주고 나의 법전에 기록하여 전하
니,
21 천사와 사탄의 가는 길이요, 행하는
것이요, 그가 역사하는 것이 구분됨이
니, 저희들이 하는 것이 천사의 행위
가 아니요, 사탄의 행위라는 것이 백
일하에 드러나게 됨이니,
22 이를 저희 백성이요, 신도들이 읽음으
로써 저희들을 단죄하는 것이 무섭고
두려워, 저희들이 나의 법전이 존재하
지 못하도록 하며 나의 아들이 존재하
지 못하도록 그리하고 있음이니라.
23 지금 하늘에서 내가 내려다보는 너희
들의 그 행위가 얼마나 무서운 줄 알
겠느냐?
24 너희들이 죽은 자까지도 재물만 갖다
바치면 너희들이 천국으로 인도할 수
있다 말하는 자들, 그 간악한 수법에
지금 사탄도 놀라고 천사들도 놀라고
있으며, 사탄도 경악을 금치 못하고
있음이니라.
25 사탄도 감히 할 수 없는 짓을 이 세상
에 있는 너희들이 지금 만들고 역사하
고 그리 행하고 있다는 것을 알라.
26 그 모든 대가를 너희들이 어찌 치를
것인가?
27 머지않아 그를 당하는 자는 그 뼈저
림을 알게 될 것이니 그리 전하라.

10,392 번째 하나님 말씀

2004년 4월 8일 06시 46분

1 사랑하는 나의 아들아!
2 "네, 아버님! 말씀하옵소서."
3 너의 제자들과 나의 법전을 읽고 깨우
친, 선생으로 나갈 수 있는 자, 그리고
만백성을 구하는 자, 너희들은 어떠한
명분이 없는 것을 다른 사람으로부터
받아들이며 거둬들이는 행위를 절대
해서는 아니 된다 그리 가르치라.
4 그리고 그를 지키고 가야 됨이니라.
5 이제 사랑하는 나의 아들 너 또한 그
러니라.
6 합당치 못한 어떠한 것도 너의 제자들
로부터 네가 받아서는 아니 됨이니라.
7 너희들이 반드시 받을 이유가 있으며,
그리고 나의 법전을 만드는 역사에 합
당치 아니한 것은 너희들이 절대 받아
서는 아니 됨이니라.
8 너희들을 즐겁게 하는 것, 너희가 부
를 챙기는 것, 너희들이 남으로부터
거둬들이는 것, 그리고 너희들이 편하
고자 무엇을 얻는 것, 이와 같은 것은
합당함이 아니니라.
9 너희들이 나의 법전을 만들며 이를 전
하며, 나의 역사하는 것을 위하여 너
희들이 사용하는 것, 쓰이는 것, 그런
것은 내가 너희들에게 합당한 것으로
써 거둬들일 수 있다 하여 받아들여도
내가 말하지 아니하나,
10 어떠한 명분이든 그와 같은 것이 아닌
것을 너희들은 거둬들이는 일을 해서
는 절대 아니 됨이니라.
11 이제는 너희들이 지키고 가야 될 때가

되었음이니라.
12 이제 그것 또한 철저히 지키고 행하는
그와 같은 삶을 살지 아니하면 내가
나의 아들 너를 용서치 아니할 것이
며, 너의 제자들 또한 절대 용서치 않
을 것이니,
13 불필요한 어떤 작은 것이라 해도 받아
들이며 거둬들이는 일을 해서는 절대
아니 되느니라.
14 합당하며 온당한 것, 그것도 가장 불
리하고 가장 어려운 시점에서 네가 나
여호와로부터 한 점의 부끄러움이 없
는 것 외에는 절대로 받아서는 아니
됨이니라.
15 네가 편하고자, 네가 쉽게 가고자, 너
의 제자들이 쉽게 가고자, 편하고자,
즐거움을 얻고자 하는 것은 어떠한 방
법이든지 절대 그를 용서치 아니할 것
이니 그리 알라.
16 너희들은 삭막하며 사랑을 모르는 나
여호와라 그리하나, 이 세상의 모든
백성들이 지금 어찌하여 이리 험악하
게 된 줄 알겠느냐?
17 너희들처럼 양보하는 것, 너희들처럼
전해 주는 것, 나눠 주는 그 사랑을 모
르는 자들이기 때문에 오늘에 그리되
었음이니라.
18 제 앞에 더 높은 것을, 더 많은 것을,
더 좋은 것을 갖고자 하는 욕심의 뿌
리를 버리지 못하여, 그 근본에 의하
여 이 세상이 이렇게 험악하게 되었으
며,
19 이 자연의 아름다운 세상이요, 내 육
신에 너희들이 상처만 낸 그와 같은
악한 행위를 지금 하고 있음을 알고
있지 않으냐?
20 절대 이제 너희들은 어떠한 것이든
받아들여서는 용서치 아니할 때가 되
었으며,
21 너희들이 그만큼 깨달았으며 그만큼
갈 수 있으니 내가 더 용서치 아니할
것이니,
22 너 또한 그리 지킬 것이며 너의 제자
들도 반드시 그를 지키고 가라 그리하
라.
23 명분 없는 어떠한 것도 거둬들이면 아
니 되느니라.
24 너는 무엇이며 너의 제자들은 무엇이
더냐?
25 너희들은 이 세상의 무엇보다도 빵보
다도 더 귀하고 소중한 것이 너희에게
있음을 만백성에게 가르쳐 주어야 되
며,
26 빵보다 더 귀하고 소중한 것을 만백성
에게 전해 주고 깨우쳐 주고 직접 그
를 행하도록 하는 것이 나의 선택된
백성들이요, 너희들이 해야 할 일이고
가야 할 일이 아니더냐?
27 너희들이 빵보다도 더 귀하고 소중한
나의 성령이요, 나 여호와의 뜻이 있
음을 만천하에 전해야 되며, 그를 너
희들이 몸소 보여 주어야 될 것이며,
28 그리하여 나의 피조물 만백성들에게
그 빵보다 귀하고 재물보다 더 귀한
것이 있다는 것을 몸소 실천하고 깨우
칠 수 있도록 인도해야 할 너희들이기
때문에,
29 너희들이 그 재물을 거둬들이며, 작은
것이라도 받는다는 것은 나의 성령보
다 빵이 더 소중하다 가르치는 그와

같은 백성들이니,
30 지금의 사탄과 사악한 자들이요, 종교
집단이요, 지도자들이 가는 것과 무엇
이 다르단 말이더냐?
31 그러니 사랑하는 나의 아들이요, 나의
아들을 따르는 제자 너희들은 어떠한
명분이든 거둬들여서는 아니 됨이니
라.
32 그는 곧 무엇이더냐?
33 너희들이 빵보다 더 귀한 것이 있다는
것을 가르치는 자가 말은 그리하나,
너희들이 빵보다도 귀한 것이 없는 행
위를 보이는 것이 아니더냐?
34 그저 다른 백성에게 필요한 빵이라 하
여 너희들이 받아들여서는 아니 되느
니라.
35 온당한 것, 합당한 것, 너희들이 법전
을 만들며 성전에 역사하는 것, 그와
같은 꼭 필요한 것 외에는 아니 되며,
그것도 나에게 묵상과 기도로써 받도
록 그리하라.
36 절대 너희들이 불필요한 것을 거둬들
이고 받는 행위를 해서는 안 되고 대
접을 받는 행위도 너희들은 해서는 아
니 될 것이니라.
37 너희들은 삭막한 하나님이요, 야속한
하나님이라 할지라도, 너희들은 빵보
다 귀하고 소중한 나의 성령을 전하기
때문에, 더 소중한 것이 있음을 너희
들이 증명해야 되기 때문이니,
38 너희들은 그 재물이요, 그 모두는 모
래알처럼 떨어지는, 낙엽처럼 부질없
는 마음으로 쓰지 아니하면 너희들이
나의 성령을 볼 수 없으며,
39 너희들이 아무리 빵보다 귀중한 나의
성령이요, 하나님의 참진리요, 하늘에
오르는 길이 있다 해도,
40 그들이 보기에 너희들이 빵을 그 성
령을 전하는 것보다 더 귀히 소중히
생각한다면 그들은 돌아서서 웃을 것
이며, 나의 법전을 던지고 짓밟은 그
와 같은 행위를 하게 됨이니 그리 알
라.
41 아무리 삭막하고 메마르다 해도 너희
들은 그리 가야 되며, 그리 지켜야 될
것이니라.
42 내가 너희가 또한 그리 평가받는 것
을 원하지 아니함이니라.
43 사랑하는 나의 아들아!
44 너의 제자들이 너에게 무엇을 들고
올 때, '우리 선지자는, 우리 하나님의
아들은, 그리고 선생은 이를 받을 것
이며, 받을 준비가 되며 받는 사람이
라' 그리 비치는 초라한 모습이요, 그
리 평가받는 걸 내가 원하지 아니함이
니라.
45 나의 아들을 따르는 제자들이요, 그리
고 나의 법전을 읽고 깨우쳐 앞으로
선생으로 나갈 나의 선택된 백성, 너
희들은 남이 무엇을 갖다 주니 그걸
받으냔, 그가 들고 올 때 마음이 어떠
하더냐?
46 '우리 선생은 이걸 줌으로 받을 수 있
는 사람이라' 하며 받는 사람으로서
너희들이 비쳤기 때문에 그를 들고 옴
이니,
47 이미 너희들이 나의 성령보다도 빵을
더 소중히 사랑하는 사람으로서 그 제
자들이요, 너희를 따르는 백성들에게
이미 비치지 아니하였더냐?

48 여기서 내가 너에게 명하며 너의 제
자들에게 명하느니라.
49 '우리 선생은, 하나님의 아들이요, 우
리 선지자는 절대 받지 않는다.'는 것,
받지 않는다는 것을 보여 준다면, 받
지 않는 것을 그들이 들고 오겠느냐?
50 절대 받지 않는 것을 그들은 들고 오
지 아니할 것이니, 받을 것이라 인정
되며 받을 것이라 네가 평가되었기에
그를 들고 오며,
51 너의 제자들이 또한 받을 선생이라
인정되기 때문에 너의 제자들을 따르
는 그 백성들이 그를 들고 옴이니,
52 이를 내가 너희들이 그리 평가받는 것
을 용서할 수 없으며, 나 여호와가 너
희들이 그리 평가받는 것을 볼 수 없
다 함이니,
53 나의 이 애절한 뜻을 알도록 그리하
라, 사랑하는 나의 아들아!
54 그 제자들 또한 그리 가라 이르라.
55 너희들이 합당치 아니한 것은 내가 용
서치 아니할 것이니, 너의 제자들이나
전사로 임명한 너희 모두를 다 용서치
아니할 것이니라.
56 너희들은 빵보다 귀한 나의 성령의
진리가 있음을 만천하에 전하고 깨우
쳐야 될 대명이 있기 때문이니라, 사
랑하는 나의 아들딸들아!

10,393 번째 하나님 말씀

2004년 4월 8일 09시 30분

1 "너는 나 외에는 다른 신들을 네게 있
게 말지니라.
2 너를 위하여 새긴 우상을 만들지 말
고, 또 위로 하늘에 있는 것이나 아래
로 땅에 있는 것이나 땅 아래 물속에
있는 것의 아무 형상이든지 만들지 말
며, 그것들에게 절하지 말며 그것들을
섬기지 말라.
3 너는 너의 하나님 여호와의 이름을 망
령되이 일컫지 말라.
4 안식일을 기억하여 거룩히 지키라.
5 네 부모를 공경하라.
6 살인하지 말지니라.
7 간음하지 말지니라.
8 도적질하지 말지니라.
9 네 이웃에 대하여 거짓 증거하지 말지
니라.
10 네 이웃의 집을 탐내지 말지니라.
11 나 여호와가 존재함을 믿는 그 자체가
구원의 길에 들어서는 기본이요 근본
이며, 나의 법전을 가슴에 안고 정독
하는 자, 반석 위에 서서 하늘에 오르
는 찬란한 빛을 보게 되는 영광을 얻
게 됨이니라."
12 사랑하는 나의 아들아!
13 "네, 아버님! 말씀하옵소서."
14 네가 십계명을 암송하며 네 마음속에
눈물이 흐름이니, 네 마음속에 흐르는
그 눈물을 나는 아느니라.
15 그러나 그 모두를 네가 가슴 아파하며
모두 책임을 지며 너의 탓이라 그리
생각하지 말라.
16 너의 제자들이 나의 법전을 읽고 강론
을 들으며 소리 없이 떠나는 그 제자
들, 그들이 안타깝고 가련하여 네가
울고 있는 그 마음을 나는 알고 있느
니라.
17 그러나 그를 어찌하겠는가?

18 이 세상에 너희들이 가장 귀하고 소중
한 것을 손에 쥐여 주었으나, 그것이
가장 귀중하고 소중한 것을 모르고 버
리는 자, 조용히 놓고 떠나가는 자, 그
와 같은 자를 어찌한단 말이더냐?
19 이 세상의 백성은 수천 수억이요, 그
헤아릴 수 없는 숫자가 있으며, 그 속
에서 다 각자가 생긴 형태가 다르며,
각자가 다 생각하는 것이 다르며, 각
자가 사물을 보면서 평가하고 따지는
것이 다 다름이니라.
20 똑같이 생각하는 자가 없음이니라.
21 같은 모형을 놓고 너희들이 보되 보는
각도에 따라 다르며, 같은 장소에서
같이 똑같은 두 눈으로 봐도 생각하
는 것이 다름이니라, 그리고 생각하는
지혜가 다름이니라.
22 그가 얼마만큼 지혜의 수준을 가지고
있느냐, 악한 마음을 가지고 있느냐,
선한 마음을 가지고 있느냐에 따라서
그것이 선한 쪽에 보이며 악하게 보임
이니라.
23 선한 마음은 모두를 아름답게 볼 수
있는 것이요, 모두를 아름답게 보고
모두를 긍정적이요, 행복한 마음으로
생각할 수 있으나,
24 악한 마음을 가지고 있는 자는 모두가
부정적이며 그를 받아들이려 아니 하
니,
25 이것이 너희들이 똑같은 인간의 형태
로써 똑같은 눈으로 보는 그 사물을
보고 평가하는 것이 그리 다르니라.
26 아름다운 말을 아름답게 들어주지 아
니하는 백성이 있음이니, 나의 법전이
요, 이것보다 더 소중한 것이 없으며,
세상에 이보다 더 귀한 것이 없는 것
이거늘,
27 가장 귀하고 소중한 것을 제가 제 손
에 받았으나, 그를 제 것으로 만들지
아니하며 떠나는 너의 제자들에 대하
여 네가 그리 마음 아파하지 말라.
28 너는 그 모두가 네 죄요, 네가 잘못한
역사의 결과요, 그 제자가 너희들이
말하는 구원의 길이 아니요, 지옥 불
로 가는 그와 같은 것을 보며 네 책임
이라 하여 네가 마음속으로 십계명을
암송하며 울고 있으나, 그는 어쩔 수
가 없음이니라.
29 이 세상의 모든 백성에게 내가 명하느
니, 너희들이 가장 귀하고 소중한 것
이 무엇인 줄 알겠느냐?
30 나의 법전을 접하는 것이니라.
31 나의 법전을 접하고 너희들이 그를 읽
는 것이니라.
32 이는 바로 무엇이더냐?
33 만백성을 구하는 길이요, 마지막 심판
의 시대에 너희들이 심판을 받을 수
있는 기준이요,
34 너희들이 죄에 대해서, 벌에 대해서,
또한 선에 대해서, 악에 대해서, 그리
고 죄가 어찌하여 이루어지는 것이며
무엇이 죄인가 하는 것, 그 모두를 여
기에 기록하여 깨우치도록 하였으니,
35 그것을 버리고 너희들이 어디 가서 무
엇을 얻으며 무엇을 깨우친단 말이더
냐?
36 모든 구약과 신약의 예언된 그 성령이
요, 보혜사가 오는 것, 그리고 나 여호
와가 너희들이 알기 쉽고 듣기 쉽게
풀어서 해설하여 세상에 내려보내는

것,
37 그 예언이요, 언약의 그 모두를 지금
내가 너희들에게 역사하며 실행하여
지금 너희들에게 나의 법전을 전해 주
고 그리하거늘,
38 그를 받고 접한 백성이 이보다 더 귀
하고 소중한 것이 없거늘, 아무리 귀
하고 소중한들 무엇하겠느냐?
39 제가 원하지 아니하며 제가 취하지 아
니하면 부질없는 것이 아니더냐?
40 그러니 가장 귀하고 소중한 것을 잃
고 떠나는 그 백성들이 가련하여 마
음이 아파 네가 울고 있는 마음을 아
느니, 그러나 그것은 네 죄가 아님이
니라.
41 그러니 너는 두려워하지 말라.
42 천태만상의 생각을 가졌듯이, 떠나는
자가 있으면 또 깨달아 오는 자가 있
을 것이니, 너는 마음 아파하지 말며,
43 오로지 네가 160권의 법전을 만들어
세상에 160권의 빛을 비추도록 그 역
사의 모두를 다 바치도록 그리하라,
사랑하는 나의 아들아!

10,394 번째 하나님 말씀

2004년 4월 8일 09시 35분

1 사랑하는 나의 아들아!
2 "네, 아버님! 말씀하옵소서."
3 너를 따르는 제자들이요, 그리고 법전
을 읽고 깨우친 만백성 너희들은 알아
야 될 것이며, 너희들이 가려는 그 길
이 어떠한 길인가를 정녕 알고 가야
됨이니라.
4 성서에 기록되어 나의 아들 예수가
전하기를, 일반 백성들이요, 그때 그
당시의 백성들에게 그리 전했느니라.
5 '내 형제들아, 너희가 여러가지 어렵
고 힘든 고통이요, 그리고 너희들이
역경을 만나는 것을 온전히 기쁨으로
여기며 기쁨으로 생각하라.' 그리 전
하였느니라.
6 그것은 무엇이더냐?
7 너희들이 어려운 고통 속에서 어려운
시련 속에서 진리를 알며, 깨달음을
얻을 것이며, 너희들이 하늘의 이치를
아는 그 지혜를 얻기 때문이니라.
8 편안한 자, 안일한 속에서 너희들이
그를 깨닫지 아니하며 그를 볼 수가
없음이니, 노력하지 아니하는 백성이
기 때문이니라.
9 그리하여 너희들이 여러가지로 어렵
고 힘든 그 모두가 다 온전히 너희들
에게 그를 기쁨으로 받아들이라 여긴
그 뜻을 알겠느냐?
10 지금 나의 아들을 따르는 제자 너희들
이야말로 참진리요, 나 여호와의 뜻을
지키며, 그 누구도 행할 수 없으며 지
키지 못하겠다는 그 길을 너희들은 가
고 있으며, 지킬 수 없다는 것을 너희
들이 전하며 누구도 전하고자 하지 않
은 것을 전함이니,
11 정녕 너희들이 얼마나 어렵고 힘든
길을 가는 백성들인지, 나는 너희들
의 어렵고 힘듦을 잘 알고 있음이니
라.
12 그러나 나의 아들을 따르는 백성, 너
희들만이 나의 피조물 만백성을 구할
수 있기 때문에, 너희들을 완벽하게
다시 태어나는, 거듭나는 백성으로 다

스리고 만들지 아니하면 너희들이 나의 피조물 만백성을 구할 수 없기 때문이니,
13 내가 그리하여 너희들을 완벽하게 훈련을 시키며 완벽하게 내가 너희들을 쓰고자 함이라 하였음이니라.
14 그것보다도 내가 또한 너희들을 써야 되기 때문에 너희들은 완벽한 백성으로서 훈련이 되어야 될 것이며, 완벽한 삶을 살아가는 어렵고 힘든 그 길을 가지 아니하면 아니 됨이니라.
15 내가 모든 백성들에게 자격증을 주었다 했음이니라.
16 이 세상을 사랑하는 자격증이요, 부와 영화를 얻는 그 자격증이요, 너희들이 어떠한 모두를 다 얻을 수 있는 자격증이 있으나,
17 그들보다도 너희들에게만 몇 가지의 자격증을 더 주었다 했으니, 인내와 사랑이요, 베푸는 것이요, 그와 같은 자격증을 내가 너희들에게 주었다 하지 않더냐?
18 그러니 그 자격증을 너희들이 바로 활용하며 바로 쓰는 그와 같은 삶을 살지 아니하면 그 모두는 사장되는 것이며,
19 내가 너희들에게 특별히 명하여 내린 그 자격증이 세상에 빛을 보지 못하면 무슨 의미가 있겠느냐?
20 너희들이 지킬 수 있고 행할 수 있기에 내가 선택된 너희들에게만 특별히 누구도 할 수 없는, 지킬 수 없는 그 귀중하고 소중한 자격증을 주었음이니,
21 너희들이 생각할 때는 고통이요, 시련이요, 아픔이기에, 이는 너희들에게 불리한 것이며 받아서는 안 되는 자격증이라 그리 생각하나,
22 그 어렵고 힘든 길을 역사하지 아니하면 이룰 수 없으며, 나에게 오를 수 없기에 너희들이 그것이 영광된 자격증이라는 걸 알라.
23 모든 백성들에게 평범히 나눠 준 그 자격증보다 특별히 너희에게 주는, 너희 인간의 생각으로 계산할 때 고통이요, 시련이요, 어렵고 견딜 수 없는 그 자격증이라 하나,
24 그것이야말로 너희들이 하늘의 뜻이요, 하늘의 역사하는 것은 그보다 더 귀하고 소중한 자격증이 없음이니,
25 내가 너희들을 사랑함이요, 내가 너희들을 얼마나 귀하고 소중히 생각하는가 너희들은 이를 알아야 될 것이니라.
26 내가 너희들에게 완벽하기를 원하는 것은 무엇인 줄 알겠느냐?
27 내가 너희들에게 전했듯이, 내가 너희들을 써야 하기 때문에 나 여호와가 너희들을 역사하여 너희들을 앞에 세워 천 년에 걸쳐 하늘에서 이루어진 것같이 지상의 낙원을 이루어야 하기 때문에,
28 내가 너희들을 써야 되기 때문에, 다스려야 되기 때문에 완벽한 훈련을 내가 강행하고 있음을 알라, 사랑하는 나의 아들딸들아!

10,395 번째 하나님 말씀

2004년 4월 8일 09시 40분

1 사랑하는 나의 아들아!

2 "네, 아버님! 말씀하옵소서."
3 나로부터 선택된 백성들이요, 내가 쓰
기 위하여 너희들을 찾고 부른 자라
하였지 않았더냐?
4 그리고 내가 선택한 백성들이라 하지
아니하였던가?
5 그러니 너희들이 완벽한 인간으로서
거듭나지 아니하면 아니 된다 하였음
이니라.
6 그러니 더욱이 너희들이 새로운 성경
이요, 나의 법전이요, 만백성을 구하
는 이 새로운 성경을 만드는 너희들은
완벽하게 나의 성경을 만들어야 될 것
이며, 완벽한 너희들의 자세가 되지
아니하면 절대 아니 됨이니라.
7 만백성을 구하는 나의 새로운 성경을
만드는 너희들이 완벽한 백성으로서
거듭나지 아니하면, 너희들이 나의 완
벽한 새로운 성경을 만들 수 없다는
것을 알아야 될 것이니라.
8 나의 피조물 만백성들이 두려워하며
의혹하며 그 모든 답답한 것이요, 그
리고 저희들이 불안과 공포가 있는
믿음의 생활이요, 그 모든 것이 다 새
로운 성경 안에 있음이니,
9 이는 내가 너희들에게 비유의 뜻으로
써 가르치는 것이 아니요, 내가 비유
로써 너희들이 연구하고 연구하도록
하는 것이 아니라, 모두를 쉽게 풀어
서 전함이니,
10 잘못되었을 때, 이는 바로잡을 수가
없으며 바로 정정할 수가 없으며 가르
칠 수가 없으며 변명의 여지가 없음이
니, 그대로 받아들이고 그대로 행하기
때문이니,
11 그러니 너희가 완벽하지 아니하면 아
니 됨이라 내가 너희들에게 전함이니
라.
12 너희들이 완벽한 자세로써 나의 법전
을 완벽하게 만들지 아니하며, 너희들
이 완벽한 백성이 되지 아니한다면,
13 도마 위에 있는 생선 요리가 다 발라
지듯이, 그보다도 더 잔인하게, 그보
다도 더 세분하여, 너희들의 모두를
헤쳐 보는 자들이 수없이 있음을 알아
야 될 것이니라.
14 한 사람의 요리사가 하나의 생선을 놓
고 요리하는 것이 아니요, 헬 수 없는
그 백성들이 도마 위에 그 생선을 놓
고 각자 자기 생각대로 자기 뜻대로
헤치고 너희들이 갈기갈기 찢어 버리
며 헤치는 그와 같은 형국이요,
15 그를 당하는 것이 나의 아들을 따르는
제자들이요, 법전을 만든 너희들이 겪
어야 될 고충이요, 너희들이 반드시
넘어야 될 것이니라.
16 한 사람의 요리사가 도마 위에 있는
생선을 가지고 요리를 하는 것이 아니
요, 헬 수 없는 사람들이 그를 다 쪼개
고 쪼개느니라.
17 모래알보다도 더 가늘게, 더 작게 쪼
개고 또 분석하며 너희들의 흠집이요,
단점을 찾고자 그들이 헤쳐 놓는 것이
너희들의 모습이니,
18 과연 나의 법전을 만들어 전하는 자,
너희들이 거기에 하나라도 걸리며 하
나라도 그들이 시시비비할 수 있는 것
을 던져 준다면,
19 그들은 새로 나온 나의 법전이요, 새
로운 성경이요, 이것이 나의 뜻이 아

니라 그리 우겨 댈 것이며 그를 인정
하지 않으려 할 것이니라.
20 그러나 너희들은 나의 아들을 통하여
내린 것이요, 나의 아들을 통하여 전
수받은 나의 법전이 이는 정녕 하나님
의 뜻이요, 창조주의 뜻이라 아무리
변명해도 그들은 절대 믿지 아니하며
따르지 아니하기 때문임이니, 너희들
은 알아야 될 것이니라.
21 너희들을 얼마나 무섭게 헤칠 것인지
를 내가 너희들에게 전했음이니,
22 이제 나의 법전을 읽고 깨우치는 백
성 너희들은 바로 서는 훈련을 하지
아니하면 아니 될 것이니 그리 알라.
23 나는 나의 모든 성서요, 새로운 이 성
경으로써 모든 백성이 읽는 대로 그대
로 깨우쳐 변화하도록 그리한 것은
무엇인 줄 알겠느냐?
24 좀 부족한 백성이라든지, 모자란 백성
이라든지, 지혜가 있는 백성이라든지,
현명하다 하는 백성이든지 누구든지
똑같이 기회를 그들에게 주고자 함이
니라.
25 똑같은 기회를 그들에게 주어 누구든
지 깨우치는 자, 나로부터 은혜를 받
을 수 있으며, 내가 내리는 은혜를 받
을 수 있도록 내가 그들에게 모든 기
회의 자격을 주고자 함이니, 그리하여
나의 법전인 것이니라.
26 그리고 새로운 성경이라는 것을 너희
들은 알아야 될 것이니라.
27 모든 백성들에게 똑같이 기회를 주기
위하여, 너희들이 읽으면 깨달을 수
있는 그와 같이 다 모두를 풀어 내가
내려보냄이니,
28 이것이 잘못되었을 때에는 돌이킬 수
가 없으며 바로잡을 수가 없다 함을
알라, 사랑하는 나의 아들딸들아!

10,396 번째 하나님 말씀

2004년 4월 8일 09시 46분

1 사랑하는 나의 아들아!
2 "네, 이버님! 말씀하옵소서."
3 너의 제자들이요, 나의 법전을 읽은
그 제자들이요, 그리고 너를 따르는
자들, 그리고 나의 법전을 읽고 깨우
친 만백성, 너희들은 오로지 진실된
말만 하며, 진실된 행동을 하며, 바르
고 곧은 행동을 하지 아니하면 절대
아니 됨이니라.
4 지금의 모든 믿음의 길을 가는 백성,
저희들이 믿음이요, 그 신앙 속에 젖
을 대로 젖어졌으며, 바위보다 더 굳
어졌다 내가 그리하지 아니하였더냐?
5 그러니 그와 같은 백성들이 그 믿음에
서 벗어나는 자, 그곳에서 벗어나지
못하는 그 백성들, 그들이 어쨌든 나
의 법전을 접하게 되면, 그들은 의심
을 하게 되며 나의 법전에 의혹을 갖
게 되는 것이니라.
6 그러니 그 의혹을 갖는 자들에게 너희
들의 행동이 바르지 못하며, 언행이
바르지 못하며, 남들과 차별화되는 그
와 같은 행동을 하지 못했을 때,
7 그들은 결코 믿지 못하며, 따르지 못
할 것이며, 더불어 구원의 길을 받을
수 없는 그들을 너희들이 지옥으로
보내는 죄를 짓는 것,
8 구원하지는 못할망정 그들을 지옥으

로 가게 하는 그것이 너희들의 잘못
된 행동이요, 잘못된 언행으로써 너희
들이 그들에게 보임으로 그와 같은 일
이 생기는 것을 알라.
9 나의 법전을 읽고 의심하는 자, 그리
고 너희들이 믿지 못하는 그와 같은
불안한 마음을 가지고 공부하는 백성
들이 있어서는 절대 아니 됨이니라.
10 그러나 지금 너희들이 바른 행동이요,
바른 언행으로써 한 점의 부끄러움이
없는 삶을 살지 아니한다면, 그들은
바로 그와 같은 마음을 갖게 될 것이
며, 그와 같은 마음을 가진 백성들은
흔들리기 시작할 것이니라.
11 흔들리는 그들의 마음은 결국 무엇이
더냐?
12 그 마음을 사탄들은 그리 놔두지 아니
하며, 그를 바로 낚아채는 그와 같은
모든 화술과 수법으로써 그에게 도전
하여 그를 유혹하니, 반드시 그들은
넘어지게 되어 있음을 너희들은 알아
야 될 것이니라.
13 그러니 나의 법전을 의심하는 자, 그
리고 믿지 못하여 불안한 마음으로 공
부하는 백성, 흔들리는 너희들의 마음
으로는 아무것도 얻을 수가 없으며,
아무것도 볼 수 없게 되니, 그들이 무
너짐이니라.
14 그러니 아무것도 얻을 수 없는 백성이
요, 아무것도 깨달을 수 없는 백성, 흔
들리는 마음을 가진 백성, 그리하여
그들은 스스로 떠나는 것이며,
15 다른 길에 진리가 있는가 하여 그곳에
가서 저희들은 또 몸 바쳐 연구하는
그와 같은 길을 가게 됨이니, 오다가
다 하다 그들이 지옥 불로 가며,
16 저희들이 그와 같은 슬픔을 아는지 모
르는지, 오늘의 사는 것이 무엇인지
모르며 살다 저희들이 심판대에 왔을
때 그때 모두를 깨달으니,
17 그들이 통곡해도 돌이킬 수 없는 그와
같은 길을 가게 하는 것이 바로 너희
들이 바로 서지 못하며, 의혹된 행위
를 하며, 의심나는 행동을 하며, 지키
지 못할 언행을 하는 것으로써 그리됨
이니, 너희들은 알아야 될 것이니라.
18 그러니 너희들이 그와 같은 마음을 갖
지 아니하며, 조금도 의심치 아니하
며, 조금도 흔들리지 아니하며, 정말
나의 법전을 정독하고 깨우치도록 하
여 그들이 하늘의 뜻을 아는 지혜를
얻을 수 있도록 이끌어 주는 것은
19 너희들의 행동이요, 언행이 발라야 되
며, 한 점의 부끄러움이 있는 그와 같
은 삶을 살아서는 절대 아니 된다는
것을 너희들은 알라.
20 모든 백성들이 두마음을 가지고 있으
며 흔들리는 그 마음을 가지고 있는
것이 나의 백성들이니,
21 너희들 마음속에는 악과 선이 같이 존
재하니, 그리하여 두마음이요, 흔들리
는 두마음이라 그리하였음이니라.
22 그 흔들리는 마음에서 너희들이 악한
쪽으로 무너지고 쓰러지는 것은 사랑
하는 나의 아들을 따르는 제자들이요,
나의 법전을 읽고 깨우친 만백성, 그
리고 법전을 전한 너희들이 어찌 살아
가느냐에 따라서,
23 그 백성들이 한 마음으로써 나에게 오
는 길을 달려오느냐, 두마음으로써 그

들이 흔들리는 삶을 살다가 나에게 오
르는 영광된 길을 버리고 지옥으로 가
는 길을 선택하여 가는가,
24 그 행동 모두가 너희 삶의 여하에 달
렸으며, 너희 마음가짐에 달렸다는 것
을 알아야 될 것이니라.
25 너희들은 모르나, 그들은 너희들의 행
동이요, 마음이요, 그 모두를 다 보고
있으며, 그것으로써 결정하여 행한다
는 것을 절대 잊지 말라, 사랑하는 나
의 아들딸들아!

10,397 번째 하나님 말씀

2004년 4월 8일 09시 51분

1 사랑하는 나의 아들아!
2 "네, 아버님! 말씀하옵소서."
3 나의 피조물 만백성, 너희들이 나를
어찌하여 이리 슬프게 하며, 내가 들
어서 슬퍼하는 그와 같은 말들을 그리
함부로 하느냐?
4 지금의 모든 종교 집단이요, 지도자들
이 그리 말하느니라.
5 너희들이 나에게 시험을 받으며 시험
을 당하는 백성이요, 그리고 그 시험
으로부터 너희들이 굳건히 이기고 서
야 된다 그리 말함이니, 그러나 나는
너희들에게 뭐라 말하였느냐?
6 정녕 내가 너희들을 시험하지 아니한
다 하였음이니라.
7 내가 너희들이 어찌 갈 것이며 어찌
역사할 수 있는지 그 모두를 다 알고
있는, 너희들이 말하는 전지전능한 아
버지라는 나 여호와가 어찌하여 너희
들을 시험한단 말이더냐?
8 너희들을 내가 시험한다는 소리를 하
지 말라.
9 부모가 자식을 시험하는 것이 얼마나
아프며 슬픈 말이더냐?
10 자기 부모가 자기 자식을 믿지 못하여
그 자식을 시험한다면, 그는 슬픔이
요, 그 아픔이 더할 수가 없을 것이니
라.
11 제가 육의 세상에 살며 모두를 남기고
떠남이니, 그 모든 유업을 맡길 수 있
는 그 자식의 능력이 되지 아니한다면
그를 시험하고 점검하니, 그 믿지 못
하는 자식을 시험하고 점검하는 부모
의 마음이 어떠하겠는가?
12 그 부모는 믿을 수 있는 자식이 될 수
있는지, 그리고 믿을 수 있는 자식인
지, 그 아들이 미래에 어찌 변하며 어
찌 역사하는지,
13 그리고 지금은 흔들리나 그가 바로 설
수 있으며, 지금은 바보 같으나 그가
그 유업을 지혜로써 더 성장하며 저를
다스릴 수 있다는 것을, 인간인 너희
들은 미래를 모르기 때문에 모르느니
라.
14 그러니 그와 같은 열의 하나라도 그
부모는 자식을 시험하며 점검하는 것
이 있을 수 있으나,
15 나 여호와는 너희들의 미래요, 너희들
의 속마음까지 모두를 들여다보며 그
를 다 알고 있거늘, 너희들이 내가 사
랑하는 나의 아들딸들을 시험한다 함
이니,
16 내가 내 자식을 믿지 못하며 의심한다
하는 그와 같은 말로 나를 슬프게 하
지 말라.

17 나는 너희들에게 말하였느니라.
18 나는 사랑하는 나의 아들딸을 시험하
지 아니하며,
19 또한 시험하지 않는 너희 아버지 창조
주 나 여호와는 어떠한 악이요, 어떠
한 것으로 시험당하지 아니하며 나를
시험할 수 없다 하는 것을 너희들은
알아야 될 것이니, 이 시험이라는 소
리를 그리 함부로 하지 말라.
20 그와 같이 말하는 자는 망령된 말을
함이니, 그 망령된 말로 나를 슬프게
함이니라.
21 이제 나의 아들을 따르는 제자들이요,
나의 법전을 읽는 백성, 너희들은 시
험이라는 그와 같은 소리를 하지 말며,
22 오로지 나의 법전이요, 이는 나 여호
와의 뜻이요, 이는 나로부터 선택된
나의 아들이요,
23 그리하여 너희들이 이를 절대적으로
믿으며, 믿고 따라가는 그 믿음 속에
서 너희들이 모두를 역사하고자 하는
그 길만 달려가라.
24 그러면 너희들이 모두를 이룰 것이니
라.
25 지금 새로 내리는 나의 성경이요, 나
의 아들과 너희들이 한 시대를 더불어
살아가며, 직접 내리는 강론을 들으며
내가 전하는 뜻을 듣고 행하는 백성들
이 얼마나 위대한 영광이요, 축복을
받았는지 너희 스스로가 모름이니,
26 이와 같은 은혜에 감사하는 마음부터
너희들이 갖도록 그리 전하라.

10,398 번째 하나님 말씀

2004년 4월 8일 09시 57분

1 사랑하는 나의 아들아!
2 "네, 아버님! 말씀하옵소서."
3 너희가 나의 법전을 접함이 얼마나 영
광된 길인지, 너희들이 축복된 백성이
라는 것을 알 수 있는 그날이 정녕 얼
마 안 남았음을 알아야 될 것이니라.
4 그때만이 너희들이 오늘의 나의 아들
을 따라 나의 법전을 만들며, 나의 법
전을 접하고 전하는 그것이 얼마나 너
희들에게 영광이요, 축복이요, 선택됨
이 얼마나 위대한 것인가를,
5 너희들은 받는 찬란한 상 앞에서 너희
들 자신이 눈물을 흘릴 정도로 너희들
이 오늘의 고통이요, 시련에 대한 보
상의 대가의 감사함을 느낄 것이라는
것을 알라.
6 나는 확실히 그를 너희들에게 보장함
이니라.
7 너희들이 흔들리는 두마음이 아니요,
곧은 한 마음으로써 최선을 다하여 노
력할 때, 두마음을 갖지 아니하고 노
력하는 너희들에게 눈이 부셔 바라볼
수 없는 위대한 영광이요, 은혜의 축
복을 너희들이 받는다는 것을 나는 약
속하며,
8 반드시 그와 같이 이루어진다는 걸 너
희들에게 전함이니라.
9 그러나 너희들이 두마음을 가지고 흔
들리는 길을 가서는 아니 되느니라.
10 그러니 너희들이 나의 법전을 접한 것
이 얼마나 소중하고 영광된 것인가를
안다 하였음이니, 너희들은 나의 법전

을 가슴 깊이 새겨 기록된 그 모든 내
용들을 다 너희 것으로써 만드는 데
최선을 다하라.
11 그리고 나의 법전을 가지고 공부하고
깨우쳐 배우는 그 길에 너희들이 모두
를 바쳐 최선을 다하지 아니하면 아니
됨이니라.
12 너희가 지금 깨우친다면, 너희들이 깨
우치는 것에 절대 게을리해서는 아니
되며, 나태해서는 아니 되며, 태만해
서는 절대 아니 되느니라.
13 그러니 모두를 바쳐 너희들이 그 귀한
시간 속에서 나의 법전을 읽고 깨우치
는 데 최선을 다하라.
14 그리하여 너희들이 나의 법전을 읽고
깨우쳐 깨달음을 얻었다면, 그를 가지
고 나의 피조물 만백성을 구하는 데
너희들이 게을리해서도 아니 되니 그
리 알라.
15 그리고 너희들이 어렵다 힘들다 고통
스럽다 그리 생각해서도 아니 되느니
라.
16 나로부터 선택된 지도자는 참진리의
길이요, 그 길을 연구하는 데 권태로
움을 가져서도 안 되며, 태만한 생각
을 가져서도 안 되며, 다른 생각을 해
서도 아니 되며, 늦추겠다는 생각을
가져서도 아니 되며, 너희들이 할까
말까 하는 그와 같은 생각을 가져서도
아니 됨이니라.
17 나의 참진리를 깨우치고 연구하여 깨
달은 백성, 너희들은 온 힘을 다하여
만백성에게 가르치는 데 최선을 다해
야 될 것이니라.
18 그리하여 나에게 오르는 거듭나는 그
영광의 은혜를 너희들이 그들에게 실
어 주고 깨우쳐 주지 아니하면 그 누
구도 하늘에 오를 수 없음을 알라.
19 그러니 그 역사를 한 너희들이 나의
법전을 공부하는 데, 나의 법전의 이
뜻을 깨닫는 데 온갖 것을 다 바치는
마음 자세로써 역사하지 아니하면 아
니 됨이니라.
20 사랑하는 나의 아들딸들아!
21 아무리 찬란한 빛을 내는 보석이 있다
해도 그 보석이 진흙 속에 묻혀 있으
며, 누구도 닦아 주지 아니하며 다스
리지 않는다면, 그 빛을 볼 수 없지 않
더냐?
22 그러니 아무리 귀하고 소중한 나의 법
전이라 해도 너희들이 이를 읽고 정독
하는 자세가 흔들려서는 아니 되며,
23 너희들이 보석을 닦고 닦고 씻어 그
빛을 찾을 수 있도록 나의 법전을 연
구하고 공부하는 그와 같은 자세가 아
니 되면 아니 됨이니라.
24 그러니 너희들이 그리 공부하고 깨우
쳤을 때 닦은 진주가 보석의 빛을 내
듯이, 나의 법전이 세상에 빛을 낼 것
이며 만백성들은 그 빛을 볼 것이니라.
25 그러니 나의 법전을 정독하여 깨우치
고 깨우친 만큼 너희들은 또한 만백성
에게 전하는 데 게을리해서도 아니 되
며, 태만해서도 아니 되며, 최선을 다
하도록 그리하여,
26 그 빛을 너희들이 보고 그 빛을 전하
는 자요, 그 찬란한 빛으로써 너희들
이 거듭났음이니, 그 찬란한 빛으로써
너희들이 만백성에게 전하도록 하라.
27 너희들이 귀하고 귀한 보석을 깨끗이

닦아 그 오물을 제거하는 것만이 너희
들의 임무가 아니요, 즐거움이 아니
요, 그와 같이 씻어 냄으로 빛을 내는
것이 아니라,
28 너희들의 마음속의 죄요, 사악한 마음
이요, 추하고 더러운 마음이요, 그 모
두를 너희들이 버리는 것이 바로 보석
을 닦고 닦고 또 씻어서 빛을 내는 그
와 같은 역할이 되듯이, 너희들이 그
와 같이 거듭나는 백성으로 나지 아니
하면 아니 됨을 알라, 사랑하는 나의
아들딸들아!
29 그리 너희 자신을 닦고 닦는 것은 너
희만이 할 수 있으며, 자신만이 제 것
을 할 수 있다는 것을 절대 잊지 말라,
사랑하는 나의 아들딸들아!

10,399 번째 하나님 말씀

2004년 4월 9일 06시 04분

1 사랑하는 나의 아들아!
2 "네, 아버님! 말씀하옵소서!"
3 이 세상을 나 여호와가 아름답게 만들
어 너희들에게 선물하였음이니, 그리
고 나의 아들딸을 가장 아름다운 모습
으로써 내가 창조하여 세상에 또 내려
보냈으니,
4 아름다운 세상에서 아름다운 나의 아
들딸들이 아름답고 곱게 살라 하는 것
이 나 여호와가 바라는 그것이니라.
5 그러니 어찌하여 너희들이 곱고 아름
다운 삶을 살 수 없단 말이더냐?
6 이제 나의 아들을 따르는 제자들이요,
그리고 나의 법전을 읽고 깨우친 백
성, 너희들은 아름다운 세상에서 아름
답고 고운 마음을 가지고 세상을 살라
하는 것이 나 여호와의 바람이니, 너
희들은 그와 같은 마음으로 살아야 될
것이니라.
7 곱고 아름다운 마음으로써 너희들이
세상을 산다 하면, 그 속에서 너희들
이 사랑이라는 것을 실천할 수 있으
며, 모두를 다 역사할 수 있는 것이니
라.
8 그러니 내가 너희들에게 바라는 소원
이요, 내가 너희들에게 바라는 것을
꼭 행하고 지키도록 그리하라.
9 너희들만큼 내가 뭐라 말하였느냐?
10 모두를 다 용서하며 모두를 덮으며 그
리고 육의 세상에서 너희들이 눈으로
보는 것, 그리고 귀로 듣는 것, 그와
같은 것을 다 너희들은 마음으로 모두
를 열지 말라 하였느니라.
11 네 마음으로써 모두를 다스리면, 그
마음이 굳어진 것은 어떠한 것이 보이
지 않는다 해도 너희들이 보이는 바위
보다도 더 단단하고 굳건한 자세로써
살아갈 수 있느니라.
12 그러니 너희들이 추하고 더러운 것을
보지 않고 듣지 않는 것은 너희들의
닫혀 있는 마음은 아름답고 고운 것을
생각하며 사랑하며 베풀고 살아가는
것, 그와 같은 마음을 갖지 아니하면
그 마음을 다스릴 수가 없음을 알아야
될 것이니라.
13 그러니 그와 같은 마음으로써 너희들
은 이제는 아름다운 세상이요, 그 고
운 세상에서 너희 자신이 아름다운 사
람이요, 고운 사람이 되겠다고 생각하
고, 스스로 고운 사람이 되어 살아가

도록 그리 전하라, 사랑하는 나의 아
들아!

10,400 번째 하나님 말씀

2004년 4월 9일 06시 08분

1 사랑하는 나의 아들아!
2 "네, 아버님! 말씀하옵소서."
3 너희들이 인생이라는 그 삶을 살아가
면서 너희들이 해야 할 일이 수없이
많으며, 너희들이 또 부닥치는 일이
수없이 많으니라.
4 그러니 너무나 많고 많은 그 부닥치는
일들, 그 일들 속에서 너희들이 그때
그때마다 한 점의 부끄럽이 없는 삶을
산다는 것은 정녕 어렵고 힘든 그와
같은 삶이니라.
5 그러니 너희들이 지금의 오늘 종교 집
단이요, 지도자들이 너희들 자신에게
밀어닥치는 많은 일들, 그 순간순간에
아름다운 모습이요, 정의로운 삶을 산
다는 것은 그리 쉬운 일이 아니기에,
너희들이 어려운 것을 인간으로서는
지킬 수 없다 하여 미리 겁을 먹은 자
들이니라.
6 그리하여 지금의 나의 피조물 만백성
을 아름답게 기르고 다스려야 될 그들
이 여러가지 변명으로써 모두를 다 해
명하며, 너희들이 그와 같은 입에 맞
는 방법으로 모두를 합리화시키고 지
금 나의 백성들을 이끌어 가는 것이
그들의 형태이니라.
7 그러니 그 종교 지도자라는 자들이 너
희들의 옳고 그름을 구분하여, 옳지
않은 일은 너희들이 생명을 바쳐서라
도 행하지 아니하며, 옳은 일은 너희
들의 모두를 다 바쳐 행하는 그와 같
은 백성이 되라 가르쳐야 되거늘,
8 그 백성들이 듣기 좋은 말, 그리고 행
하기 좋은 것, 그저 편한 방법으로써
가르치니, 지금의 믿음이 잘못되었다
함이요,
9 이 세상이 이렇게 험악하게 만들어진
것이 그 죄의 원흉이 너희들이라 함을
알라.
10 지금이라도 너희들이 부닥치는 일들
이 많고 많으나, 거기서 너희들이 하
나하나 부닥칠 때마다 정의롭고 아름
다운 것으로 살아갈 수 없다 미리 겁
먹지 말며,
11 그 모두는 너희들이 역사할 수 있다
는 그와 같은 마음 자세로 생각을 바
꾸며 행동을 바꾸지 아니하면 아니 됨
을 알라.
12 너희들은 알라.
13 아무리 많은 일이 부닥치며 아무리
많은 사건이 너희들에게 부닥친다 해
도, 너희가 성령으로 임한 백성으로서
거듭나고자 한다면, 그 많은 것들이
아무리 밀려와도 두려울 것이 없느니
라.
14 그 많은 일들이요, 수많은 사건이 있
다 해도, 그것이 너희들에게 밀어닥칠
때, 일대 일로써 다가옴이니, 그 모두
는 그들이 많다 해도 너는 그들과 하
나하나의 싸움이니,
15 그 일대일의 싸움에서 너희들이 승자
가 될 수 있는 것은 성령으로 임한 백
성이라면, 무조건 승자가 될 수 있는
것이거늘,

16 너희들이 미리 겁먹고 두려워해 그를
빙자하여, 그리고 그를 너희들이 편리
한 대로, 그저 살기 좋은 대로, 듣기
좋은 대로 그와 같이 변명을 변명대로
늘어놓아 나의 피조물 만백성을 지금
이리 끌어가고 있음이니,
17 그 속에 젖어 있는 나의 백성들이 진
정한 참진리요, 인간이 가야 할 도리
를 무너트리고 가느니라.
18 너희들은 알아야 될 것이니라.
19 누가 뭐라 해도 너희들이 행하는 삶
이요, 그리고 나 여호와가 은혜를 내
리는 것, 그 둘이 합쳐서 너희들이 구
원의 길에 오를 수 있다는 것을 알아
야 될 것이니 그리 전하라.

10,401 번째 하나님 말씀

2004년 4월 9일 06시 14분

1 사랑하는 나의 아들아!
2 "네, 아버님! 말씀하옵소서."
3 지금 나의 백성이요, 선택된 너희들은
모든 삶의 첫째 우선순위가 성령으로
임하는 그와 같은 백성으로서 거듭나
야 됨이니라.
4 내가 너희들에게 뭐라 일렀느냐?
5 성령으로 거듭나는 그와 같은 백성만
이 이 세상의 이치요, 하늘의 뜻 모두
를 다 알 수 있음이니라.
6 그러니 지상의 이치요, 하늘의 뜻을
너희들이 알지 못하고 살아간다는 것
은 어떠한 매듭도 풀 수 없으며, 너희
들이 모두를 구할 수 없으며, 얻을 수
없으며,
7 너희들이 역사하고자 하는 뜻이 이루
어지지 아니하며, 너희들이 악습을 버
리고 아름답고 곱게 살아가는 삶 자체
도 이룰 수가 없음이니, 모두가 다 무
너짐이니라.
8 그러니 너희들이 성령이 임하는 백성
으로서 산다는 것에 최선을 다하고,
어떠한 일에 부닥치며 어떠한 사건이
너희들에게 부닥친다 해도,
9 너희들은 그때마다 한 점의 부끄러움
이 없는 삶을 살지 아니하면 아니 된
다 그리하였음이니, 과연 너희들이 그
와 같은 삶을 사는 것인가 한번 돌이
켜 보도록 하라.
10 나의 아들을 따르는 제자들이요, 그리
고 법전을 읽은 만백성들이 그와 같은
모습으로 산다면, 내가 나의 법전에
뭐하러 강조하고 또 강조하는 말을
하겠는가?
11 너희들이 성령으로 임하는 그와 같은
삶을 산다면, 그리고 너희들이 그리
마음이 굳어져 있다면, 너희들의 마음
은 굳어져 있으나 너희들이 두마음이
니라.
12 그러니 하나의 사악한 마음이요, 너희
들이 악의 씨의 그 마음을 완전히 뽑
지 못한 상태에서 너희들이 아름다운
마음이요, 성령이 임하는 마음이라 함
이나, 그 두마음 속에는 성령으로 임
할 수가 없음이니라.
13 어떠한 상황에서도, 어떠한 너희들이
불리한 곳에서, 어떠한 사건들이 닥친
다 해도 너희들이 정의로운 것으로써
판단하고 행할 수 있는, 어떠한 불이
익이라도 너희들이 감내할 수 있는 그
마음이요, 근본의 뿌리요, 근본의 마

음이 다스려지지 아니하였으니,
14 너희들의 내면에 아직도 두마음이 있
다는 것을 너의 제자들은 알아야 된
다 그리 가르치라.
15 그렇지 아니하면 너희들이 거듭나지
못하기에, 성령으로 임하는 백성이 되
지 못하기에, 내가 생수를 부어 줄 수
가 없기에,
16 내가 나의 법전에 이와 같은 이야기를
거듭하고 또 거듭하는 나의 아픈 마
음을 너희들은 아느냐?
17 한 점의 부끄럼 없이 살 수 있는 완벽
한 마음으로써 거듭나라.
18 그래서 너희들이 기초만 되면 내가 생
수를 부어 줄 것이거늘, 나 여호와의
이 간곡한 뜻을 너희들은 행하고 행
하여 살아가도록 그리하라.
19 나의 아들의 제자들이요, 법전을 읽는
백성, 너희들은 나의 법전을 정독하며
바르게 행하지 못한다면, 너희들 자신
이 두마음 중에서 악한 마음을 버리
며, 천사와 같은 마음으로 살아가지
못한다면,
20 이 세상 어느 백성도 그리 살아갈 수
없으며, 그와 같이 역사할 수 없게 되
어 있음이니라.
21 너희들은 그리해서는 아니 되며 너희
들이 거듭나지 아니하면 아니 됨이니
라.
22 그리하여 내가 너희들에게 성령으로
써 임한 백성이 되라 함이니, 성령으
로 임하는 백성이 되었을 때 모두를
알게 될 것이며,
23 그러면 구원이 무엇이요, 구원의 길이
무엇인가를 너희들이 그 답을 알게
되는 가장 편안한 삶을 살 수 있는 것
이니, 너희들 마음속에 두마음을 뽑으
라.
24 내가 성령으로 임하는 백성이 되라는
것은 아직도 너희들이 두마음이 있으
니, 사악한 마음의 근본의 뿌리를 완
전히 뽑아내지 아니하면 아니 됨이니
라.
25 눈을 감고 하늘을 향하여 생각해 보라.
26 과연 너희들이 한 점의 부끄러움이 없
는 삶을 살 수 있는 백성이 되었는가?
27 너희들 마음이 그리 다스려졌는가, 그
리고 너희들이 그리 행동을 하고 있
는가?
28 이것으로써 스스로 너희들이 성령이
임하고 임하지 아니한 백성을 구분하
도록 자신이 평가하라 그리 전하라.

10,402 번째 하나님 말씀

2004년 4월 9일 06시 20분

1 사랑하는 나의 아들아!
2 "네, 아버님! 말씀하옵소서."
3 이 세상에 너희들이 살아가면서 가장
행복하며 아름다움이요, 그리고 인간
의 축복이 무엇인 줄 알겠느냐?
4 진실한 백성이요, 진실한 네 이웃이
있어 더불어 그들과 한평생을 대화하
며 또 접하며 살아간다는 그와 같은
은혜를 받는 것, 그보다 더한 축복이
요, 영광이 없음을 알라.
5 지금 너희들은 나의 아들을 통하여 내
리는 나의 성령이요, 새로운 이 법전
에 의하여 너희들 자신이 변해 가는
그와 같은 삶을 살며, 너희들이 가르

치고 지도하는 그러한 제자들,
6 너희들이 아름답고 진실된 삶을 살아
가는 백성들이요, 너희들이 그 많은
백성을 구하는 역사를 하며, 나 여호
와의 뜻 속에서 살아가는 그보다 더
아름답고 행복함이 없음이니라.
7 스스로 너희들이 진실된 백성으로서
거듭나며, 너희들이 지금 더불어 성전
에 와 공부하는 네 이웃, 그 모든 형제
와 진실된 마음으로 살아가고자 하는
그 백성들이 있음이니, 너희들이 그보
다 더 행복하고 축복된 백성은 없음을
알라.
8 나 여호와의 참진리요, 나의 강론을
들으며 내가 내리는 새로운 성경이요,
모두를 다 지상과 하늘에 통달할 수
있는 이를 정독하고 깨우치는 너희들,
9 나 여호와를 믿으며 내가 존재함을 알
기 때문에 너희들 주변에 아름답고
진실한 고운 백성들이 수없이 있음이
니, 그것보다 너희들이 가장 행복한
축복이요, 영광이 없음을 알라.
10 너희들은 내가 존재함을 믿으며, 내가
역사하는 걸 믿고 있기 때문이니, 그
보다 더 행복한 백성은 없음이니라.
11 2천 년 전 나의 아들 예수도 또한 그
위대한 업적을 어찌 남겼는지 아느냐?
12 나의 아들로서 제 직분을 다했음이니,
이는 하늘의 뜻이 있으며 나 여호와가
존재한다는 것을 그는 알고 있었기 때
문에 그 어렵고 힘든 모두를 헤쳐 나
가며, 위대한 역사를 이루며 업적을
남기지 아니하였더냐?
13 지금의 나의 아들, 너 또한 이 세상에
가장 선한 제자들이 수없이 네 주변
에 있으며, 선하고자 하는 그 백성들
이 수없이 있으며,
14 너와 너의 제자들이 지금 그 선하고
선한 백성으로서 변화되는 백성을 인
도하여 그들이 구원을 받을 수 있도
록 역사하는 그 백성의 수가 헤아릴
수 없는 것이거늘,
15 너희들이 오늘에 힘들다 고통스럽다
하는 말을 해서야 되겠느냐?
16 너 자신과 네 제자들 또한 힘들다 어
렵다, 갈 수 있다 없다 하는 말을 하지
말라 그리 전하라.
17 내가 너희들에게 다시 말하니, 이 세
상에서 가장 진실된 아름다움이요, 모
두를 이야기할 수 있는 나와 같은 친
구가 하나 있다면, 너희들은 그것이
평생 동안 축복이요, 영광이라 하지
아니하였더냐?
18 그러나 너희들은 너희 제자들이 육성
되는 숫자만큼 진실되고 아름다운 백
성들이 너희들 주변에 있으며,
19 더욱이 너희들이 구원의 길로 그들을
인도하는 역사를 이루는 오늘의 지도
자로서 가고 있으니,
20 너희들이 얼마나 축복된 백성이며 얼
마나 행복한 백성인데, 너희들이 힘
들다, 어렵다, 지친다 하며 주저앉으
려는 그와 같은 생각이며 그와 같은
말을 할 수 있단 말이던가?
21 너희들이 나의 법전이요, 나의 성령이
요, 나의 강론을 접하지 아니하고 과
연 네 주변에 진실된 백성이 얼마나
있으며, 너를 진심으로 사랑하는 아름
답고 고운 마음을 가지고 있는 자들이
얼마나 있는가?

22 이것으로써 너희들이 오늘의 나 여호
와의 뜻이요, 내 품에 있으며, 내 뜻에
따라 살아가고자 노력하는 백성들이
니, 너희들이 축복받은 백성이라 함이
니라.
23 다만, 너희들이 진실된 백성으로 변하
는 것, 네가 먼저 변했을 때 모든 백성
들이 그리 변하여 너희들에게 다가옴
이니,
24 다만 너희들은 그와 같은 백성들과 지
금 같이 가고 있다는 것, 변하고자 노
력하는 그 백성들과 너희들이 같이 가
고 있다는 것,
25 그것이 너희들이 육의 세상에 살아가
면서 가장 영광된 것이요, 축복된 것
이라는 걸 다시 한 번 깨우치도록 그
리 전하라.

10,403 번째 하나님 말씀

2004년 4월 9일 06시 26분

1 사랑하는 나의 아들아!
2 너희들이 구원이요, 믿음의 그 모든
근본은 행함이라 내가 그리하였느니
라.
3 그러나 지금까지 모든 종파요, 믿음을
가르치는 그들은, 행함은 어렵고 힘든
고비를 넘고 넘어야 되기 때문에 행함
은 중요시하지 아니하며 행함은 구원
과 관계없다며 그리 무시하고 가르치
고 있는 것이 오늘의 너희들의 현실이
아니더냐?
4 그러나 내가 나의 아들을 통하여 내리
는 나의 명을 너희들은 믿고 따라야
될 것이니라.
5 행함이 없는 믿음은 죽음의 믿음이요,
성서는 너희들에게 기초를 알려 주는
것뿐이라 내가 그리 말하지 아니하였
더냐?
6 그러니 내가 기초만을 다져 주며 기초
만 알려 주는 그와 같은 성서를 가지
고 너희들이 구원을 받았다, 구원을
받은 백성이라 그리 말하며,
7 더욱이 기초가 되어 있는 성서를 가지
고 공부하는 너희들이 행함은 중요치
않다 그리 말함이니, 성서의 기초라는
의미를 내가 예를 들어 너희들에게 전
하고자 함이니라.
8 너희들이 크나큰 짐승이요, 그리고 너
희들이 볼 수 없는 어떠한 덩어리를
가지고 연구하고 공부하는 그와 같은
형국이 되었음이니라.
9 너희가 큰 짐승을 연구하고 공부한다
면, 내가 너희들에게 다리 하나요, 꼬
리 하나요, 그 머리 하나만을 만져 보
도록 하며 그 모습을 보여 주는 것이
니라.
10 그러니 그 짐승의 전체적인 부분이요,
너희들이 어떠한 사물을 전체적으로
만져 보고 특성을 알고 형태를 그리
고 연구하는 것은 너희들의 노력 여
하에 달려 있도록 하는 것이 나 여호
와의 뜻이요, 하늘의 법도임을 알라.
11 또한 내가 너희들에게 깨우침이요, 너
희들이 깨달아 하늘에 오르고 못 오르
는 역사 또한 그와 같은 방법으로써
내가 너희들에게 명한 것이요,
12 전체를 보여 주지 아니하며 전체를 다
내가 너희들에게 깨우쳐 주지 아니한
다 하였으니,

13 노력하고 연구하여 얻는 것은 너희들
몫이니라.
14 그러니 내가 너희들에게 구약이요, 신
약이요, 나의 법전이 너희들의 구원의
길이요, 나에게 오르는 기초요, 기본
이라는 말을 알겠느냐?
15 그러니 기초요, 기본이라는 것이 내가
내 뜻의 일부만을 너희들에게 보여 주
며 일부만을 내가 너희들에게 역사함
이니,
16 하늘의 넓고 방대한 나 여호와의 참뜻
이요, 진리를 얻고자 너희들 스스로
노력하고 노력하지 아니하면 오를 수
없으며, 너희들을 구원할 수 없으며,
더불어 나의 백성으로서 거듭날 수 없
다는 것을 너희들은 명심하고 명심하
여,
17 노력하고 또 노력하여 깨달음을 얻도
록 그리하지 아니하면 아니 될 것이니
그리 알라.

10,404 번째 하나님 말씀

2004년 4월 9일 06시 36분

1 사랑하는 나의 아들아!
2 "네, 아버님! 말씀하옵소서."
3 내가 너희들에게 믿음이 잘못되었으
며, 잘못 가고 있으며, 나의 뜻과는 관
계없는 길을 가는 백성들이라 한 뜻을
알겠느냐?
4 너희들은 내가 뭐라 하였느냐?
5 너희들은 지금 모두가 나와 관계없는
그와 같은 백성이요, 등 돌리고 가는
자요, 나를 능멸하며 나를 욕되게 하
는 백성이라 하였음이니라.
6 그러니 그와 같은 것을 내가 증거하여
너희들에게 전하고자 함이니라.
7 너희들은 성서를 가지고 한 획도 고치
지 말며, 한 자도 더 넣고 빼도 아니
되는 것이 성경이라 하며, 이것은 너
희들이 구원의 근본이요, 기본이라 그
리 가르치면서,
8 과연 너희들이 얼마나 나를 능멸하고
오류를 범하고 사는 것인가를 알아야
될 것이니라.
9 지금 나의 피조물 만백성 너희들이 가
장 귀하고 소중한 것을 지키고 행하
면 될 것이니라.
10 가장 귀하고 소중한 것은 무엇이더냐?
11 내가 친필로 직접 써 내린 십계명이
요, 그리고 내가 너희들에게 암송하며
깨우치라 하는, 나의 아들을 통하여
내린 주기도문이라 하는 이와 같은 골
격의 내용이 있음이니라.
12 내가 나의 십계명을 너희들이 지키고
살라 했거늘, 어찌하여 그를 너희들은
지키지 아니하고 산단 말이더냐?
13 그러면서 너희들은 다른 것만을 지키
고 있으니, 그 예를 들어 내가 너희들
에게 깨우치고자 하니,
14 내가 오늘 십계명을 다시 한 번 나의
법전에 기록하니, 너희들은 오늘 이
십계명을 너희 가슴에 깊이 심도록
그리하라.
15 너희들은 이 십계명을 암송하여 그대
로 지키고 또 지키지 아니하면 절대
아니 됨을 알아야 될 것이니라.
16 '너는 나 외에 다른 신을 네게 있게 하
지 말 것이며,
17 너를 위하여 새긴 우상을 만들지 말

고, 또 위로 하늘에 있는 것이나 아래
로 땅에 있는 것이나 땅 아래 물속에
있는 것의 아무 형상이든지 만들지 말
며, 그것들에게 절하지 말며, 그것들
을 섬기지 말라.
18 너는 너의 하나님 여호와의 이름을 망
령되이 일컫지 말며,
19 안식일을 기억하여 거룩히 지키며,
20 네 부모를 공경하며,
21 살인하지 말며,
22 간음하지 말며,
23 도둑질하지 말며,
24 네 이웃에 대하여 거짓 증거하지 말며,
25 네 이웃의 집을 탐내지 말며,
26 나 여호와가 존재함을 믿는 그 자체가
구원의 길이요, 너희들이 나에게 오를
수 있는 반석 위에 서는 영광을 얻게
되는 축복이라'는 것을 꼭 기억하여
너희 가슴속에 심도록 그리하라.
27 그리고 나의 아들 예수를 통하여 내가
내려 준 기도문, 내가 무엇을 내렸더
냐?
28 너희들이 이방인과 같이 중언부언하
지 말며, 그와 같이 나의 주기도문을
외워 행하고 지키라 내가 너희들에게
근거하여 성서에 내렸음이니라.
29 '하늘에 계신 우리 아버지여, 이름이
거룩히 여김을 받으시오며, 나라에 임
하옵시며, 뜻이 하늘에 이루어진 것같
이 땅에서 이루어지리다.
30 오늘날 우리에게 일용할 양식을 주옵
시고, 우리가 우리에게 죄지은 자를
사하여 준 것같이 우리 죄를 사하여
주옵시고, 우리를 시험에 들게 하지
마옵시고, 다만 악에서 구하옵소서.
31 대개 나라와 권세와 영광이 아버지께
영원히 있사옵나이다.'
32 너희들이 중언부언하며 쓸데없는 기
도를 하지 말며, 나의 백성들에게 무
엇을 이루어 준다, 역사한다 그리 현
혹하지 말며,
33 너희들은 오로지 이를 기도문으로써
기도하며, 이를 지키고 살아가라 내가
너희들에게 내린 주기도문의 그 소중
함이 있느니라.
34 그러나 이를 암송하여 너희들이 뜻을
알고 행하면 되는 것을,
35 가장 중요한 나의 십계명을 너희들이
행하지 아니하며, 지키지 아니하며 그
모두는 다 뒷전으로 던져 버렸으니,
36 그는 너희들이 지키고 가기가 너무나
어렵고 힘든 길이기에 이를 버린 자
들이니, 얼마나 종교 집단이요, 지도
자들이 간교한 방법으로써 나의 피조
물 만백성을 지옥의 길로 이끌어 가는
줄 알겠느냐?
37 신앙인이라면 암송하지 아니하면 아
니 되는 것을 너희들이 지금 외우는
것이 무엇이냐?
38 '사도신경'이라는 것이 있느니라.
39 그것은 성경의 첫머리에 너희들이 기
록하여 두었으며, 내가 직접 써 내린
나의 십계명은, 내가 친필로 내린 그
계명은 너희들이 암송하지도 아니하
며 뒷전에 그저 기록해 놓았으니,
40 너희들이 예배 보며 공부하며 강론하
고 설교하는 자, 과연 십계명이 귀하
고 소중하다 가르치느냐?
41 이는 너희가 지키고 행하기 어렵고 힘
들기 때문에 버렸다 하였음이니,

42 너희들은 성경에 근거도 없으며, 출처도 없으며, 어떠한 역사한 근거도 없는 것을 유전으로 전하여 너희들이 만들어 놓은 그 사실, 그것으로써 그 모두를 만들고 너희들이 사도신경이라는 것을 성경의 앞장에 기록하여 여기에 매달리고 있음이니,

43 나는 이를 너희들이 지키고 행하라 명한 것이 없으며, 이 근거를 어디서 너희들이 나의 성서라는 것의 앞에 놓고 너희들이 주기도문을 외우듯이 신성시하여 암송하고 또 암송하고 그와 같은 행위를 하는가?

44 나의 십계명이 그 자리에 와 있어야 할 것을 너희들은 나의 십계명은 뒷전으로 밀어 붙었으며, 너희들이 그 사도신경이라는 걸 앞에다 놓았음이니라.

45 그러니 과연 내 뜻도 없는 것을 성서의 앞 장에 기록해 놓고 너희들이 신성시하면서 암송하고 그를 지키고 울고불고하는 것이니,

46 너희들은 한 획도 빼지도 말며 더하지도 말라 하는 자들이, 어찌하여 근거도 없으며 성서에 기록되지도 않은 사도신경이라는 걸 어디에서 너희들이 근거하여 그것도 맨 앞에 기록하여 놓고 모든 너희들이 울고불고 신성시하며,

47 그리고 더욱이 너희들이 사악한 죄를 짓는 것은 바로 무엇이더냐?

48 모든 종파들이 그 이름을 붙여 저희들이 암송하고 있으니, 그 뜻과 내용이 무엇인지 너희들은 이를 사탄이 기록한 것인지, 마귀가 기록한 것인지, 그 출처도 모르는 것을 외우고 있음이니,

49 그 사도신경이라는 내용이 무엇이더냐?

50 ‘전능하사 천지를 만드신 하나님 아버지를 내가 믿사오며, 그 아들 우리 주 예수 그리스도를 믿사오니,

51 이는 성령으로 잉태하사 동정녀 마리아에게 나시고, 본디오 빌라도에게 고난을 받으사 십자가에 못 박혀 죽으시고, 장사한 지 사흘 만에 죽은 자 가운데서 다시 살아나시며,

52 하늘에 오르사 전능하신 하나님 우편에 앉아 계시다가 저리로서 산 자와 죽은 자를 심판하러 오시리라.

53 성령을 믿사오며 거룩한 공회와 성도가 서로 교통하는 것과, 죄를 사하여 주시는 것과, 몸이 다시 사는 것과 영원히 사는 것을 믿사옵나이다.’

54 너희들이 그리 기록하니, 이와 같은 내용을 내가 성서에 주기도문처럼 내린 적이 없으며, 나의 십계명처럼 이리 내린 것이 없음이니라.

55 너희들이 이리저리 골라서 인간 너희들의 생각으로써 그를 만들어 붙여 놓고, 너희들이 지금 출처도 모르면서 거기에 매달려 신성시하는 그 믿음으로 가니,

56 이는 곧 내가 사도신경이라 하여 만든 그 근거가 없음이라 함이니라.

57 내가 명한 적이 없다 함을 너희들은 알라.

58 그러니 너희들이 한 획도 빼고 더해서는 안 된다면서 오늘에 이와 같은 오류를 범하고 있는 것이 아니더냐?

59 반드시 제일 앞에 십계명이 오며, 그

리고 주기도문이 오며, 그와 같은 역사의 가르침으로 너희들이 가야 될 것이거늘, 과연 너희들이 어디 그와 같은 역사를 이루고 있느냐?
60 출처도 모르는 것에 너희들이 지금 매달리고 있음이니라.
61 지금도 몇십억의 인구가 그저 주기도문과 같이 사도신경을 신성시하여 그를 외우고 또 외우고 암송하는 그와 같은 행위를 하고 있음이니,
62 나는 분명히 기록하여 이를 그리하라 전한 적이 없으며, 그와 같이 역사하라는 것이 없으니, 이것이 너희들이 마음대로 만든 것이며, 너희 뜻대로 만들어서, 어디서부터 시작한 것인지, 어디서부터 역사한 것인지를 그 출처도 모르는 것을 나의 성서 앞에 너희들이 기록해 놓고 있으며,
63 나의 친필인 십계명은 던져 버리고 버려 버린 그와 같은 오늘의 행위가 과연 어떠한 행위며, 너희들이 과연 무엇으로써 나에게 해명할 수 있단 말이더냐?
64 그러니 너희들의 손으로 만든 것이며, 너희들 뜻대로 만든 것이며, 그리고 마음대로 고치고 수정한 것이 나의 성경이기에,
65 이를 바로잡고 바로 다스리고자 하는 것이 나 여호와의 뜻이라 함을 너희들은 명심하도록 그리하라.

10,405 번째 하나님 말씀

2004년 4월 9일 06시 44분

1 사랑하는 나의 아들아!
2 "네, 아버님! 말씀하옵소서."
3 인간 너희들이 단정한 옷을 입을 때 첫 단추를 잘 끼우지 못하면 모두가 그 형태를 갖추지 못하며 아름다운 자태를 이루지 못하며 모두가 일그러진다 하지 아니하였더냐?
4 모든 믿음의 길을 가는 백성들이 처음에 시작이 잘못되었으며, 시작의 깨달음을 너희들이 잘못 왔기에, 이와 같이 세상이 지금 잘못된 것으로써, 비진리로써 세상을 덮고 있으며 그 모두가 굳어져 있으니,
5 이를 바로잡고자 하는 것이 나 여호와의 뜻이요, 이를 바꾸고자 하니 또한 나의 백성들을 통하여 이를 바로잡아야 함이니,
6 그를 위하여 선택된 백성들이 오늘의 나에게 부름을 받은 백성들이요, 내가 너희들을 쓰지 아니하면 아니 된다 하였음이니 그리 알라.
7 나의 아들 예수가 이 세상에 온 것이 무엇이더냐?
8 나의 아들 예수는 세상을 심판하러 온 것이 아니요, 너희들을 구원하기 위해서 온 것이 아니요, 내가 구원을 하고 안 하는 결정을 내리기 위해서 나의 아들을 보낸 것이 아니라 하였음이니라.
9 나의 아들을 내가 보낸 것은 나의 뜻에 따라 너희를 구원의 길로 인도하며, 그를 깨우치는 방법을 교육시키고 가르치기 위하여 내가 내려보낸 자요,
10 나의 아들이 심판을 하면서 너희들을 구원하고 못 하는 결정권을 가지고 있는 것이 아니요,

11 그 결정은 오로지 창조주 나 여호와요, 나의 고유의 권한이라 내가 그리 말하였거늘,

12 이를 위배하며 너희들이 그저 나의 아들 예수를 찾기만 하면, 그리고 그를 부르짖기만 하면, 너희들의 손으로 지은 죄의 온상에 오기만 하면 예수의 보혈로써 구원을 받았다 너희들이 울고불고 그와 같이 하는 것,

13 그것으로써 너희들은 모두의 구원을 받으며, 너희들의 죄는 표백되어 너희들이 모든 심판을 다 받는 것처럼 그리 말하니, 그리 믿고 있으니,

14 이것이 너희들이 첫 단추를 잘못 끼웠다 함이니라.

15 나의 아들 예수를 내가 보낸 것은 너희에게 구원의 길을 인도하는 기초적인 그 길을 안내하며 출발선에까지 너희들을 인도하기 위한 것이 그의 임무지,

16 나의 아들이 이 세상을 심판하며 너희들을 구원하는 그 결정권자가 아니거늘,

17 너희들이 어찌하여 그리 매달리고 울고불고하는가?

18 그러면서 너희들은 나의 아들 예수가 나 여호와요, 내가 예수라 그리 말하는 사악한 자들이 이 세상을 지배하고 있음이니, 이를 어찌 다스린단 말이더냐?

19 그러니 너희들을 심판할 수가 없는 것은 당연한 것이 아니더냐?

20 너희 또한 구원하는 길과 방법을 가르쳐 주고 깨우쳐 주는 것으로써 그 역사를 다하는 것이지, 너희들이 구원한다, 구원을 못 한다는 그 권한은 예수에게 있는 것이 아니요,

21 구원을 받을 수 있으며 구원을 받지 못하는 그 심판도 예수는 할 수 없다는 것을 너희들은 알라.

22 그러니 구원해 주지도 못하며 구원하지도 못하는 것을 너희들이 구원해 준다며 믿기만 하면, 너희들이 심판을 다 받아 구원을 받은 백성이요, 하늘에 오를 수 있는 모든 자격증을 부여받은 자들이라 말하니,

23 이것은 인간의 기복 신앙의 심리를 악용하여 지금 너희들이 재물을 거둬들이며, 인간의 사업장을 확장하기 위하여, 인간의 사업을 역사하기 위하여 사업을 하는 자들이니라.

24 진정한 사업이요, 진정한 기업의 역사를 하는 것이 아니요, 너희들은 나의 아들 예수의 피를 팔며, 나 여호와의 이름을 팔아 기복 신앙의 대표자로서 너희들이 인간의 사업을 육성하는 데 모두를 바친 자들이니 그리 알라.

25 예수의 이름을 찾으며 나 여호와를 울고불고 부르며, 너희들의 손으로 지은 교회에 감으로 만사형통이요, 모두가 다 이루어진다 너희들이 그리 가르치고 나의 백성을 이끌어 감이니,

26 그 편안한 방법이요, 간단한 방법으로써 영원히 사는 구원의 길을 오며, 인간 세상에서 죄를 더덕더덕 짓는 것이 불안하며, 그 죄를 짓고 대가를 치른다면 두렵고 무서우니,

27 간단한 방법으로 모두를 털어 준다 하여 너희들이 그 간단한 방법을 택하고 있음이니,

28 그 간단하고 쉬운 방법이 너희들이 지
금 지옥으로 가는 것임을 알아야 될
것이니라.
29 지금의 나의 아들이 나의 법전으로써
너희들을 깨우쳐 주고 인도함이니, 그
리고 너희들에게 지혜를 심어 줌이니,
그것은 나의 아들이 할 수 있는 한도
요, 길이니라.
30 그러니 나의 아들이 구원의 길을 인
도하고 너희들이 볼 수 있는 출발선
까지 나의 새로운 성경이요, 새로운
법전으로써 너희들을 깨우쳐 줄 수 있
는 한계지, 그 이상은 나의 아들이 역
사할 수 없다는 것을 알 것이니라.
31 그러니 지금의 나의 아들이 할 수 있
는 그 한계요, 나의 아들 예수가 2천
년 전에 역사하고 할 수 있는 그 한계
가 같음을 너희들은 알라.
32 이를 너희들이 알지 못하며 이를 받
아들이지 못하는 자, 정녕 나를 볼 수
없으며 내 뜻을 같이하는 자가 아님을
알라.
33 이제 나의 아들을 따르는 제자들이요,
그리고 나의 법전을 읽는 백성, 너희
들은 알라.
34 2천 년 전 나의 아들 예수도 육을 가
지고 세상에 나왔음이니, 그도 나의
아들이니라.
35 그러니 그는 내가 뭐라 말하였느냐?
36 심판자요, 구원을 해 주는 것이 아니
요, 그 길을 가르쳐 주는 것이요, 심판
대에 설 수 있는 방법, 그 길을 오기
위한 출발선이요, 그리고 구원을 받을
수 있는 출발선까지 나의 백성을 인도
하는 것으로써 나의 아들 예수의 직분
을 다함이요, 그래서 내가 그 직분을
위하여 나의 아들을 내려보냈음을 알
라.
37 성서에 나의 아들이 심판한 적이 어디
있으며, 내가 너희들을 구원한 적이
어디 있는가 한번 들여다보라.
38 나는 그와 같은 것을 명시하여 기록한
것이 없으니 그 구절이 있다면, 이는
너희들이 만들어 넣은 것이요, 너희들
이 마음대로 임의로 삽입한 것이라는
것을 알라.
39 나의 아들이 지금 너희들을 구원해 주
고 심판하는 것이 아니요, 감히 나의
아들이 너희들을 심판한다 하더냐?
40 너희들이 나의 법전을 읽고 깨우치며,
나의 아들을 통하여 내리는 강론을 듣
고 거듭나는 삶을 살라 함이니, 그것
이 출발선까지 오는 것이요,
41 출발선에 와서 너희들이 살고 못 사는
것은, 악의 근원의 뿌리를 뽑아 버리
고 성령으로 임하는 백성으로 거듭나
는 것은 너희들의 손에 달렸으며 너
희들의 노력에 달린 것이라는 이 이
치를 깨닫도록 그리하라, 사랑하는 나
의 아들딸들아!

10,406 번째 하나님 말씀

2004년 4월 9일 06시 50분

1 사랑하는 나의 아들아!
2 "네, 아버님! 말씀하옵소서."
3 구원의 역사는 너희가 내가 내린 은혜
와 내가 내린 은총과 그리고 너희들이
나의 뜻에 의하여 어떻게 살며 어떻게
행했느냐 그와 같은 것, 그 둘이 합쳐

너희들이 내가 구원하고 안 하는 은
혜요, 영광을 내가 내리고 안 내리는
것이라는 것을 너희들은 명심해야 될
것이니라.
4 어떻게 너희들이 사느냐에 따라, 내가
내린 뜻에 따라 행위를 했을 때만이
구원의 길을 얻을 수 있으며 볼 수 있
다는 것을 명심하라.
5 그리해야만 구원의 역사가 이루어지
느니라. 너희들이 내가 내린 은혜와
은총 그 모두를 어찌 행했느냐에 따
라, 행한 것과 내가 내린 은혜와 은총
이 합쳐져 구원의 역사가 이루어진다
는 것을 절대 너희들은 잊고 살아서는
아니 됨이니라.
6 그러니 지금의 모든 종파요, 믿음의
길을 가는 백성들이 내 뜻을 모르며,
나의 뜻에 따라서 행하는 것이 소중함
을 소홀히 함이니, 그들이 나와 무슨
관계가 있겠느냐?
7 오죽하면 내가 바위에 부닥치는 파도
소리요, 너희들이 강아지 짖는 소리
요, 개구리 울음소리만도 못하다 이를
명했겠느냐?
8 너희들은 이를 명심하라.
9 이를 명심하지 아니하면 너희들이 모
두를 이룰 수 없음이니라.
10 또한 너희들은 이것을 알라.
11 너희들이 이루어지는 것, 역사하는
것, 너희들이 변하는 것, 모든 삶이 너
희들의 뜻에 의하여 역사하는 것이 아
니요, 나의 주관하에 모두가 이루어지
고 역사함이니,
12 너희들이 나의 주관이요, 나의 뜻에
모두를 맞추는 그와 같은 삶으로 살지
아니하면 아니 되느니라.
13 너희 인간의 생각이요, 인간의 판단으
로써 살아가는 것이 아니요, 나 여호
와의 주관하에서 모두가 이루어지며
너희의 중심적인 삶을 내가 주관하는
것에 맞춰 살라.
14 지금의 교회와 지도자들의 교리에 그
취향에 맞춰 저희들이 살아가는 것이
요, 거기에 따라 모두가 역사하는 것
이지,
15 내 주관이요, 내 뜻을 아랑곳하지 아
니하며 나의 주관하에 모든 게 움직여
지는 것이 아니니라.
16 그러니 내 주관에 의하여 움직여지는
것이 아니요, 인간의 교리요, 저희들
의 계산법이요, 저희 생각에 취향에
따라 모두가 움직여지고 역사했기 때
문에 다 쓰러지게 되어 있다 함을 내
가 너희들에게 전함이니라.
17 그를 너희들이 본다 하지 아니하였더
냐, 사랑하는 나의 아들을 따르는 제
자들아!
18 모두를 다 역사함을 볼 것이니라.

10,407 번째 하나님 말씀

2004년 4월 9일 06시 56분

1 사랑하는 나의 아들아!
2 "네, 아버님! 말씀하옵소서."
3 인간 너희들 자신이 아무리 강성하며
활력 있는 삶이요, 그리고 패기 있는
삶을 살며, 부귀와 영화를 누리며 한
점의 아쉬움이 없는 인간의 삶을 산다
해도,
4 너희가 행함이 바르지 못하며 정의롭

지 못한다면 너희들은 가을에 떨어진
낙엽이요, 떨어져서 썩어지는 그 낙엽
처럼 모두가 무너지고 떨어져 나감을
어찌 모른단 말이더냐?
5 너희들이 강성하며 너희들이 부귀와
영화며 살아가는 생명이 천년만년 역
사하겠는가?
6 너희들은 언젠가는 나에게 와 심판을
받으며 육은 한 줌의 흙으로 돌아가는
그를 면치 못한다 하였음이니, 그때야
말로 너희들의 마음 자세가 무엇인 줄
알겠느냐?
7 바른 행위요, 옳은 행위요, 나 여호와
의 뜻에 의하여 너희들이 살지 않았을
때는 떨어져 썩어지는 낙엽처럼 너희
들은 썩어지는 자가 된다는 것을 절대
잊지 말라.
8 그러니 너희들이 그것을 모르며 그를
대비하지 아니하고 산다 하면 결국 무
엇이더냐?
9 낙엽이 떨어져 퇴비가 되듯이, 너희
들이 지옥 불에 가 정녕 구원의 길을
보지 못한다 함이니,
10 너희들이 어려운 자, 불쌍한 자를 돕
는 그와 같은 삶으로 살지 아니하면
절대 아니 됨을 알라.
11 아무리 너희들이 강성하며 부귀영화
요, 권력을 누린다 해도,
12 너희 자신이 변할 줄 모르며 너희들
이 나의 법전이요, 내가 나의 십계명
을 친필로 쓴 그와 같은 것을 삶의 지
표로 삼지 아니하고 산다면,
13 너희들이 젊음의 아름다움이며 그 모
든 역사하는 것이 한순간에 쇠진하여
너희들이 노인의 죽어 가는 모습과 같
이 너희들의 모두가 쇠진해진다는 형
국을 알아야 될 것이며,
14 그보다 더 처참한 형국으로써 너희들
이 나에게 와 그 대가를 치른다는 것,
이를 절대 잊어서는 아니 됨이니라.
15 그리고 나의 법전을 읽고 깨우친 백성
들이요, 내 뜻을 역사하는 너희들은
오늘의 어렵고 힘든 고비의 모두를 넘
어야 될 것이니라.
16 달란트의 사업을 역사하는 것도 그러
하니라.
17 모든 믿음의 길을 가는 자요, 사랑을
베푸는 자들이라는 그 종교 집단이요,
지도자들이 하나가 되어 달란트 사업
을 방해하며 역사하지 못하도록 그들
이 꽉 그를 덮고 있음이니, 그것을 헤
치고 일어서지 아니하면 아니 됨이니
라.
18 너의 제자들은 모두가 합쳐 일어서야
될 것이니라.
19 거기서 일어서지 못한다면, 너희들이
그것보다 천배 만배 더한 것으로써 나
의 법전을 핍박할 것이며 나의 아들을
핍박함이니,
20 오늘의 고통보다도 천배 만배 나의 법
전이요, 나의 법전이 세상을 덮는 것
을 모든 종파들이 짓누를 것이며, 너
희들에게 압박을 할 것이요, 그와 같
은 것을 내가 너희들에게 지금 보여
주고 있음이니 이를 알라.
21 제자들에게 이 뜻을 전하여 너희들이
어찌하여 그를 역사해야 될 것인가,
거기서 역사하지 못한다면 나의 법전
을 짓밟아 태워 버리고 공격하는 오늘
의 그 무리들이요, 그 집단으로부터

너희들이 역사할 수 없음이니,
22 이 고통이 바로 내가 너희를 훈련함이
니 그리 알라.

10,408 번째 하나님 말씀

2004년 4월 9일 07시 03분

1 사랑하는 나의 아들아!
2 "네, 아버님! 말씀하옵소서."
3 모든 이 세상이 악과 죄로써 덮여 있
느니라.
4 오늘의 믿음의 길을 가는 종파의 많은
백성들이 선한 길이요, 참진리의 길이
요, '나'를 버리고 '나'를 접어 두는 그
와 같은 삶을 살아도, 이 세상이 아름
다운 하늘의 천국과 같이 지상의 천국
이 이루어질까 말까 하거늘,
5 참진리요, 나의 뜻을 역사하는 백성은
없으며, 오로지 내 뜻을 거역하는 그
와 같은 삶을 살아가는 백성들이 오늘
의 종교 집단이요, 그 무리라 하면,
6 과연 너희들은 이 세상이 얼마나 지금
썩어져 있는가?
7 모두가 썩는 그와 같은 시간은 얼마
남지 아니하였음을 알 것이니라.
8 그러니 그들이 이 세상을 지배하여 썩
은 자들이 세상을 지배할 때 지금처럼
겁 없이 늘어 가는 그와 같은 숫자로
늘어 간다면, 그리고 나의 온 몸에 상
처를 내는 이와 같은 교회요, 성당이
요, 성막이 수없이 지어진다 하면, 이
는 어떠한 결과가 나오겠느냐?
9 정녕 내가 아름다운 씨앗이요, 한 알
의 거듭나는 씨앗을 뿌리려 해도 받
을 토양이 없다 내가 그리하지 아니하
였더냐?
10 그러면서 그들이 지금 오늘의 살아가
는 형국이 무엇이더냐?
11 그리하여 내가 그와 같이 살아가는
백성들, 그를 바로잡고 바로 다스리지
아니하면 아니 된다 내가 그리하였느
니라.
12 그러면서 그들이 고통과 시련을 겪고
가면서 무어라 하느냐?
13 사탄의 앞잡이가 되어 사탄에게 모두
를 바치고 역사하면서 저희들이 힘들
고 어려울 때는 뭐라 말하느냐?
14 저희들을 더 크게 쓰기 위하여, 더 높
이 쓰기 위해서 시험을 받고 있으니,
그 시험에서 이기는 것은 재물을 많
이 바치며, 너희들이 주일을 열심히
지키며, 설교를 열심히 듣는 것, 그것
으로써 너희들이 구원을 받는다 그리
가르침이니라.
15 그러나 나는 너희들에게 뭐라 말하였
느냐?
16 시험이 없다 내가 그리 말하였으며,
시험이라는 것은 너희들이 지은 죄의
대가를 너희들이 치름이라 내가 그리
하였음이니라.
17 그러나 너희들이 그와 같은 참진리요,
나의 깨달음을 그리 알지 아니하고,
너희들이 지금 시험을 받으니 더 큰
역사를 이룰 수 있다 함이니라.
18 그러니 그리 가르치는 종교 집단이요,
지도자 그들이 무엇이더냐?
19 욕심을 나의 백성들에게 심어 줌이니
라.
20 욕심을 버리도록 가르치고 깨우쳐도
너희들이 아니 될 그와 같은 삶의 길

이거늘,
21 나의 백성들에게 그저 쉬운 방법으로
써 구원이라는 욕심만을 계속 심어 주
고 부어 주고 있음이니, 나의 백성들
이 욕심을 버리지 못하고 있음이니라.
22 그러니 욕심을 버리지 못하는 그것이
무엇이더냐?
23 욕심을 버리지 못하는 그와 같은 삶에
욕심을 계속 심어 줌이니, 나의 백성
들은 너희들 자신도 모르게 욕심만을
잉태하는 그와 같은 세상의 삶을 살아
가고 있느니라.
24 그러니 너희들이 욕심이라는 것을 네
몸에 가져 잉태하여 그것이 부풀고 부
풀어 또한 너희들이 무엇을 낳느냐?
25 욕심을 낳는 그와 같은 죄를 지금 하
고 있음이니라.
26 그러니 욕심으로써 난 자가 세상에 성
장함으로 인해서 성장한 욕심의 덩어
리는 바로 무엇이더냐?
27 너희들을 지옥 불로 밀어 넣으며 지옥
의 낭떠러지로 밀어 넣는 것이 너희들
이 지금 욕심을 버리지 못함이니,
28 그러니 그 욕심을 심어 주는 것이 오
늘의 종교 집단이요, 지도자들이니라.
29 그러니 내가 그들을 단죄하지 아니하
며, 그곳에서 너희들이 뛰쳐나와 나의
법전을 듣고 정독하며, 이가 정녕 나
여호와의 참뜻이요, 하나님의 뜻이라
하여 너희들이 '나를 따르라!' 외치지
아니하는 자, 정녕 거듭날 수 없으며
내가 너희들을 기억하지 아니한다 함
을 알라.
30 그들이 하는 것은 죄를 잉태하게 하는
짓이요, 그리고 죄를 잉태하여 죄를
낳도록 하는 것이 오늘의 수천 년 동
안 그들이 해 온 역사니,
31 그 죄가 잉태하여 죄가 죄를 낳으니
그 모두가 이 세상을 덮었으며, 그 숫
자가 늘면 늘수록 죄를 생산하는 숫자
는 걷잡을 수 없음이니라.
32 그리하여 머지않아 이 세상은 내가 나
의 아름다운 성령이요, 새로운 씨앗을
심으려 해도 그 토양이 없어 내가 지
금 이 시점에서 너를 통하여 160권이
라는 하늘의 뜻이요, 나의 성령의 씨
앗을 심는 것이니라.
33 그러니 이것을 가꾸고 다스리는 백성,
너희들이 그 역풍을 이기고 가야 됨이
니, 얼마나 어렵고 힘든 길이더냐?
34 너희들이 홍수가 나 밀려나오는 물속
에서 작은 종이배가 그를 거슬러 올
라가야 되는 그것보다도 더 어렵고 힘
든 길이 너희들이 오늘의 가야 할 길
이라는 걸 알라, 사랑하는 나의 아들
딸들아!
35 정녕 너희들이 낙타라는 동물이 바늘
구멍을 통과하는, 있을 수 없는 일을
이루고 역사하는 것이 너희들이 오늘
의 길을 위하여 몸부림치는 자들이니,
36 그리하여 남들이 너희들을 보고 정신
나간 자요, 미친 자요, 헛된 짓을 한다
하나,
37 그들이 정신 나간 미친 자요, 헛된 길
이 현실로 나타나고 현실로 역사하는
그것이 빛이 되어 만백성을 구하는 그
길을 가야 되는 너희들이니, 얼마나
고달프고 힘든 길인가?
38 그러나 그것이 또한 머지아니하였음
을 알라, 사랑하는 나의 아들딸들아!

10,409 번째 하나님 말씀

2004년 4월 9일 09시 28분

1 사랑하는 나의 아들아!
2 "네, 아버님! 말씀하옵소서."
3 네가 하늘을 향하여 오르고 또 오름이
니, 네 손에 백지 한 장이요, 연필 하
나를 쥐여 줘도 네가 오르기 힘들고
어려운 길이라 하였음이니,
4 너의 제자들이요, 이를 보는 백성들이
과연 네가 오르는 길에 종이와 연필을
집어 줌으로 네가 힘들고 그와 같은
길이라 생각하는가?
5 그것이 아니니라.
6 그와 같이 가볍고 가벼운 것이라도
너희들이 나의 아들의 마음에 충격을
주며 타격을 주며 그 마음에 상처를
주어서는 아니 됨이라 하는 것이니,
7 너희들이 선하고 아름다운 모습으로
써 나의 아들과 대화하며 나의 성전을
찾으라 함이니라.
8 너희들이 혼탁한 마음이요, 사악한 마
음이요, 죄짓는 마음을 가지고 오는
것이 곧 나의 아들이 오르고 오르는
그 길에 너희들이 손에 무엇인가를
쥐여 주는 것이니,
9 이는 너희들이 작은 잘못된 마음도
그리 어렵고 힘들다는 의미임을 알겠
느냐?
10 바로 그러하니라.
11 그러니 너희들은 지금 손으로 쥐고 있
는 것만이, 드는 것만이 무거운 것을
아나, 너희들은 여기서 깨우쳐야 될
것이니라.
12 보이지 않는 너희들 마음의 상태요,
죄를 짓는 것, 사악한 행동을 하는 것,
남에게 부끄러운 행동을 하는 것, 그
모두가 다 너희들에게 무엇인 줄 알
겠느냐?
13 그게 다 너희들의 무게이니라.
14 그러니 너희들이 지금 조용히 생각해
보라.
15 너희들이 과연 나에게 와서 심판을 받
음이니, 죄를 짓는 것, 그리고 그 죄의
무게에 의하여 너희들이 나에게 오르
고 못 오른다 하였음이니, 과연 너희
들이 그 무게가 보이더냐?
16 너희들이 짓는 죄의 무게가 너희들은
볼 수 없으며 보이지 않느니라.
17 그러나 그 죄의 무게는 있음이니라.
18 보이지 않는 그 죄의 무게가 더 무거
움을 너희들은 알아야 될 것이니라.
19 그러니 너희들의 행함이 얼마나 귀하
고 소중한 것인가를 알겠느냐?
20 그러니 너희들이 그와 같은 것의 무게
를 가지고 왔을 때 결코 너희들은 오
르지 못한다 내가 그리하지 아니하였
더냐?
21 그리하여 내가 너희들에게 그리 말하
였느니라.
22 모두를 다 갚을 것을 갚지 아니하는
자, 결코 거기서 벗어날 수 없으며 헤
어날 수 없다는 내 성경의 한 구절이
있음이니,
23 그것이 너희들이 남에게 빚진 것, 남
에게 갚을 것을 갚지 아니하고 올 수
없다 하며, 그러한 자, 거기서 구원의
길을 올 수 없다 함이라 하느냐?
24 그것이 아니니라.
25 너희들이 지금 살아가는 그 삶이요,

너희들이 가지고 있는 죄의 무게, 곧
보이지 않는 그 죄의 무게가 있기 때
문이니,
26 너희들이 그를 하나라도 다 갚지 아니
하면 벗어날 수 없으며, 나에게 오를
수 없으며, 너희들이 지옥에 가는 그
길에서 헤어날 수 없다는 그 의미요,
가르침임을 알아야 될 것이니라.
27 그러니 그것이 무엇이더냐?
28 하나의 죄를 지어서도 그곳에서 벗어
나지 못하며, 그를 다 갚지 아니하면
너희들이 나에게 오를 수 없다 함이니,
29 이 무서운 의미요, 이 가르침을 너희
들은 깊이 깨우쳐야 될 것이며,
30 너희들이 성서요, 나의 아들의 강론을
들으며, 또 법전을 읽으면서 그 지혜
를 얻지 못한다면, 결국 너희들은 모
든 뜻을 알 수가 없으며, 비유의 뜻을
알 수 없는 것이니,
31 너희들은 마음을 비우고 성령이 임하
는 백성으로서 열과 성의를 다하여,
정성을 다하여 나의 법전을 정독하며,
나의 아들이 내리는 그 강론에 너희들
이 어떠한 생각도 하지 말며,
32 오로지 거기에 너희들이 모두를 따라
가는, 그리고 모두를 받아들이는 그와
같은 마음으로 경건한 자세요, 경건한
마음으로 나의 아들의 강론을 들었을
때, 너희들이 다스릴 수 있는 지혜를
얻게 됨이라는 것을 절대 잊지 말라.
33 이것이 내가 너희들에게 내리는 상이
니라.

10,410 번째 하나님 말씀

2004년 4월 9일 09시 32분

1 사랑하는 나의 아들아!
2 수많은 백성들이 오고 갈 것이며, 너
를 따르다 떠나는 자, 또 따르는 자,
그와 같이 변화무상함이니, 너는 오늘
오고 가는 그 백성이요, 너를 따르는
제자, 그들이 떠나고 떠나지 않는 것
을 마음 아파하지 말라.
3 그들은 두마음을 가진 자요, 그러니
몸은 하나이되 머리가 두 개인 자들
이니, 그들이 곧 무엇인 줄 알겠느냐?
4 너희들이 두 남편을 섬기는 그와 같은
여자의 형국이 되어 있는 자들이니라.
5 그러니 너희들이 두마음을 가진 백성
은 아무것도 구할 수가 없으며, 아무
것도 얻을 수 없는 백성들이니라.
6 그리하여 그들로 하여금 네가 울지 말
며 마음 아파하지 말라, 사랑하는 나
의 아들아!
7 두마음을 가진 자, 그는 두 몸을 가진
자이니, 결국 한 곳에 머무를 수가 없
는 것이 아니더냐?
8 너희들이 짐승의 머리가 둘로 되어 있
다면 과연 그가 살 수 있으며 어찌 통
제될 수 있단 말이더냐?
9 머리에서 생각하는 것은 각자가 다르
며 몸은 하나니, 그를 어찌 따라가며
어찌 행하겠느냐?
10 결국 그들은 분쟁이요, 죽음이라는 것
밖에 더 아무것도 이룰 것이 없으며
역사할 것이 없는 것이니, 그러니 왔
다가는 백성은 두마음을 가진 자요,
두 몸을 가진 백성이기에, 그들로 하

여금 나의 아들, 네가 울지 말며 괴로
워하지 말라.
11 내가 너희들에게 다시 깨우쳐 줌이니,
너에게 와 충성을 하겠다 스스로 맹세
하는 자, 그리고 충성을 하겠다 네 앞
에 울고불고하는 그와 같은 백성은
결코 오래가지 못하며, 이 어렵고 힘
든 길을 갈 수 없음이니라.
12 그와 같이 네 앞에 와 울고불고하는
자, 두마음이요, 두 몸을 가진 자이기
때문이니라.
13 그리고 네게 와서 쉽게 뜨거워지는
자, 또 쉽게 뜨거워진 그 백성, 또한
오래가지 못함이니, 네가 거기에 현혹
되는 그와 같은 마음을 주었을 때, 네
눈물이요, 너의 상처요, 너의 아픔만
이 남음이니, 결국 그들은 끝까지 가
지 못하는 자들이니라.
14 너에게 와 화를 내는 자와 언성을 높
이는 자, 그 또한 끝이 없으며 그도 아
무것도 역사할 수 없는 자이니, 그리
알라 전하라.
15 너에게 와 조용히 듣기를 성실히 하
며, 그리고 듣기를 조심히 하며, 듣기
를 어렵게 생각하는 자, 그와 같은 백
성들이 너희를 따를 수 있는 자들이니
라.
16 그러니 듣기를 쉽게 하는 자, 듣기를
경망하게 하는 자, 그 또한 나의 뜻에
따라서 어렵고 힘든 길을 갈 수 없는
백성들이니,
17 그와 같이 오고 가는 백성에 의하여
나의 아들, 네가 눈물을 흘리지 말며,
그들이 떠남을 안타까워하지 말라.
18 이제 어떠한 백성들이 와 듣기를 신
중히 하며, 조용히 말이 없으며, 듣는
것을 성심성의껏 하며, 앞에 나서지
아니하며, 떠들지 않는 백성,
19 그들은 결코 넘어지지 않는 백성이요,
영원히 같이 갈 수 있는 백성이라는
것을 너는 알라, 사랑하는 나의 아들
아!

10,411 번째 하나님 말씀

2004년 4월 9일 09시 39분

1 사랑하는 나의 아들아!
2 "네, 아버님! 말씀하옵소서."
3 수천 년 동안 믿음의 길을 오는 백성
들이 얼마나 편의주의며 저희들이 편
의주의에 의한 그 믿음으로 왔더냐?
4 그들은 믿음의 길을 그저 어찌 왔는가?
5 나 여호와가 존재함을 믿는 것으로써
구원의 길에 들어서며 구원을 받으며,
나 여호와가 존재함을 믿는 그것으로
써 저희들이 구원을 받았다 그리 말하
지 않느냐?
6 나의 아들 예수를 믿는 것으로써 구원
을 받았다 함이니라.
7 그러나 나는 너희들에게 구원을 받는
것이 아니요, 구원의 출발선에 도착해
서 있는 영광을 얻는다 했음이니라.
8 그러니 모든 믿음의 길을 가는 자가
나의 아들 예수를 믿기만 하면 누구든
지 구원을 받지 못할 자가 없다 그리
가르치고 지금 역사하고 있음이니라.
9 그러니 이 가르침이야말로 너희들이
얼마나 편리하며 편의주의며 이기주
의 발상에서 이 모두가 생겨났는지 알
겠느냐?

10 그러니 그 백성들이 바로 볼 수 없으
며 진리를 알 수 없으며 나의 뜻과는
관계없이 너희들이 모두가 역사한다
했음이니라.
11 너희들이 하나라도 갚지 아니하면 그
곳에서 나올 수 없으며 헤어날 수 없
다는 성서에 기록된 그 내용을 보더라
도, 너희들이 오늘의 삶에 죄를 짓는
것, 부끄러운 짓을 하는 것, 그 모두를
다 면하지 아니하며 사하지 아니하면
결코 나에게 올 수 없다는 무서운 사
실을 어찌하여 너희들은 받아들이지
않으려 하며, 그 깨우침으로써 삶의
지표로 그리 살아가지 아니하고,
12 편의주의요, 편안한 방법으로써 그 모
두를 역사하고 간단 말이더냐?
13 이것이 사탄의 사탕발림임을 알라.
14 내가 너희들에게 열여섯 권의 법전에
기록하여 뭐라 간곡히 말했느냐?
15 오늘의 믿음의 길을 가는 것, 종교 지
도자가 참진리를 모르니, 독약 위에
꿀을 바르고 너희들을 유혹하니, 그
꿀을 빠는 모든 벌레요, 나비와 벌이
다 죽듯이,
16 너희들이 그와 같이 꿀 속에 독약을
묻혀 놓고 꿀을 발라 유혹하니, 그를
멋모르고 달다 꿀이라 하여 먹는 너희
모두가 다 지옥으로 가는 그와 같은
형국이요,
17 살아서 날아왔던 벌과 나비가 극약이
발라져 있는 꿀을 모르고 먹음으로 그
가 거기서 죽어 가는 그와 같은 모습
이니, 바로 너희들이 그 형국이요, 그
모습이니라.
18 그를 바라보는 내 마음이 어떠하겠느
냐?
19 그러니 이것을 갖고 너희들이 어찌 행
해야 되며, 이를 어찌 제거해야 된단
말이더냐?
20 너희들이 오늘의 믿음의 길을 오는 그
것이 하나의 시시비비하는 것도 제대
로 구분하지 못한 것이 아니더냐?
21 나의 아들 예수로 구원을 받으며 나를
믿기만 하면 구원을 받는다, 그렇지
아니하다 너희들이 행함이 중요하다,
행함이 아니면 죽음이다 이걸 가지고
지금 시시비비를 하고 있지 않더냐?
22 이것 하나 갖고도 정답을 찾지 못하
며, 지구가 존재하는 것, 너희들이 사
는 날까지 이걸 가지고 너희들이 시시
비비하다가 이 대답 하나도 얻지 못하
고 그 명쾌한 해석을 얻지 못하고 그
속에 서로 얽혀 내 것이 옳다 네 것이
그르다며 너희들이 싸우다 그냥 나에
게 와 심판을 받게 되는 것이니,
23 나는 너희들에게 성서에 기록하여 전
했느니라, 행함이 없는 믿음은 죽음이
라.
24 그리고 나의 아들을 통하여 너희들에
게 다시 명함이니라.
25 너희들이 이 세상에서 지은 죄, 그 모
두를 하나라도 가지고 온다면, 너희들
은 그것으로써 나에게 오를 수 없음이
니,
26 바로 이는 너희들이 이 세상에서 죄를
사할 수 있는 기회가 있으며 다 용서
받을 수 있는 기회가 있다 함이니,
27 이는 선함을 많이 행하는 것밖에 없으
니, 너희들이 남은 생명의 그 삶을 그
를 위하여 최선을 다하라 내가 함이니

그리 알라.
28 나의 뜻을 모르며 예수를 통하여 이루
겠다 했던 모두의 잘못된 믿음, 그리
고 또 나의 아들을 통하여 너희들이
모두를 예수를 통하여 이룰 수 있다는
생각,
29 그 모든 믿음에서 지금 너희들이 바로
보지 아니하며 거듭나지 아니하면 아
니 되느니라.
30 그러니 나의 아들 예수를 통하여 내가
이루고자 했던 진정한 참진리요, 창조
주 나 여호와의 뜻을 따라서 그를 역
사하는 백성이 없으며, 모두가 다 착
각 속에서 헤매고 있으며, 그 환상 속
에서 헤매는 것이니,
31 오늘의 너희들의 믿음이 환상이요, 착
각 속에서 헤매는, 그 정신이 나간 믿
음 속에서 벗어나지 못한 백성이니라.
32 정신이 혼동하는 백성은 차라리 나으
니라.
33 그는 죄를 짓지 아니함이니, 너희들의
정신의 혼동이야말로 죄를 짓는 사악
한 정신의 혼동이니, 이 죄가 얼마나
두렵고 무서운 짓을 하고 있는지 너희
들이 알 수 있을 때가 머지않았음을
알라.
34 구원이요, 진정한 믿음은 성령으로써
임하는 백성만이 구원할 수 있으며,
너희들이 그와 같이 변화되지 않는 삶
으로써는 절대 이룰 수 없다는 것을
알아야 될 것이니라.
35 나의 아들 예수가 십자가에 매달려 피
흘린 것이 너희 죄를 대신하였다 하는
것을 믿는 것으로써, 너희들이 그것을
믿는 것이 믿음이요, 그것을 믿는 것
으로써 구원을 받는 것이요, 진정한
믿음이라 그리 말하나,
36 나의 아들 예수가 나의 아들로서 십자
가에 못 박혀 죽어 너희의 죄를 대속
했다는 것을 믿는 그 자체, 그것이 믿
음이 아니라는 것을 알라.
37 너희 죄를 대신해 주었다는 것을 믿는
것, 그것이 믿음이 아니요, 지옥과 천
국이 있다는 것, 그것을 믿는 것으로
써 진정한 믿음이 아니니라.
38 그리고 '주여, 주여!' 너희들이 울며불
며 그저 구원을 받았다 하는 것을 너
희들이 믿는 것이 진정한 믿음이 아니
요, 나 여호와의 뜻과 관계없는 길을
가는 것임을 알라.
39 헌금을 많이 바침으로써 천국에 간다
는 것을 믿는 것이 진정한 믿음이라
가르치나, 그것 또한 그 모두가 진정
한 믿음이 아니요, 거짓된 자요, 거짓
삯꾼이요, 사탄들이 하는 짓임을 알라.
40 참진리요, 나의 뜻을 너희들이 안다
하면 그것은 무엇이더냐?
41 행하는 믿음이요, 행하는 믿음이 아니
면 아무것도 너희들이 이룰 수 없으니,
42 너희들이 진정한 구원의 믿음의 길을
가고자 한다면, 행함으로써 너희들이
행하라.
43 나의 아들 예수가 십자가에 매달려 피
흘려 죽은 것이 너희들의 죄를 모두
씻어 주었다는 걸 믿는 것으로써 너희
들이 완벽한 믿음이라 하지 말라.
44 나의 아들 예수가 나의 성령으로 태어
난 아들이라는 것을 믿는 것, 그걸 믿
음으로써 너희들이 구원을 받는다 절
대 생각하지 말라.

45 그것은 너희들에게 아무런 관계도 없
음을 알아야 될 것이니 그리 전하라.

10,412 번째 하나님 말씀

2004년 4월 9일 09시 44분

1 사랑하는 나의 아들아!
2 "네, 아버님! 말씀하옵소서."
3 이 세상에 너희들이 살아가면서 희비
애락이요, 죄와 벌이요, 그리고 지옥
과 천국이요, 천사와 사탄이요, 그 모
두를 너희들이 따지고 부르짖는 것,
4 그리고 너희들이 추한 모습으로써 살
아가는 것이요, 또한 아름다운 모습으
로써 세상을 살아가는 것, 너희들의
외형의 형태요, 그 모두는 다 너희들
의 세상에서만 필요한 것임을 알라.
5 부귀와 영화요, 그 모두는 인간 세상
에서 너희들에게 필요한 것이며, 정녕
너희들 자신에게만 존재하는 것이요,
육의 세상에 존재하는 것이요, 너희
들이 볼 수 있고 들을 수 있는 그 세상
에서 모두가 존재하는 것이지,
6 나 여호와가 보는 곳에는 그와 같은
것이 존재하지 아니함을 알라 내가
일찍이 깨우쳤음이니라.
7 나 여호와가 보는 세상은 모두 다 전
체가 하나이니라.
8 하나로써 모두가 이루어짐이니, 모든
미물이요, 동물이요, 식물도 나의 하
나 속에서 자리를 지키는 것이며,
9 사랑하는 나의 피조물 만백성 너희들
또한 내가 모두를 역사하는 이 넓고
넓은 끝이 없는 내 우주의 공간 속에
너희들 자신이 조금의 위치를 찾고 존
재하는 것이니,
10 나 여호와는 하나로써 모두를 보고 있
으니, 너희들은 하나라는 깨달음이요,
하나라는 이치를 알아야 될 것이니라.
11 이 세상에 나 여호와가 운영함에 있어
모두는 다 하나라는 것, 너희들이 위
대하고 방대한 것처럼 그러한 착각 속
에서 사는 자, 그는 결국 깨달음을 얻
을 수 없음이니라.
12 그러니 모두가 전체가 하나라는 것을
깨달았을 때, 너희들은 진정한 사랑의
행함을 알게 되며, 모두가 소중함을
알게 됨이니,
13 이 전체의 우주의 모두는 내가 보는
그 하나라는 것, 그리고 그 하나 속에
서 너희들이 모두를 다 사랑하며 같이
가야 된다는 것,
14 그리고 너희들 자신이 얼마나 내 하나
속에 일부분의 미미한 것인가 그를 알
아야 될 것이니라.
15 너희들 몸에 바늘로써 찔러 피가 나오
니, 그 피가 나오는 뚫린 그 구멍만큼
도 너희들이 자리 잡은 것이 없으며
미미한 존재라는 것을 깨달아야 될 것
이니라.
16 그러니 너희들이 어찌하여 이 세상을
다 아는 것처럼, 이 세상의 모두를 너
희들이 주관하는 것처럼, 그리고 이
자연의 이치요, 하늘의 뜻까지도 모두
를 다 지배하는 것처럼 그리 생각하는
가?
17 그리하여 너희들이 무엇을 주라, 내리
라, 역사할 수 있다, 얻어질 수 있다
그리 말하느니라.
18 너희들 몸에서 바늘구멍만 한 피가 나

는 구멍 그것이 너희이거늘, 어찌하여
너희들이 먹고 자는 것, 입는 것, 춥고
배고픈 것, 머리를 깎는 것, 얼굴을 닦
는 것, 몸을 닦는 것, 그 모든 이루어
지는 것, 신진대사 그것을 그 작은 구
멍이 다 통제하고 다 지배한다 너희들
이 그리 생각하는가?
19 그러니 너희들이 그와 같은 착각에서
이제 벗어나며, 겸손한 마음으로써 이
세상을 살아가도록 하지 아니하면 아
니 될 것이니라.
20 그러니 너희들이 모든 전체 중의 그
일부라는 깨달음을 얻었을 때 진정한
사랑의 행함이 네 마음속에 사랑이 싹
이 틈을 알라 전함이니라.
21 참진리를 깨닫는 자, 너희들이 성령이
임한 백성은 어떠한 두려움도, 어떠한
어려움도, 그리고 부질없는 욕망도 다
지울 수 있으며, 죽고 사는 그 자체까
지도 너희들이 모두가 다 지울 수 있
는 백성이니라.
22 그러니 너희들이 세상에 하나라는 것
을 깨닫고 성령으로 임한 백성으로 거
듭나라 함이니,
23 모두를 벗어날 수 있는 것이 너희들
이 하나로 세상을 보는 자요, 그리고
너희들이 성령으로 임한 백성임을 알
라.
24 이 모두는 네 마음속에서 이루어지고
자라고 부서지고 깨지고 역사하는 것
이 네 마음에 달렸다는 것을 또한 너
희들은 깊이 깨달아야 될 것이니라.
25 세상을 하나로 보는 자, 성령으로 임
한 백성은 어떠한 두려움도 없으며,
너희들이 부질없는 욕망이요, 욕심도
없어지며, 죽고 사는 것 그 자체까지
도 모두를 잊어버리며, 너희들이 벗을
수 있으며, 해탈할 수 있다 하지 않았
더냐?
26 그러니 그와 같은 마음으로 이루어지
는 너희들을 증거하기 위하여 내가 뭐
라 말하였느냐?
27 나의 아들 예수를 통하여 너희들에게
이미 전했느니라.
28 하늘나라는 너희들 마음 가운데 모두
가 다 있으며 존재하는 것이라 내가
가르친 그 뜻을 너희들이 깊이 깨우친
다면, 내가 오늘 나의 아들을 통하여
너희들에게 명하는 뜻을 알게 될 것이
니라.

10,413 번째 하나님 말씀

2004년 4월 9일 09시 50분

1 사랑하는 나의 아들아!
2 "네, 아버님! 말씀하옵소서."
3 너희들의 마음이 천사가 되는 것, 그
리고 천사와 같은 삶으로써 변화되는
것, 그것이 너희들이 나에게 오르는
길이며, 모든 영광을 얻는 것이라 하
였으니,
4 너희들이 구원의 길에 들어서는 것이
요, 구원에 들어서는 기본이 무엇인
줄 알겠느냐?
5 사랑하는 나의 아들딸 너희들은 들어
야 될 것이니라.
6 너희들이 인간 세상에 살아가는 인간
의 마음이요, 인간의 삶을 그와 같이
너희 모두가 하늘나라의 마음이요, 하
늘의 삶으로써 연관되어 변화되어 오

를 수 있는 그것이 바로 너희들이 구원이요, 하늘의 뜻임을 알라.
7 너희들이 공의의 하나님이요, 창조주
나 여호와는 헛됨이 없으며, 무너짐이 없으며, 정의로운 것이 아님이 없다 하지 아니하였더냐?
8 그러니 인간 세상에서 너희들이 살아
가는 그 마음이 더러는 혼탁하며, 너희들이 알게 모르게 죄를 지음이니, 너희들의 마음이 흐려지며 사탄 쪽에 기울어지는 것이니라.
9 그러니 무너지고 무너지는 너희의 그
마음을 다스려서 하늘의 창조주 내 마음과 같이 되는 것, 그리고 하늘의 삶과 같이 너희들의 삶이 그리 변화되는 것, 그것이 곧 구원이요,
10 그것 외에는 아무것도 너희들이 구원
이라는 길을 생각하지도 말라 내가 전함이니라.
11 그러니 너희들은 여기에 대하여 어떠
한 이유도, 어떠한 변명도 다 부질없는 것임을 알라.
12 너희들이 이름을 모르고 살아가는 것,
이름을 모르는 자와 인간관계를 이루는 것, 그 모든 백성들에게 너희들은 전해 주어야 되는 것이 바로 무엇인줄 알겠느냐?
13 너희들이 바로 지금의 사는 마음이요,
하늘의 마음이요, 지금의 삶이 하늘의 삶으로 변화되는 것으로써 너희들이 모두가 역사하는 것이요, 구원이라는 것을 그들에게 깨우쳐 주고 전하도록 하라.
14 이를 모르고 있는 백성들이 오늘의 믿
음의 길을 가는 백성들이요, 신앙 속에서 감히 구원을 받았다 말하는 그 백성들이며, 나에게 울고불고 감사한다는 백성이요, 나의 아들 예수의 고통에 대해 눈물로써 회개하며 울고불고 살아가는 자들이니라.
15 그와 같은 믿음이요, 그 믿음으로써
진정한 믿음이 아니요, 그게 하늘에 오르는 믿음이 아니요, 성령으로 임하는 백성이 아니니,
16 너희들이 인간 세상의 마음이요, 인간
의 삶이 하늘의 마음이요, 하늘의 삶으로써 너희들이 변화되는 것, 그리하여 하나가 되는 것, 그것만이 너희들이 하늘에 올 수 있으며, 나에게 올 수 있다는 것,
17 이 가르침에 대해서 어떠한 변명도,
부질없는 이유도 대지 말라 그리하라.
18 그 모두가 다 부질없는 것들이니라.
19 그를 행하지 아니하면 아니 됨이니,
이를 증거하기 위하여 나의 법전에 기록하여 세상에 전함이니 그리 알라.
20 지금의 모든 믿음의 길을 가는 백성
들이 이를 모르고 있기 때문이니라.
21 그리하여 재물을 바침으로써, 헌금을
냄으로써 너희들이 그와 같이 오늘의 울고불고하는 믿음으로써 구원의 길이라 생각하고 있기 때문에,
22 너희들이 단단한 반석 위에 집을 지
어야 영원히 존재하며 너희들이 편안한 집이 될 것이거늘,
23 반석 위에 집을 짓는 것이 아니요, 너
희들이 모래 위에 지금 집을 짓는 그와 같은 신앙이요, 믿음의 길을 지금 왔으며, 현재에도 가고 있으며, 미래에도 너희들이 거기서 벗어나지 못할

것이니라.
24 반석 위에 집을 짓는 것이 아니요, 모
래 위에 집을 짓는 그 믿음, 그를 위하
여 너희들이 모두를 바치며, 지금 모
두가 광분하여 가고 있음이니,
25 이 세상에 너희들이 하고 있는 모든
것이 다 나와 아무런 관계가 없으며,
연관되는 것이 없으며, 나와 통할 수
없다는 그 무서운 뜻을 알아야 될 것
이니라.
26 사랑하는 나의 아들딸들아! 너희들이
거듭나고자 하며, 나에게 오르고자 하
니, 내가 뭐라 말하였느냐?
27 성령으로 임하는 백성이요, 하늘의 백
성이요, 하늘의 마음이요, 하늘의 삶
을 사는 백성으로 변하지 아니하면 아
니 된다 그리 말하였으니,
28 너희들은 나의 법전을 읽고 깨우쳐 지
혜를 얻는 은총을 얻어야 될 것이니,
너희들이 지혜를 얻는 은혜를 입는
것, 그 은총을 얻는 것, 그것이 너희들
이 이 세상에 존재하는 동안에 무엇
보다도 귀하고 소중함을 알라.
29 지금의 너희들이 모두를 벗어나야 되
며, 지금의 너희들이 모두를 털어 버
리지 아니하면, 결코 너희들은 아무것
도 이룰 수 없는 백성이라는 걸 절대
잊지 말라 그리 전하라.
30 지상의 마음이 하늘의 마음으로 변하
는 것이요, 지상의 너희들의 삶이 하
늘의 천사의 삶으로 변하는 그것만이
구원이요, 구원의 길에 오를 수 있는
길이니라.

10,414 번째 하나님 말씀

2004년 4월 9일 09시 57분

1 사랑하는 나의 아들아!
2 "네, 아버님! 말씀하옵소서."
3 그 수많은 나의 백성이요, 그 많은 믿
음의 길을 가는 백성들, 저희들이 하
늘에 오르는 길이요, 참진리의 길이라
하여 지금 울고불고 몸부림치는 그 백
성들, 지금 모든 종교 집단이요, 지도
자요, 믿음 속에 얽매어 있는 그 백성
들이요,
4 신도들까지 그들이 화를 당하지 아니
하며 저희들이 한 고비를 넘지 아니
하면 결코 거듭날 수 없으며, 나의 백
성으로 저희들이 다시 날 수 없는 이
와 같은 슬픈 형국에 와 있음이니, 이
를 어찌해야 된단 말이더냐, 나의 아
들아!
5 내가 너를 통하여 새로운 성경을 내려
이 세상을 덮고자 하니, 이 법전을 읽
고 깨우쳐 저희들이 마음을 돌리는 백
성으로 되면 되나,
6 그들은 결코 이를 받아들이지 아니할
것이며, 이를 찢어 버릴 것이며, 태워
버릴 것이며, 네 가슴에 비수를 꽂고
자 대드는 자들이 될 것이니,
7 그 종교 집단이요, 지도자요, 신도들
이요, 그들이 결코 화를 당하지 아니
하며 고통을 겪지 아니하면, 그들이
거듭날 수 있는 기회가 없음이니, 과
연 이를 보는 나 여호와의 마음을 어
찌하여야 되겠느냐?
8 사랑하는 나의 아들아!
9 그들이 왜 화를 당하지 아니하며 그들

이 하나의 화의 고비를 넘지 아니하
면 아니 되는 줄 알겠느냐?
10 "네, 아버님!
11 저는 그들이 그 화요, 그 역사의 고통
을 당하는 것은 원하지 아니하오며,
그를 보기가 두렵사옵나이다.
12 저희들 자신이 악습을 하나 버리기 위
하여 몸부림치는 고통도 어렵고 힘들
기늘, 회를 당하고 화를 벗어나기 위
한 그 고통이 얼마나 무섭고 두렵고
힘들겠사옵나이까?
13 아버님! 저는 결코 그와 같은 것을 제
가 살아서 보고 싶지는 아니하며, 보
는 제 마음이 너무 아플 것 같아 견딜
수 없는 그와 같은 두려움이요, 공포
를 느끼고 있사옵나이다."
14 그들이 왜 그와 같은 고통이요, 그 화
를 당하지 아니하면 아니 되는지 너는
알고 있지 않으냐?
15 "네, 아버님!
16 제 좁은 생각으로는 그렇사옵나이다.
17 지금의 모든 믿음의 길을 가는 백성들
이 아버님께 오르고자 하는 자들의
앞을 가로막는 그와 같은 행위를 하고
있으며, 눈뜬 자를 눈을 멀게 하며, 귀
가 열린 자를 귀를 막게 함이니,
18 그들이 아버님께 오르는 영광이요, 축
복이요, 구원의 길이요, 거듭나는 것
을 얻고자 하나,
19 그들의 앞을 가로막고 절대 가지 못
하도록 하고 있는 것이 오늘의 종교
집단이요, 지도자요, 신도들이 하고
있는 행위옵나이다.
20 하나의 문을 들어서야만 파란 잔디밭
이요, 그리고 반석 위에 서서 하늘에
오르는 찬란한 빛이 있는 길을 오를
수 있거늘,
21 그들이 문을 걸어 잠그고 통과하는 자
들을 살생의 무기로써 살해하는 그와
같은 사악한 짓을 하니,
22 모든 백성들이 그 문을 통과하지 못하
며 그 문을 넘지 못하도록 저희들이
그리 걸어 잠그고 넘지 못하도록 포악
한 행위를 다 하고 있는 그것이 오늘
의 종교 집단이요, 신앙인들이 하고
있는 행위이옵나이다.
23 그 성문을 열고 들어가야 되거늘, 들
어가는 자들 뒤에서 화살을 쏘며 무기
로써 그들을 살생하며, 그리고 그 흉
악한 무기로써 직접 그들을 죽게 하
는, 그리고 그들이 들어가지 못하도록
살생을 자행하는 것이 오늘의 믿음의
길을 가는 종교 집단이니,
24 그 지도자들이요, 우두머리요, 그 신
도들이 병사로서 무장된 그 창칼로써
그 문을 통과하려는 자들을, 아버님께
들어갈 수 있는 그 문을 통과하려는
그 백성들을 무참히 죽여 버리고 있사
옵나이다.
25 강을 건너는 하나의 외나무다리가 있
음이니, 배도 없으며 건널 수도 없으
며, 그리고 모든 물속에 사악한 물고
기들이요, 사람을 해하는 미물들이 지
금 기다리고 있으니,
26 인간이 수영으로 갈 수도 없으며, 배
를 타고도 갈 수 없으며, 오로지 그 외
나무다리만을 건너야 아버님께 갈 수
있는 강의 다리가 있다면,
27 다니면서 그 다리마다 모두를 다 잘라
놓았으며 파괴했으며 불을 질렀으며,

그와 같은 행위를 하고 있는 것이 오
늘의 종교 집단이요, 지도자요, 그 신
도들이 하고 있는 짓이라 저는 그리
그림으로 보고 있으며, 아버님께서 보
여 주신 것이라 그리 알고 있사옵나이
다."
28 그러니라, 사랑하는 아들아!
29 그러니 그들이 결국 화를 당하지 아니
하고는 결코 너희들이 일어설 수 없
으니, 어찌한단 말이더냐?
30 너는 이를 알고 있어야 될 것이니라.
31 나의 법전이 세상에 전하여졌을 때,
저희 스스로 화를 당하는 것을 자초할
것이며, 스스로가 물고 늘어지는 처참
한 형국이 이루어질 것이니, 그는 피
할 수 없음이니라.
32 다만, 나의 아들 너와 너의 제자들이
몸과 마음을 다 바쳐 충성을 다하여
나의 법전을 저희들에게 전했을 때,
33 그래도 읽고 깨우치는 백성이 있다면
그는 화를 당하지 아니할 것이며, 화
를 면할 수 있을 것이나,
34 그때 가서도 그를 믿지 아니하며 따르
지 아니할 때, 그 화는 감당키 어려운
결과가 될 것이니 그리 알라, 사랑하
는 나의 아들아!
35 너의 제자들은 이를 대비해야 될 것이
며, 이를 미리 연구해야 될 것이며, 이
를 믿어 너희들이 각오하고 있어야 됨
을 잊지 말라.
36 그 모든 유탄이요, 그 모든 독화살은
저희들끼리 화를 당하기 전에 너희들
부터 짓이기고 초토화해 놓고 저희들
이 당하면 당하겠다는 그와 같은 악독
한 마음이요, 악한 마음으로 남아 있
는 백성들이 있을 것이기 때문이니 그
러하니라.

10,415 번째 하나님 말씀

2004년 4월 9일 10시 05분

1 사랑하는 나의 아들아!
2 "네, 아버님! 말씀하옵소서."
3 내가 성경에 기록하여 너희들이 전한
대목 하나를 너희들이 상기하지 아니
하면 아니 될 것이니라.
4 나의 아들 예수가 뭐라 말하였느냐?
5 '창조주 아버지께서 보내는 백성을 예
수가 기쁨으로 받아들이며, 또한 스스
로 깨우쳐 예수를 찾는 그 백성들도
또한 버리지 아니하며 그들을 받아들
인다.' 그리 말하지 아니하였더냐?
6 그러니 너희들은 나의 아들 예수의 그
시대에도 내가 보내는 백성이 있으며,
내가 선택해서 예수에게 보내는 백성
이 있으니, 그 백성을 받아들이는 기
쁨이 이루 말할 수 없다 하였으며,
7 스스로 찾아오는 자 또한 쫓아 보내지
아니하며, 그 모두를 거둬들이고 받아
들인다 나의 아들 예수가 그리 말하지
아니하였더냐?
8 그러면 너희들이 2천 년 전에 나의 아
들 예수가 역사한 것이요, 지금 나의
아들이 너희들에게 와서 역사하는 것
이 무엇인 줄 알겠느냐?
9 예수는 어떠한 사람이요, 내가 보내는
사람이요, 나 여호와가 보낸 사람인지
그것을 근거하는 것을 제시하지 아니
하는 것이 성경이니라.
10 그리하여 그저 아버지께서 보내는 자,

아버지께서 보내는 그 백성을 기쁨이
요, 영광으로 그 모두를 받아들인다
하였으나,
11 오늘의 나의 아들을 통하여 내가 모두
를 너희들이 알기 쉽고 깨닫기 쉽게
기록하여 풀어서 그 답을 줌이니,
12 바로 이게 성경의 비밀이요, 성경의
밀봉된 비밀을 가르치며 열쇠를 열어
주는 것이니라.
13 나의 아들이 너희들에게 가르쳐 전하
기를 뭐라 하였느냐?
14 나의 법전을 만 명이 읽을 때 그 한
사람이 깨우침이요, 그것도 전해 준
사람이 천사와 같은 마음을 가지고
살 때, 그 뚜껑을 여는 백성이 바로 깨
우쳐 나의 아들을 찾아온다 하였음이
니, 그게 바로 내가 보낸 백성임을 너
희들은 알라.
15 예수의 시대에는 내가 보내는 백성을
기쁨이요, 영광으로 받아들인다 예수
는 그리했으며, 또 스스로 찾아오는
백성은 버리지 않는다 했으나,
16 어찌하여 그것이 선택된 백성이요, 내
가 보낸 백성이라는 것은 구분되지 아
니하였으니,
17 그 뜻을 내가 오늘에 풀어 주며, 그러
니 바로 인봉된 비밀을 모두가 풀어
주는 답이니라.
18 내가 나의 아들에게 일찍이 전한 뜻을
너희들은 알 것이니라.
19 처음부터 나의 아들을 따르는 제자들
이요, 너희들은 이 말을 수없이 들었
을 것이며,
20 너희들은 그저 만 명 중에 한 명이 오
는 것이라, 그 어렵고 힘든 길이라 그
리 생각했을 것이나,
21 이것은 성서에 기록된 답을 내가 풀
어서 너희들에게 오늘에 가르쳐 줌이
니, 너희들이 천사와 같은 마음으로써
책을 전한 자가 그리될 때, 그를 받은
자가 그 뚜껑을 열고 읽을 때, 그것도
만 명 중의 하나가 서로가 1초 동안이
라도 상통되었을 때 그 백성이 이를
읽고 깨우쳐 오니,
22 그것이 바로 내가 보낸 백성이요, 내
가 나의 아들에게 보냄이니,
23 그와 같은 백성을 만나는 것이 지금
의 나의 아들의 기쁨이요, 반가운 마
음이요, 나의 아들 예수의 마음보다
더할 것이니라.
24 그러니 그와 같은 나의 아들 예수가
내가 보낸 자를 맞이하는 기쁨이 그러
했으며,
25 오늘의 만 명 중의 하나가 깨닫고 진
심으로 듣기를 원하며, 그리고 조용히
듣기를 원하며, 환란 속에 저희들이
울고불고 감사하다며 요란을 떨지 아
니하며,
26 조용히 앉아 내가 나의 아들을 통하
여 내리는 강론을 듣고 깨달음을 얻어
고개를 끄덕이며 듣는 것을 기뻐하는
그 백성, 그가 만 명 중의 하나이니라.
27 만 명 중의 하나의 선택된 백성이 올
때, 나의 아들의 기쁨이 예수가 내가
보내 준 백성을 맞을 때의 기쁨과 무
엇이 다르단 말이더냐?
28 그러니 너희들은 그 뜻을 알라.
29 그러니 지금 내가 보낸 백성이 그와
같은 증거함을 이제는 내가 모두를 마
지막 시대이기에 알려 주며, 그리고

또한 그들이 깨우쳐 스스로 오는 자,
나의 아들이 그들을 쫓아내며 거부하
더냐?
30 나의 아들은 사탄이요, 마귀라 해도
그 모두를 받아들이며, 그들을 기쁨으
로 또한 맞이하느니,
31 스스로 그 백성이 또 역사하며, 스스
로 거듭나는 백성으로서 구원의 길을
볼 수 있으며, 구원의 길을 따를 수 있
는 그 백성들이 있음이니,
32 그리하여 나의 아들이 그와 같은 길을
오늘 역사하고 있음을 너희들은 알겠
느냐?
33 그리하여 예수가 감으로 인하여 새로
운 보혜사가 오며, 예수의 뜻을 받들
어 모두를 역사한다는 그 성경에 기
록된 내용의 의미를 너희들은 알아야
될 것이니라.
34 모든 종교 집단, 믿음의 길을 가는 그
들이 받아들이지 못하며 저희들이 역
사하지 못하기 때문에 사탄이요, 이단
이요, 사악한 자라 할지라도,
35 나의 아들을 따르는 제자 너희들은 2
천 년 전에 내가 내리며 나의 아들 예
수의 기쁨이요, 오늘의 만 권 중에서
한 사람이 오는 기쁨을 보는 나의 아
들의 그 기쁨이 똑같으니,
36 그때의 역사가 지금에 재연해 이루어
지며, 그때가 역사하여 지금의 보혜사
가 내려와 모두를 증거하며 새로운 뜻
을 가르치니,
37 나 여호와의 뜻대로, 비유가 아니라,
너희들이 깨우치는 말을 전하여 깨우
칠 수 있도록 알게 한다 하였음이니,
그리하여 내가 모두를 설명하여 이리
상세히 기록해 줌을 너희들은 알라.
38 그러니 지금 그대로 너희들이 성경이
요, 성령의 그 모두가 하나가 되어 이
루어지는 것이니, 너희는 지금 내가
내리는 새로운 성경을 읽고 깨우치지
아니하면 거듭날 수 없음을 알라.
39 지금 나의 새로운 성경이요, 나의 아
들을 통하여 내리는 법전이라 하여
'하나님! 말씀하옵소서.', '하늘에 오르
는 길'이라 하여 이것이 무엇인 줄 알
겠느냐?
40 내가 너희들에게 자연에서 먹고살 수
있는 인간의 떡을 준 것보다도 이는
영원히 죽지 않는 영원히 사는 불멸의
떡을 내가 너희에게 내려 주는 것이니,
41 이를 받는 것이 나의 아들을 따르는
제자들이요, 이를 먹고 죽지 않는 불
멸의 세상으로 나에게 오라는 것이 나
의 법전을 읽고 깨우친 만백성이니,
42 너희들이 인간 세상의 물질이요, 재물
이요, 고통이요, 어렵고 힘든 그와 같
은 마음에 흔들리지 말며, 변해지는
마음을 가져서는 아니 됨이니 그리 알
라.

10,416 번째 하나님 말씀

2004년 4월 9일 10시 12분

1 사랑하는 나의 아들아!
2 "네, 아버님! 말씀하옵소서."
3 믿음의 길이요, 구원의 길에 오르고자
한다면, 정녕 너희들이 거듭나는 생명
으로써 역사하고자 한다면, 너를 따라
처음에 온 그 제자서부터 지금에 오는
그 모든 제자들에게 너는 명확히 전해

주라.
4 너희들은 내가 내려보낸 자를 믿고 따
르는 것, 그리고 모두를 다 바쳐 역사
하는 그와 같은 변함없는 마음으로 가
는 것,
5 그것이 나 여호와의 뜻을 받아들이는
것이며, 너희들이 구원의 길에 오는
백성이라는 것, 그것을 중히 여겨야
하며, 그것이 가장 중요한 것이라는
것을 그들에게 전하라.
6 너희들이 2천 년 전에 나의 아들 예수
를 세상에 보냈음이니, 너희들이 오늘
같이 험악한 세상에 종말이요, 말세
요, 그리고 너희들이 들림을 받는다,
7 그리고 부모 형제를 저버려 두며 울고
불고 저만이 구원을 받는다는 이 험악
하고 험악한 세상이 된 이유가 무엇인
줄 알겠느냐?
8 그리고 내가 너희들에게 내린 그 뜻이
전해지지 못했으며 성령이 세상에 임
하지 못한 험악한 세상이 된 것은 무
엇이더냐?
9 너희들이 옷을 입으며 단정한 옷을 입
으려면 단추를 바로 끼워야 된다 하였
으나, 첫 단추를 잘못 끼우면 그 옷의
입은 꼴이 흉하다 하였으니,
10 너희들이 바로 믿음이요, 하늘에 오르
는 길을 그 첫 단추를 잘못 끼워 찌그
러지고 또 찌그러지고 무너지고 무너
진 이와 같은 세상이 무엇인 줄 알겠
느냐?
11 나의 아들 예수를 내려보냈을 때 그를
믿지 않은 자들이요, 그를 믿지 아니
하였기 때문이니라.
12 내가 내려보낸 자요, 내가 명한 나의
아들이요, 내가 명한 선지자를 너희들
이 믿지 아니하며 따르지 아니하기 때
문에 그와 같은 형국이 되었음이니라.
13 너희들이 종이 위에 줄을 그음이니,
네 앞에서는 조금의 편차가 나나, 그
줄이 멀고 멀리 갈수록 벌어지고 벌어
진다 내가 하지 아니하였더냐?
14 그와 같이 첫 단추를 잘못 끼웠으며
처음에 잘못 시작한 것이, 나의 아들
예수를 믿지 아니하였으며, 내가 보낸
자가 너희들이 얼마나 귀하고 소중한
것인가를 몰라 처음에 잘못 시작하였
기 때문에,
15 긋기 시작한 선이 벌어지는 것처럼 이
세상에 악의 씨앗이요, 비진리가 세상
을 덮고 덮어 이제는 태양이 하늘에서
비추듯이, 너희들의 모두를 다 지금
덮고 있으니,
16 구석구석에까지 그 악의 소리가 들리
지 않는 곳이 없는 그와 같은 형국에
이르렀음이니라.
17 이제 나의 아들을 첫 번째 따른 그 제
자에게, 그가 나의 아들을 믿으며 나
의 아들을 따르지 아니하면 그가 이
루고자 하는 꿈이요, 그 모두를 이룰
수 없으며, 그가 오늘의 이와 같은 일
을 역사했으며 이와 같은 불을 붙였음
이니, 그가 스스로 그와 같은 불을 끄
는 우를 범해서는 아니 될 것이니 그
리 알라, 특히 그에게 전하라.
18 그러니 그의 믿음이 더 강해져야 될
것이며, 가면 갈수록 나의 아들을 믿
는 마음이요, 내가 보낸 자라는 그 믿
음을 굳건히 하지 아니하면 그 또한
구원을 받지 못할 것이며,

19 이와 같이 모든 160권의 법전을 역사
할 수 있도록 만든 처음에 온 그 제자,
그의 마음이 흔들리면 모두가 다 무
너지며 역사할 수 없다는 것을 너는
그에게 특별히 깨우쳐 주고 내 뜻을
전하도록 그리하라.
20 그리고 너를 믿는 모든 백성들은 너를
숭배하며 너를 경배하라 함이 아니라,
21 내가 보낸 나의 아들로서 모두를 역사
하며 이 세상을 지배하며, 너를 거점
으로 하여 나의 성령이 세상에 전해짐
이니,
22 네가 우상이요, 네가 대우를 받는 그
와 같은 것을 네가 생각하는 것이 아
니라, 너를 믿는 그 마음이 되어야 한
다는 것이니라.
23 너를 믿어야만 너희들이 모두가 다 역
사할 수 있으며, 마음이 흔들리지 아
니하며, 사탄과 마귀가 너희들을 무너
트리지 않기 때문에,
24 나의 아들을 받들라는 것이 아니요,
우상같이 섬기라는 것이 아니라, 나의
아들에게 너희들이 무엇을 제공하는
것이 아니요, 편의를 제공하는 것이
아니요, 즐거움을 주는 것이 아니라,
25 그저 나의 아들이라는 것을 믿는 것,
오로지 마음만을 굳건히 가지라 함이
니라.
26 그리했을 때 너희들이 흔들리지 아니
하며, 사탄이 너희들에게 침투하지 아
니하며, 너희들이 나의 아들 예수를
죽이는 그와 같은 형국으로 모두가 변
해지지 아니함을 알라.
27 예수의 그 제자들이 굳건히 믿지를 못
했느니라.
28 너희들이 뭐라 말한들 기적이요, 그
역사를 모두 본 가까이 있던 그 제자
들, 그에게 설교를 들은 자, 그 모두가
진정으로 믿지 못했음이니라.
29 내가 내려보낸 내 아들을 진심으로 그
당시에 믿었더라면 그들은 같이 죽었
을 것이며, 같이 그 길을 선택했을 것
이니,
30 그러니 그들을 죽인 그 종교 집단이
요, 대제사장이라 하는 자들도 나의
아들을 믿지 아니하여 오늘과 같이 너
희들이 죄악으로 세상을 덮은 흉악한
형국을 만들어, 그들이 받고 치르고
있는 그 죄의 대가를 너는 보고 있을
것이니라.
31 그러니 그 백성들이 그를 본다면 과연
어찌하겠느냐?
32 그러니 너의 제자요, 너를 처음에 따
랐던 그 제자에게 마음을 굳건히 하
며, 그가 너를 따르는 데 최선을 다하
며, 제 목숨과 마음을 다 바쳐 흔들리
지 말고 믿으라 함이니라.
33 그가 믿고 따름으로써 모두가 따를 것
이니라.
34 따르는 것은 나의 아들에게 기쁨을 주
기 위함이 아니요, 너희들이 흔들리지
않는 마음을 갖게 하고자 함이니, 그
리고 그 제자들도 믿지 못하며 그들도
믿지 못했다는 것을 너희들은 명심하
도록 하라.
35 그러니 첫 번째 따르는 그 제자가 목
숨을 다하여 그를 믿을 때, 늦게 온 그
후배요, 제자들이 또한 그를 믿고 따
르니,
36 그들이 지옥 불로 가는 것을 면하는

것이며, 너희들이 구원의 길을 볼 수
있는 것이기 때문에, 사탄이 너희들에
게 감히 근접할 수 없기 때문에 내가
내려보낸 나의 아들을 믿으라 하는 것
이니,
37 나의 아들을 믿을 때 내가 내린 이 법
전이요, 새로운 성경이요, 마지막 너
희들을 구원의 길을 인도하는 이를 믿
게 됨이니,
38 모두를 믿지 아니하면 너희들이 스스
로 어떠한 고통을 겪는 것인가를 내가
보기 때문이니,
39 이제 거의 다 올라온 고개에서, 너희
들이 받침이 없어 흔들려서 밑으로 내
려가는 그와 같은 억울하고 슬픈 일이
없도록 하라 전함이니라.

10,417 번째 하나님 말씀

2004년 4월 9일 10시 17분

1 사랑하는 나의 아들아!
2 "네, 아버님! 말씀하옵소서."
3 내가 너희들에게 분명히 말하여 전했
느니라.
4 너희들이 마지막 한 푼까지 다 갚기
전에는 결코 거기에서 풀려나지 못할
것이라는 이 말이 얼마나 무섭고 두려
운 뜻이라 내가 했느냐?
5 너희들이 인간 세상에 살면서 남에게
갚을 것, 남에게 재물의 빚을 갚을 것,
그를 갚지 않고 너희들이 죽어 나에게
왔을 때, 죄를 치른다는 그와 같은 의
미라 생각하느냐?
6 너희들은 여기서 깨달아야 될 것이니
라.
7 너희들이 그 재물로 역사하는 것이 아
니요, 너희들 자신에게 면함이니, 거
기에서 결코 풀려나지 못할 것은 너를
지칭하는 것이 아니더냐?
8 너희 개인이요, 너희 자신들에게 묻느
니, 너희들이 지금 작은 죄 하나라도
짓고 그를 사함을 받지 아니하며 용서
받지 아니하면,
9 너희들은 결국 그 죄의 대가를 벗어나
지 못하며, 그를 꼭 치르고 마는 것이
너희들의 운명이라는 그 무서운 사실
을 너희들은 알아야 될 것이니라.
10 그러니 바로 이 세상에서 행함이 중요
하지 아니하다 말하는 종교 집단이요,
지도자들이 내 뜻을 과연 아는 자들이
냐?
11 내 뜻을 알지 못하며 내 뜻을 거역하
는 자들이 지금 행하고 있는 짓을 알
라.
12 너희들이 인간 세상에서 지은 그 죄를
하나라도 지상에서 갚지 아니하면 결
코 너희들은 지옥 불에서 벗어날 수
없다는 무서운 뜻임을 알아야 될 것이
니라.
13 그러니 너희들이 죄를 짓고 사는 것이
심판의 기준이라는 것을 알아야 될 것
이며, 그러니 너희들이 인간 세상에서
모두를 다 풀어야 되며 모두를 정리해
야 됨이니,
14 너희들이 남은 인생이요, 남은 삶을
어찌 살아야 하는가를 내가 너희들에
게 깨우쳐 주고 가르쳐 주고자 함이니
라, 사랑하는 나의 아들딸들아!
15 모든 믿음의 길을 가는 백성들이 뭐라
말하든, 너희들은 이 세상에서 행함이

가장 중요하며, 그 행함에 대해 너희
들이 반드시 책임을 져야 되며,
16 어떠한 것도 너희들이 책임을 지지 아
니하는 것이 없으며 책임을 회피할 수
없다는 뜻이니, 너희들이 지금 짓고
있는 모두를 다 살아 있는 여기서 풀
라.
17 나는 알고 있음이니라.
18 그 악습을 버리기가 두렵고 힘들며,
너희들이 버릇 하나를 고치기가 힘드
나, 너희들이 지옥 불에 가서 뜨거운
유황불에 들어가는 것보다는 오늘의
버리는 고통이 천배 만배 억배 더 쉬
울 것이거늘,
19 어찌하여 쉬운 길을 택하지 아니하고
너희들이 험하고 무서운 그 길을 가고
자 한단 말이더냐?
20 나의 피조물 만백성 너희들에게 생명
을 주어 세상에 내려보낸 것은 내가
뭐라 하였느냐?
21 너희들에게 한 번의 기회를 주었다 했
음이니, 그 한 번의 기회라는 것이 무
엇이더냐?
22 너희들이 지옥으로 가는 곳에서 죄로
부터 풀려날 수 있는 그와 같은 기회
를 너희들에게 주었음이니,
23 여기서 그 기회를 바로 활용하고 쓰지
못한다면, 너희들은 유황불이요, 가시
밭길이요, 너희들이 끓는 기름 가마
속에 들어가는 것이요,
24 암흑의 세상에서 너희들이 이리 물리
고 저리 물리는 고통의 그 벌을 다 거
쳐야 된다는 것을 절대 잊지 말며 지
우지 말라.
25 그러니 너희들이 거기서 풀려날 수 없
는 죄를 안고 나에게 옴이니, 이제 얼마
남지 않은 너희들의 삶의 모두를 천사
와 같은 삶으로 이를 악물고 거듭나라.
26 그렇지 아니하면 아니 될 것이니라.
27 너희들의 팔다리를 자르라 내가 하지
아니하였더냐?
28 오죽하면 너희들이 죄를 짓고 오는 것
으로써 너희들이 얼마나 고통을 당하
고 험악하면, 내가 나의 아들 예수를
통하여 성서에 그리 기록했던 내용을
너희들이 어찌 그리 함부로 읽으며 그
저 듣고 지나간단 말이더냐?
29 너희들이 도둑질을 하는, 물건을 훔치
는 그 팔을 자르라 했으며, 그를 위해
가는 네 다리를 자르라 했으며, 너희
들이 잘못되면 눈을 빼며 귀를 자르라
내가 하지 아니하였더냐?
30 이 무서운 것을 너희들이 그대로 듣고
지나며 이를 바로잡지 아니하면 어찌
한단 말이더냐?
31 성서에 기록되었느니라, 그리고 나의
법전에 기록하여 너희들에게 전함이
니라.
32 이를 너희들은 다시 한 번 두려움을
알고 무서움을 알고 가슴에 안고 새기
라.
33 그러면 바로 설 수 있을 것이니라, 사
랑하는 나의 아들을 따르는 제자들아!
34 내가 너희들을 사랑하며, 내가 너희의
그 아픈 모습을 보지 아니하려 함이
니, 이 세상에 나의 아들딸들은 너희
들밖에 없음이니라.
35 모두가 나를 버리고 지옥으로 감이니,
오로지 너희들만이 나에게 올 수 있으
니, 내가 너희들에게 거는 기대가 오

죽 크겠느냐?
36 인간의 마음보다 천배 만배 더한 것이
너희들에게 걸고 거는 기대이니라.
37 사랑하는 나의 아들딸들아! 나를 버
리지 말며 나를 울리지 말라.

10,418 번째 하나님 말씀

2004년 4월 9일 10시 25분

1 사랑하는 나의 아들아!
2 "네, 아버님! 말씀하옵소서."
3 이제 사랑하는 나의 아들을 따르는 제
자들이요, 나의 법전을 읽고 깨우친
백성들이요, 그리고 너희들이 거듭날
수 있는 백성이요, 그 길을 가는 너희
들은 지금부터 이 세상에 살면서 가장
먼저 해야 될 일이 무엇인 줄 알겠느
냐?
4 누가 뭐라 해도 첫째는 너희들이 죄에
대하여 죄를 짓지 아니하는 백성이요,
그리고 유혹하는 그 죄에서 벗어날 수
있도록 해야 될 것이며, 벗어날 수 있
는 너희들이 되지 아니하면 절대 아니
됨을 알라.
5 벗어날 수 있는 삶을 살며 벗어날 수
있는 깨달음을 얻어야 될 것이며, 벗
어날 수 있는 지혜를 얻지 아니하면
절대 아니 됨을 알라, 사랑하는 나의
아들딸들아!
6 내가 너희들만이 오로지 나의 아들딸
이라 말하며 나에게 올 수 있는 반석
위에 설 수 있는 백성이라 함을, 내가
왜 그리 말하는지 알겠느냐?
7 너희들은 지금 행함의 죄가 두려움을
알며, 행함으로써 모두를 심판을 받는
다 알며,
8 그리하여 너희들이 이다음에 구원을
받고 안 받고 믿음이 바르고 곧고 곧
지 아니한 것은 다음의 문제요,
9 다만 너희들이 행함이 바른 것이 나
여호와의 뜻이라 하여 죄를 짓지 아
니하고 살려는 그와 같은 노력을 하는
백성들이기 때문이니라.
10 그래서 죄에 대하여 두려움을 알며,
죄에서 벗어나고자 하는 너희들의 그
삶이요, 그것이 나에게 오르는 길이
요, 그 지혜를 얻어서 행하는 백성이
나의 아들딸로서 거듭날 수 있음이니,
오로지 그 길을 가고 있는 백성은 이
세상에 너희밖에 없음이니라.
11 모든 세상을 덮고 있는 종파요, 지도
자들이 뭐라 말하느냐?
12 인간의 행함은 두려울 것이 없으며,
인간이 행하는 것은 너희들이 벌을 받
고 안 받고 구원을 받고 안 받는 것과
관계없다 그리 가르치는 것이 오늘의
종파니,
13 이것이 내 뜻을 거부하는 자요, 내 뜻
을 거역하는 자들이라 그리하지 않았
느냐?
14 오늘 아침 내가 너에게 명한 그 뜻이
무엇인 줄 알겠느냐?
15 너희들이 성서는 한 획도 빼도 더해도
안 되며 한 획도 고치지 말아야 된다
면서,
16 성경 앞에 사도신경이라는 것을 붙여
놓고 너희들이 그를 외우고 암송하는
것, 그 출처도 모르며 성경에도 기록
되지 아니하며 그를 하라 하는 것이
없거늘,

17 너희들이 나의 십계명은 내가 직접
친필로 써 내린 것이요, 주기도문은
나의 아들이 직접 너희들에게 내린 것
이니, 그것을 가지고 너희들이 행하고
지키면 되는 것이거늘,
18 한 획도 더 고치지 말며 더하지도 말
라 한 너희들이 성경 앞에 사도신경
이라 써 놓고 신성시하며 그를 외우
고 암송하는 그 자체가 너희들이 우상
을 섬기는 자요,
19 그것이 만일 사탄이 너희들의 마음을
유혹하여 만든 내용이라면 어찌하는
가?
20 그 내용 하나하나를 너희들이 되돌아
보고 한번 그것을 깨우쳐 보라.
21 타당한 내용이 거기에 있는 것인가?
22 너희들은 더러는 맞는 것도 있으나,
결정적인 해서는 안 되는 이야기요,
지켜서는 안 되며 이루어질 수 없는
그 내용이 거기에 있음이니,
23 그를 너희들이 암송하고 몸부림치고
신성시하여 주기도문 못지않게 그리
가고 있는 백성, 그러면서 내가 친필
로써 내린 너희들이 지키고 어려운 길
을 가라는 십계명은 집어던지며 흔적
도 없이 만들어 놓은 것이 오늘의 너
희 자세이니,
24 그 백성들과 그를 잘못됐다 말하는
나의 백성들과의 그 차이점이 무엇이
더냐?
25 그러니 그를 잘못됐다 지적하며 너희
들이 누구도 지킬 수 없는 걸 지킬 수
있다는 백성, 너희들은 나의 뜻이요,
내 뜻에 의하여 살아가는 백성들이니,
26 내가 너희들에게 오늘 명하는 것을 너
희들이 죄에 대해서 두려움을 알며,
죄에서 벗어나는 삶을 살아야 한다 하
며, 벗어날 수 있는 지혜를 얻으라 함
이니라.
27 지혜를 얻는 자, 너희들이 하늘에 오
르는 길을 볼 수 있으며, 실천할 수 있
는 백성이요, 행하고 살 수 있는 백성
으로 변화되기 때문이니,
28 나 여호와의 간곡한 뜻을 너희들이 그
리 생각하고 살아가도록 그리하라.

10,419 번째 하나님 말씀

2004년 4월 9일 11시 09분

1 사랑하는 나의 아들아!
2 "네, 아버님! 말씀하옵소서."
3 이제 너를 따르는 제자들은 하늘의 이
치가 무엇이며, 뜻이 무엇이며, 그리
고 저희들이 죽음의 구덩이에서 생명
을 던져 생명을 바쳐 나에게 온 그 백
성들이 아니더냐?
4 그리하여 너희들이 이제 하늘의 뜻이
요, 내가 역사하는 것을 알고 가는 백
성이니, 하늘의 진리요, 하늘의 뜻은
너희들이 어느 정도 깨달으며 경지가
올랐으나,
5 인간 형성이요, 너희들이 나의 백성이
요, 나의 전사로서, 그리고 하늘의 선
생으로서 만백성을 구하기 위해서는
너희들이 스스로 다스려 나가고 스스
로 변화되는 삶을 살지 아니하면 아니
됨이니라.
6 그러니 이제 너희들이 살아가는 인간
세상에 인격의 육성을 위하여 너희들
의 모두를 다 바치도록 그리하라, 사

랑하는 나의 아들딸들아!
7 이제 너희들은 세상에 살아가면서 남
의 잘못하는 아홉 가지를 보는 것이
아니라, 그 열 가지 중에 아홉은 잘못
해도 하나의 잘하는 것, 아름다운 것
을 볼 수 있는 그와 같은 마음으로 너
희들이 변해야 되며,
8 그 하나를 봤을 때 아낌없이 칭찬을
해 주며, 격려해 주는 그러한 너희들
의 인격 형성이 필요함을 알라.
9 너희들이 아홉 개의 잘못을 보고 탓하
고 욕하기 전에 하나를 칭찬해 주는
그 마음이야말로 얼마나 아름다운가?
10 그 사람을 바로 세우고 바로 깨우쳐
줄 수 있는 길이 거기에 있음이니라.
11 그러니 너희들은 그와 같은 인격의 변
화에 너희들의 마음 자세를 다스려 가
도록 그리하라.
12 그 훈련은 또한 각자 해야 될 것이며,
각자가 노력해서 이루어야 할 대목이
라는 것을 절대 잊지 말라 그리 전하
라.
13 그와 같은 마음으로써 변화되는 것,
그리고 그와 같이 역사하는 것, 이제
는 나의 아들을 따르는 제자들이요,
그리고 하늘의 스승이요, 선생으로서
만백성을 인도하는 너희들은 칭찬을
아끼지 말며,
14 한 가지의 좋은 일을 너희들이 봤을
때, 그리고 남이 잘하는 것을 봤을 때,
그를 받아들여 너희 것으로 만드는 그
와 같은 인격의 변화된 삶이요, 인간
세상에서 너희들이 사는 그와 같은 삶
을 살도록 그리하라.
15 세상에 너희들이 깨우치는 교육의 방
법이 여러가지가 있음이니라.
16 인간 세상 것을 다스려 하늘의 뜻을
볼 수 있도록 하며, 너희들같이 하늘
의 뜻이요, 나 여호와가 원하는 것이
요, 내가 이루고자 하는 것이 무엇인
가 하는 것을 너희들에게 그를 심어
주고,
17 작은 인간 세상에 사는 법도요, 인간
의 교양이요, 상식이요, 지식을 내가
너희들에게 부어 주는 그와 같은 방법
으로도 가는 것이니,
18 이는 나 여호와가 필요에 따라 너희들
을 거둬들이고 씀이니 그리 알라.
19 이제 너희들은 남의 단점이요, 남의
잘못된 것을 보기 전에, 그 모두는 너
희들이 볼 필요가 없으며, 들을 필요
가 없으며,
20 오로지 하나의 칭찬을 너희들이 해 줄
수 있는, 그리고 좋은 점을 칭찬해 줘
그가 바른 교육이요, 용기를 가질 수
있으며, 그리고 그가 너를 항상 따를
수 있는 그와 같은 포근하고 인자한
모습으로써 너희들이 변하는 그 훈련
에 돌입하도록 그리하라.
21 인간 육성의 훈련이요, 인간의 삶의
훈련을 시작하라.

10,420 번째 하나님 말씀

2004년 4월 9일 11시 15분

1 사랑하는 나의 아들아!
2 "네, 아버님! 말씀하옵소서."
3 160권의 대장정의 찬란한 빛은 세상
에 나오며, 그는 이루어지게 되었으며
이루어짐이니라.

4 그러니 나의 법전을 가지고 만드는 백
성들이요, 그리고 이를 다듬어 또 만
백성을 구하고자 전하는 너희들은 이
제 너희들의 마음 자세요, 인간 세상
의 삶의 행동이요, 인간 교육의 공부
를 해야 된다 내가 하였으며, 인성의
공부를 하라 하였음이니라.
5 그러니 나의 성령을 가지고 나의 뜻을
전하는 백성 너희들은 가장 우선으로
지켜야 할 것이 무엇인 줄 알겠느냐?
6 겸손한 자세로써 너희들이 살아감이
중요함이니라.
7 겸손한 자세요, 낮은 자세로써, 눈이
소복소복 내리듯이 소리 없이 부드러
움같이 나의 법전을 가지고 그들에게
전하는 그와 같은 너희들의 삶의 자세
로 변해야 될 것이며,
8 그리고 나의 성령의 뜻을 전하는 것도
또한 너희들이 부드럽고 유한 모습으
로, 쌓이는지 쌓이지 않는지 모르게
소리 없이 자상하고 겸손한 자세로써
전하고 역사하는 그와 같은 너희들의
인격의 수양이요, 변함이 중요하고 귀
함을 알라.
9 그리하면 그들이 받아들이는 것도 저
희들이 그리 너희들을 욕하지 아니하
며, 그리 함부로 거부하지 아니하며,
10 너희들과 시시비비하는 그와 같은 마
음을 저희 스스로 자제할 수 있는 그
와 같은 것이 될 것이니라.
11 그것이 만백성을 깨우치는 것이요, 만
백성을 지도하는 선생으로서 가야 할
길이라는 것을 잊지 말도록 그리하라.
12 그리고 또한 너희들이 잘못된 행동이
요, 그리고 잘못된 말에 대해서는 정
직하게 책임을 지며 그를 시인하며,
13 그리고 모든 백성들에게 변명하려 하
지 말며, 그곳에서 모면하려는 그와
같은 추한 모습으로써 행위를 해서는
아니 됨이니,
14 그 인격의 형성을 위하여 너희들이
노력하는 백성이 되어야 됨을 알라,
사랑하는 나의 아들아!
15 지금의 모든 종교 집단이요, 지도자
요, 그들이 과연 어떠하던가?
16 저 자신만이 정당한 것이며 저 자신
이 모두가 옳다 그리 말하느니라.
17 그리고 저희들이 잘못한 것, 부끄러운
행위를 하는 것, 그 모두도 다 저희들
이 어찌 변명하며, 그를 어찌 모면하
며, 그를 저희들이 고집으로써 저희들
만이 정당한 수법이라, 정당한 방법이
요, 정당한 정의로운 길이라 하는 줄
아느냐?
18 나 여호와의 뜻이요, 하늘의 뜻이라
하여 나의 이름을 팔면서 그들은 온갖
수단과 방법을 다 동원하여 변명하고
변명하느니라.
19 그리하여 저를 정당화하는 것이 그들
이 아니더냐?
20 그러면서 거기에서 무슨 진리가 있고
진실이 있단 말이더냐?
21 거짓을 거짓이라 시인하지 못하며, 부
끄러움을 부끄러운 것이라 시인하지
아니하고, 제 언행이 잘못된 것에 대
해서 책임을 지지 아니하고 변명과 변
명으로써 일관하며,
22 하다 하다 안 되면 나 여호와의 뜻이
요, 하늘의 뜻에 의해 역사한 것이라
그리 말함이니, 거기에 진리가 어디

있으며 구원의 길이 어디 있단 말이더
냐?
23 그러니 지금같이 수많은 종파요, 그
거짓 삯꾼들이요, 그리고 너희들만도
못한 자들이 하늘에 오르는 길을 인도
한다는 그 장사꾼이 지금 널려 있음
이니라.
24 너희들이 말하는 시장의 길바닥에 온
갖 것을 다 놓고 팔고 있는 잡화상처
럼, 너희들의 그 모두가 다 지금 오합
지졸로 갈라지고 찢어지고, 제 것만이
최고요, 제 것만을 사라 부르짖는 그
와 같은 형국이 오늘의 종교 집단이
요, 지도자들이 역사하고 가는 형국이
며,
25 하늘에서 바라다보는 그 모습이 그러
하다면 너희들은 어찌하겠느냐?
26 시장에서 파는 사람들은 물건이 있음
이니라.
27 그 물건이 값이 있든 없든, 너희들이
배로 받든, 세 배로 받든 그래도 그 물
건을 주는 그와 같은 잡화상에서 물건
을 파는 자들이니라.
28 그러나 지금의 믿음의 길을 가는 자는
그것도 없는 자들이니라.
29 아무것도 없는 것을 가지고 저희들이
나의 아들 예수의 보혈이요, 내 이름
을 갖다 팔며,
30 저희들이 잘못하고 죄를 짓는 그 모두
도 인정하지 아니하는 근거도 없는 자
들이요,
31 변명이요, 이유로써 일관하는 그 추
한 자들, 그리하여 오늘의 그 잡화상
의 난전처럼 모두가 다 그리 흐트러
져 있는 형국이 되었음이라, 그리 전
하라.

10,421 번째 하나님 말씀

2004년 4월 9일 11시 21분

1 사랑하는 나의 아들아!
2 "네, 아버님! 말씀하옵소서."
3 너희들이 하늘에 오르는 길은 정녕 어
려운 길이요, 그리고 나의 율법이요,
계명을 지킬 수 없다 그리 말하며,
4 내가 지금 내리는 새로운 성경이요,
그 내용 또한 너희들이 지키고 살 수
없으며, 인간은 절대 그를 지키고 살
수 없기에 지킨다는 자가 잘못되었다
그리 말하나, 너희들은 여기서 알아야
될 것이니라.
5 누가 뭐라 하든 나의 아들을 따르는
제자들이요, 나의 법전을 읽은 백성
너희들은 알라, 그 모두는 다 아무것
도 아니라는 것을,
6 너희들은 너희들의 양심에 따라서 행
하며 양심에 따라 행동을 한다면, 이
것이 곧 천사의 마음이지 않더냐?
7 그러니 너희들 자신의 양심에 손을
얹고 생각해 보라.
8 그리하여 너희들이 그 양심에 따라서
지금 행동하고 있는가, 그리고 양심에
따라서 행하고 있는가?
9 그러니 너희들이 마음의 양심에 따라
서 모두를 행하는 것, 그것이 바로 천
사요, 나 여호와의 마음임을 너희들은
알아야 될 것이니라.
10 그러니 너희들이 양심에 따라서 행하
지 아니하며 양심에 의하여 행동하지
아니하고 구원을 받을 수 없으며 나에

게 오를 수 없음이니라.
11 양심에 따라서 모두를 역사하지 아니
하고, 너희들이 지킬 수 없다, 행할 수
없다, 인간이기 때문에 죄를 짓지 아
니하고 살 수 없다 이리 말하는 것은,
12 너희들이 천사의 마음이 되기를 거부
하는 것이며, 나 여호와의 마음이 되
어 나와 하나가 되는 것을 거부하는
자들임을 알라.
13 너희가 나와 하나가 되며, 내가 너희
들과 같이 역사하는 것은 바로 무엇이
더냐?
14 내가 성서에 기록하여 역사했으니, 너
희들 모두가 나와 하나가 되는 것이
며, 하나가 되지 아니하면 아니 된다
하였음이니,
15 그는 바로 너희들이 양심에 한 점의
부끄러움이 없는 삶을 사는 것이니라.
16 그러니 양심대로 행하고 살면 너희들
이 못 지킬 것이 없으며 못 역사할 것
이 없거늘,
17 어찌하여 너희들이 그리도 이리 변명
과 이유를 대며 죄의 소굴에서 나의
백성들을 끌어 나오지 못하도록 그와
같은 사악한 장막을 치고 있는가?
18 그 모든 문을 닫으며, 너희들의 그 죄
가 어떠한 것인가를 알 날이 이제 머
지않았음을 알라 그리 전하노라.

10,422 번째 하나님 말씀

2004년 4월 9일 11시 25분

1 사랑하는 나의 아들아!
2 "네, 아버님! 말씀하옵소서."
3 나로부터 선택된 백성, 너희들의 삶이
무엇이더냐?
4 그리고 내가 너희의 삶의 지표를 내
렸음이니, 너희들은 이대로 행하고 살
아야 될 것이니라.
5 인성의 교육이요, 변화를 가지라 하
지 아니하였더냐?
6 그리고 양심에 따라 살며 양심에 따라
행동하라 하였음이니,
7 양심에 하나의 구김살이 있는 그와 같
은 행위를 절대 해서는 아니 되느니라.
8 권력 있는 자요, 부귀와 영화로 너희
들이 어렵고 힘든 고비를 넘긴다 하
여 양심을 파는, 양심을 버리는 그와
같은 행위를 한다면,
9 결코 너희들은 천사가 될 수 없으며
나와 하나가 될 수 없다는 이 무서운
사실을 가슴에 항상 새기고 살아야 될
것이며,
10 정의로움에 너희들이 누그러지며 양
보하는 마음을 가져서는 아니 됨이니
라, 사랑하는 나의 아들딸들아!
11 나로부터 선택된 너희들은 어떠한 삶
을 사느냐?
12 내가 나의 아들을 통하여 지금 명함이
니, 이를 명심하도록 하라.
13 너희들은 남을 칭찬하는 그 말은 네
입에서 할 수 있되, 너희들이 남을 자
랑하는 데는 그와 같은 말을 할 수 있
되,
14 너희들이 남의 약점을 말하며 남의 아
픈 마음이요, 남들이 보이고 싶지 아
니한 것, 그와 같은 마음을 건드리는
행위를 해서는 절대 아니 됨이니, 이
를 너희들은 생활의 목표로 삼도록 그
리하라.

15 절대 남의 약점을 말하지 말며, 남의
아픈 마음을 건드리지 말며, 남을 칭
찬하는 데 인색하지 말며, 남을 자랑
하는 것에 주저하는 마음을 가지고 살
지 말라.
16 나의 법전을 만드는 백성이요, 나의
법전을 가지고 전하는 백성, 너희들이
변화되는 삶이요, 너희들이 변화된 그
모습이 이제 이것으로써 모두가 나타
나도록 그리하지 아니하면 아니 되느
니라.
17 이는 바로 너희들이 이와 같이 삶을
행하지 아니하며, 이와 같이 역사하지
않을 때,
18 나의 법전을 만드는 것, 그리고 나의
법전을 전하는 것, 그리고 너희들이
하늘의 선생이요, 만백성을 구하는 지
도자라는 것, 그와 같은 것을 내가 너
희들에게 명하지 아니하며, 나 여호와
가 너희들에게 절대 허락지 아니함을
알아야 될 것이니,
19 나로부터 나의 전사요, 나의 선생으로
서 만백성을 구하는 그 일을 역사하며
나의 법전을 가지고 만백성을 구하는
너희들이 그 대명을 수행하기 위해서
는,
20 오늘의 내가 말하는 남을 칭찬하며 자
랑하는 것을 주저하지 말며, 약점의
아픔을 건들지 말며, 그와 같은 백성
으로서 거듭나는 데 모두를 바치도록
그리하라.

10,423 번째 하나님 말씀

2004년 4월 9일 11시 29분

1 사랑하는 나의 아들아!
2 "네, 아버님! 말씀하옵소서."
3 나의 법전을 전하고 나의 성령의 뜻을
가르치고 전하는 가장 위대한 방법은
무엇인 줄 알겠느냐?
4 이제 너를 따르는 제자들이요, 나의
법전을 읽고 깨우친 만백성, 너희들이
그 백성을 구하며 나의 법전을 전하며
나의 성령을 전하여 그들이 너희를 따
르게 하고자 한다면, 너희들은 절대
시시비비를 하지 말라.
5 그리고 너희들은 그들과 논쟁을 벌이
지 말며 갑론을박하지 말라.
6 그러한 상대를 너희들이 피하는 방법
을 알아야 될 것이니라.
7 시시비비하고자 하는 자, 갑론을박하
고자 하는 자, 그리고 논쟁하고자 하
는 그와 같은 백성들을 너희들이 스스
로 피하며 그들과 대화를 피하는 그와
같은 방법이 너희들이 나의 법전이요,
나의 성령을 전하는 가장 위대한 방법
이요, 좋은 방법임을 알아야 될 것이
니라.
8 너희들이 남과 대화하되 너의 뜻이요,
네가 알고 있는 것을 받아들이기를 강
요한다면, 너희들만 원망을 들으며 너
희가 남의 입에 오르내리는 그와 같은
결과가 되지 않더냐?
9 여기서 너희들은 알아야 될 것이니라.
10 이제 나의 아들을 따르는 제자들이요,
나의 법전을 읽고 깨우친 만백성, 너
희들은 자의든 타의든 남의 입에 너희

들의 이름이 좋지 않게 오르내린다면,
그 모두는 다 너희들에게 죄로써 너희
들이 죄의 사슬에 묶이는 것이며, 하
나의 죄목이 너희들에게 더 붙는다는
것을 알라.
11 그러니 남의 입에 너희들의 이름이 좋
지 않게 오르내리는 것은 바로 무엇
이더냐?
12 너희들이 치러야 할 죄가 하나하나 더
늘어남이니, 너희도 모르게 네 죄가
쌓여 감을 알아야 될 것이니라.
13 남을 시기하고 비방하는 자, 그 죄를
용서받지 못한다 하였으나, 너희들이
또한 남으로부터 좋지 않은 내용으로
써 너희 이름이 거론될 때,
14 그 거론된 만큼 너희들이 치르는 죄
는 늘어나며, 그 죄의 무게가 너희들
을 감싸고 있으니,
15 그것 또한 너희들이 나에게 와 심판을
받을 때, 그 죄가 선과 악의 무게에서
한몫 한다는 것을 잊지 말라, 사랑하
는 나의 아들아!

10,424 번째 하나님 말씀

2004년 4월 9일 11시 36분

1 사랑하는 나의 아들아!
2 "네, 아버님! 말씀하옵소서."
3 지금 나의 법전을 세상에 전하며 만백
성을 구하는 그 역사의 모두는 나의
아들의 책임이 아니요, 나 여호와의
책임이 아님을 내가 너희들에게 명하
여 전했느니라.
4 나의 아들을 따르는 제자들이요, 그리
고 나의 법전을 읽고 깨우친 만백성,
너희들이 나의 법전을 가지고 세상에
눈이 소복소복 쌓이듯이, 세상을 다
덮는 것은 너희들의 역사라 하였음이
니,
5 과연 너희들이 나의 법전을 만들며 역
사하는 것에 과연 너희들이 직분을 다
하고 있는가 너의 제자들에게 한번 물
어보라.
6 나의 아들은 머지않아 160권의 찬란
한 대역사를 다 만들어 그 160권의 빛
이 세상을 비추고자 하나,
7 그 빛이 세상에 비출 수 있도록 160권
이라는 글자의 책이 세상에 나오는 것
은 그 제자들에게 달렸음이라 내가 하
였으니, 그 뜻이 무엇인 줄 알겠느냐?
8 너희들이 인간 세상에서 교육을 하는
선생이 있느니라.
9 학생을 가르치는 그 선생이 학생이 바
로 서도록 가르치는 것으로써 선생의
그 직분을 다하며, 그리고 사회에 나
와 그들이 바른 삶을 살 수 있도록 그
를 세상에 내보내는 것이 선생의 직분
이요,
10 그 선생이 세상에 나와 세상을 지배하
며 다스리는 것이 아니니라.
11 그 선생으로부터 배우고 깨우친 그 제
자가 사회에 나와 그가 성장함으로써
세상을 지배하고 세상을 다스리며,
12 인간의 삶을 위하여 인간의 복지를 위
해서 모두를 다 역사하고 이끌어 가는
것은 그 성장된 제자들이 하는 일이
아니더냐?
13 그 모든 역사가 그와 같은 이치로써
이루어짐이니라.
14 그러니 지금 나의 아들은 너희들에게

나의 성령이요, 나의 법전이요, 내 뜻을 전하며, 너희들이 그 모두를 역사할 수 있도록 세상에 준비시키는 그것으로 끝나는 것이요, 너희들을 깨우쳐 주면 되는 것이니라.

15 깨달음을 받은 너희들이 나의 법전을 가지고 전하며 모두를 역사하고 못하는 것은 이 모두가 다 너희들에게 달렸으며,

16 이 세상을 다스리고 지배하며 만백성을 구하는 것은 나의 아들이 혼자 하는 것이 아니요, 그 제자들 너희들 모두의 몫이니라.

17 그러니 세상을 다스리고 역사하는 것, 그리고 지상의 낙원을 이루는 것, 그 모두는 너희들의 몫이니, 너희들이 과연 지금 어디를 가고 있으며 얼마나 노력하고 있는가?

18 나의 아들에게 바로 서지 못하며 나의 아들에게 게으르며 태만하다 너희들이 그리 말하나,

19 나의 아들은 모두를 다하여 제 직분을 다하고 있으며, 그보다 더 앞에 가고 있음을 너희들은 알라.

20 이제 나의 아들이 160권이라는 모두를 너희들에게 넘겨줬을 때, 과연 너희들이 그 자리에 있는 것이 어디며,

21 나의 아들이 몇 년 만에 나의 법전을 세상에 내보내 세상에 10년 안에 모두를 덮는 그 근거를 보인다 했으니,

22 너희들이 10년 안에 160권의 법전을 세상에 내지 못한다면 그것은 너희들의 책임이니 그리 알라.

10,425 번째 하나님 말씀

2004년 4월 9일 11시 41분

1 사랑하는 나의 아들아!

2 "네, 아버님! 말씀하옵소서."

3 너를 따르는 제자들이요, 만백성, 그들에게 전하라.

4 내가 너를 통하여 내리는 나의 강론이요, 나의 법전이요, 이 모든 뜻을 읽고 깨우치는 너희들은 그 모두를 어찌 받아들이고 어찌 간직해야 되는가?

5 너희들이 소복소복 내리는 눈이 소리 없이 쌓이듯이, 그와 같이 나의 아들을 통하여 내리는 강론이요, 나의 법전을 읽고 깨우친 하늘의 진리를 너희들이 그리 소리 없이 소복소복 하얀 눈이 쌓이는 것처럼 너희들 가슴에 쌓아야만 되느니라.

6 그리 쌓았을 때만이 너희들이 그것이 영원히 네 것이요, 그리고 너희들이 구원의 길을 올 수 있으며 그를 볼 수 있는 것이 거기에 있음을 알라.

7 눈이 소복소복 내려 쌓이는 것처럼 하늘의 진리를 네 마음속에 간직하여 지상에서 영원히 나에게 올 때까지 너희들이 그를 가슴에 안고 그 뜻에 따라 살아가는 것, 그 명한 것을 너희들이 끄집어내어 살아가는 그와 같은 삶을 살아간다면,

8 그것이 곧 하늘에 오르는 길에 들어서는 것이요, 천사의 삶을 사는 것이라는 것을 너희들은 절대 잊지 말라, 사랑하는 나의 아들딸들아!

9 조용히 네 가슴에 쌓아 놓고 깨닫는 그것이 곧 지상과 하늘을 볼 수 있는

지혜가 쌓이는 것이니라.
10 너희들은 그와 같은 이치를 모르고 함
부로 다루며 함부로 너희들이 거친 마
음으로써 살아가서는 안 되며, 흔들리
는 마음으로써 두마음을 가지고 이 길
을 가서는 아니 되느니라.
11 내가 다시 너희들에게 말하니, 나의
아들을 통하여 내리는 강론이요, 나의
아들을 통하여 내리는 기도를 직접 들
으며 그 법전의 책을 읽고 깨우치는
너희들이,
12 소리 없이 겨울에 쌓이는 그 눈처럼
소복소복 너희들에게 조심스럽고 귀
하고 소중하게 네 가슴에 쌓이도록 그
리 간직하라.
13 그리하여 그 간직해 놓은 것이 영원히
너희들이 구원의 길의 지혜를 얻는
것이라 하지 않더냐?
14 지금 나의 아들이 뭐라 말하느냐?
15 나의 아들은 누가 와서 무엇을 묻든
바닷물처럼 뒤에 그득히 채워 놓고 그
들의 어떠한 질문에도 능히 대답할 수
있는 그 모두를 내가 내려 주었다 하
지 않느냐?
16 그 모두가 내가 받쳐 주는 것이며 내
가 모두를 역사함이니, 나의 아들은
누가 와서 질문을 한다 해도 그 뒤에
바닷물처럼 그득히 나의 뜻이요, 그
모두의 대답할 것을 내가 채워 줘 그
는 건져서 그걸 갖다 쓰기만 하면 된
다 했으니,
17 바로 하얀 눈이 소복소복 쌓이듯이 나
의 법전이요, 나의 아들을 통하여 내
리는 강론이요, 그 모두를 너희들이
조용히 간직하며 소복소복 쌓아 놓는
것,
18 쌓아 놓다 보면 너희들도 그와 같은
경지에 오르게 됨이니라, 사랑하는 나
의 아들딸들아!

10,426 번째 하나님 말씀

2004년 4월 9일 11시 46분

1 사랑하는 나의 아들아!
2 "네, 아버님! 말씀하옵소서."
3 너를 따르는 내 사랑하는 제자들이요,
나의 법전을 읽고 깨우친 만백성, 너
희들은 인간의 본질이요, 인성을 찾으
며, 그 모습으로 너희들이 다스려 가
는, 그 누구도 따라올 수 없는 인자하
고 온화한 모습이요, 마음이요, 성품
으로 다스리라 하였음이니, 그러니 너
희들이 그 성품을 다스리고 변하는 증
거가 무엇인 줄 알겠느냐?
4 이제는 너의 제자들이요, 나의 법전을
읽은 너희들이 순간적인 이루어지는
어떠한 일들에 대하여 너희들이 정의
로움이요, 그리고 한 점의 부끄러움이
없는 그와 같은 모습으로써 보여 주어
야 되는 것이니, 그 훈련에 돌입하도
록 그리하라.
5 너희들이 순간적으로 감정이 격화되
는 것, 너희들이 격동되는 것, 그 순간
에 이루어지는 어떠한 일이든 자제하
지 못하며, 감정을 유발하며 감정적으
로 대처하는 것,
6 그와 같은 너희들의 마음 자세는 결
코 변화된 자세가 아니며, 인자한 모
습으로써 거듭날 수 있는 백성이 아니
니라.

7 어떠한 일이 순간적으로 너희들에게
불리하게 이루어지며 어떠한 상황이
닥친다 해도, 그 속에서 너희들이 번
갯불보다도 빨리 정의로움을 찾으며,
8 한 점의 부끄러움이 없는 그와 같은
모습이요, 행동으로써 너희들이 행하
는 모습을 찾아야 될 것이며,
9 그와 같이 너희들이 변화되고 훈련된
모습이 되지 아니하면 모두를 이룰 수
없기 때문이니라.
10 너희들의 인격이요, 그 변한 모습이
무엇이더냐?
11 평안한 상태요, 평온한 상태는 아무
것도 너희들이 알 수가 없음이니라.
12 그러나 너희들은 순간적인 행동이요,
말로써 그 모두가 너희들의 본 자세
의 심성이요, 인격이 거기서 드러나게
됨이니라.
13 그러니 거기서 드러나는 인격이요, 그
모습의 자세가 바로 너희의 오늘의
현주소며, 너희들의 깨우치고 깨우치
지 아니한 자세이니라.
14 그러니 너희들이 그 모두를 행할 수
있는 그 자세요, 훈련에 임하지 아니
하면 결코 아니 됨이니라.
15 훈련에 임하고 또 임하는 것만이 너희
들이 거듭날 수 있으며 내 뜻을 따라
역사할 수 있는 것이니라.
16 거듭나지 못하며 너희들이 평소에 변
하고자 노력하지 아니하기에, 너희들
이 순간적인 행동이요, 격한 행동이
요, 남을 놀라게 하는 행동이요, 너희
자신도 놀라울 만큼, 너희를 저주할
만큼 무섭고 악한 생각이요, 모진 생
각이 너희들의 머릿속에서부터 나오
며,
17 그를 말과 행동으로 한다면, 너희를
보고 따를 백성이 하나도 없으며, 너
희들을 보고 나의 법전을 읽을 백성이
없다는 것을 알라, 사랑하는 나의 아
들딸들아!
18 순간적인 말과 행동, 그 모두가 너희
들의 본 자세요, 심성이요, 너희들이
지금까지 변화된, 가지고 있는 점수
요, 너희들의 한계라는 것을 알도록
그리하라.

10,427 번째 하나님 말씀

2004년 4월 9일 11시 49분

1 사랑하는 나의 아들아!
2 "네, 아버님! 말씀하옵소서."
3 내가 너희들에게 거짓의 행위는 절대
하지 말며, 농담의 거짓말도 하지 말
라 하였느니라.
4 너희들이 거짓말하는 것, 그와 같이
일순간에 봄에 눈이 녹듯이 없어지고
녹는다 해도, 너희들이 농담의 거짓말
로써 웃고 한 시대를 지난다 해도, 너
희들에게 내가 왜 농담의 거짓말을
하지 말라 하는지 아느냐?
5 너희들이 그 농담의 거짓말이 인간 세
상에서는 사실로 이루어지며 현실로
등장하는 그와 같은 일이 비일비재하
다는 것을 알 것이니라.
6 그러니 너희들이 하는 농담 속에 진
심이 들어 있는 것이며, 그리고 가능
성이 있는 것이요, 가능한 이야기들을
너희들이 농담을 하는 것이요, 농담이
라 비유해서 전하기 때문이라는 것을

이제 알아야 될 것이니라, 사랑하는
나의 아들딸들아!
7 너희들이 그저 봄에 눈이 녹듯이 일순
간에 지나가는 것이며, 너희들이 웃고
즐기고 한순간을 넘기는 그 농담의 작
은 거짓말이, 그 모두가 다 진실로 이
루어지며, 그와 같이 현실로 이루어지
는 것이 인간 세상이니,
8 너희들이 그 속에는 진실이요, 가능한
그 뼈대가 있는 것이 농담이니라.
9 농담이라 할지라도 아픔이 있으며, 거
기에 너희들이 현실로 이루어지는 그
무서운 사실을 안다면, 그것이 너희들
이 농담의 말로 할 수 있겠더냐?
10 진정한 농담이요, 농담은 그저 녹아서
없어지는 것이나, 그것이 현실로 나타
난다면 너희들이 예고한 이야기요, 미
리 예언한 얘기요, 그 뼈가 있는 얘기
라는 것을 알아야 될 것이니라.
11 그러니 이와 같이 흐름이 있기 때문에
너희들이 본연의 마음이요, 너희들이
모르고 있는 사이에 모두가 역사하는
것이기 때문에 내가 그와 같은 말을
하지 말라 함이니라.
12 농담의 거짓말이요, 그 한마디가 현실
로 나타나 이루어진다면, 얼마나 많은
사람이요, 여러 사람에게 상처를 주
는가?
13 그리고 그 상처는 지워지지 아니하며
영원히 남는다는 것을 너희들은 알지
않느냐?
14 그리하여 나 여호와가 하라, 지키라는
그 뜻을 너희들이 안다면, 농담이요,
웃음의 그 소리가 현실로 나타나고 집
행되는 그것은 농담이 아니니, 너희들
이 그와 같이 예견된 짓을 하지 말라
함이니라.
15 내가 너희들에게 세상의 이치가 뭐라
하였느냐?
16 너희들이 남을 비방하며 남의 약점을
가지고 남을 욕하는 것은 너희들이
그 죄가 되나,
17 그 말이 남의 입에 오르내리며 너희
의 이름이 악한 쪽에 오르내릴 수 있
는 빌미를 주며 그와 같은 행동을 한
그 죄가 바로 너희들이 모르는 사이에
네 죄가 되어 너희의 몸에 그 무게를
갖고 있다는 것을 내가 전했음이니,
18 이와 같은 하늘의 이치요, 흐름을 안
다면, 너희들은 어떠한 자세로 살아가
야 될 것인가, 어떠한 형태로 인격을
형성하고 가야 될 것인가를 노력하고
생각하고 또 노력하고 또 생각하는
자세가 아니면 하늘의 이치요, 하늘의
지혜를 얻을 수가 없다 함을 알라, 사
랑하는 나의 아들딸들아!

10,428 번째 하나님 말씀

2004년 4월 9일 11시 54분

1 사랑하는 나의 아들아!
2 "네, 아버님! 말씀하옵소서."
3 너희들이 가장 인자한 모습으로 인격
을 형성한 그 백성으로 변하여, 육의
세상에 사는 백성들이 너희들의 그 아
름다운 모습을 보며, 인자한 그 모습
을 보고 따르고 변하도록 그리하라 하
였음이니, 그리하여 너희들은 오늘의
훈련에 돌입하라 하였음이니라.
4 그러니 나의 아들의 제자, 너희들은

세상의 그 모두를 너희들과 같은 똑같은 인격체로, 동등한 인격체의 상대로서 보며, 그와 같이 행하고 가지 아니하면 아니 됨을 알아야 될 것이니라.

5 내가 너희들에게 뭐라 말하였느냐?

6 '나'를 버리고 '나'를 지우며 남을 위한 삶을 살며, 남을 위해 기도를 하며,

7 하늘에 오르는 영광된 것도 남에게 양보하는 그와 같은 모습으로써 살며, 그와 같은 행동으로써 행하는 것이 너희들이 이룰 길이며 가야 할 길이라 하였음이니,

8 너희들이 그 모두를 이루는 자가 이 세상의 모두가 너희들과 똑같은 인격체요, 동등한 자격으로서 보지 못하며 그를 그와 같이 생각하지 못한다면,

9 그 다음의 단계를 어찌 너희들이 이룰 수 있다 하겠느냐?

10 사랑하는 나의 아들딸들아!

11 이 세상에 못나고 잘난 자가 없으며, 그리고 모든 동식물이요, 그 모두도 다 하나요, 내가 이룬 세상 속에서 하나의 그 속에서 다 존재하는 것이니,

12 이제 사랑하는 나의 아들을 따르는 제자들이요, 법전을 가지고 만백성을 구하는 너희들은 모두를 너희 자신과 동등한 인격체로 보며, 너희보다 한 수 위로 높게 보며, 너희보다 한 수 앞에 놓고 보도록 그리하라, 사랑하는 나의 아들딸들아!

13 그다음의 단계를 너희들이 이룰 수 있는 것은 그와 같은 마음에서부터 훈련이 됨이니라.

14 그리고 너희들이 자신을 칭찬하고 자신이 칭찬을 받고자 하는 그와 같은 마음 또한 있어서는 아니 됨이니라.

15 모든 인간들이 살아가면서 자신이 칭찬을 받고 싶은 그 마음을 버리지 못하기에, 남을 꾸중하는 그와 같은 말을 즐겨 하며, 너희들이 남을 시시비비하는 것을 남의 아픈 마음을 들여다보고 남의 잘못된 점을 듣고자 하는 것이 즐거워하는 것이니 그리 알라.

16 그러니 너희 자신이 칭찬받고자 하는 마음을 모두 다 버리며, 남을 꾸중하지 말며 남의 좋은 점을 발견할 줄 아는 그와 같은 백성이 되어, 남의 좋은 점을 칭찬할 수 있는 그와 같은 너희들의 마음 자세로 가라 그리하였느니라.

17 그리고 칭찬하는 그것이 또한 그 칭찬이 진실된 것이어야 하니, 진실이 결여된 칭찬은 너희들을 욕되게 하며, 너희들 스스로 죄의 무게를 더 짊어지는 것이라는 것을 명심하고 또 명심하도록 그리하라, 사랑하는 나의 아들딸들아!

10,429 번째 하나님 말씀

2004년 4월 9일 11시 57분

1 사랑하는 나의 아들아!

2 "네, 아버님! 말씀하옵소서."

3 모든 백성들이 울고불고 너희들이 소원하고 매달리는 것, 그것으로써 그 뜻이 이루어지며 성취된다면 얼마나 좋겠느냐?

4 너희들이 기도하며 광란의 짓을 하는 것, 그것으로써 너희들의 모두가 이루어지고 역사한다면 얼마나 좋고 행복

하겠느냐?
5 그리고 너희들이 기도로써 애절히 구
걸하고 갈구하는 것이 이루어진다면,
너희들은 얼마나 좋은 세상이요, 얼마
나 아름답겠느냐?
6 그러나 너희들은 그와 같은 것으로써
하나도 이루어짐이 없음을 알아야 될
것이니라.
7 그와 같은 방법으로써 너희들이 무엇
을 얻고자 이룬다 하여 이루어지는 것
은 하나도 없음을 알아야 될 것이니
라.
8 다만, 너희들이 그를 이루고 역사하는
것은 오로지 네 손으로써, 네 몸으로
써 역사하는 것, 네가 노력으로써만
이루어진다는 것을 나의 아들을 따르
는 제자 너희들은 알아야 될 것이니라.
9 너희들의 행함으로써 모두의 지표요,
기본으로 삼아 너희들이 심판을 받음
이니,
10 너희들이 말로 기도하고 울고불고 소
원하고 통곡하고 몸부림친다 해서 그
것이 이루어지고 역사하는 것은 하나
도 없다는 것을 너희들 가슴에 심으
며, 모든 백성들에게 그리 깨우쳐 주
라.
11 너희들이 바른 삶이요, 하늘을 향하여
한 점의 부끄러움이 없는 그와 같은
삶을 사는 것, 그것으로써 이루어짐이
니라.
12 너희들의 손으로써 노력으로써 이루
어지니, 그것도 너희들이 비굴함이요,
추한 모습으로써 역사하는 것이 아니
요,
13 하늘을 향하여 한 점의 부끄러움이 없
는 정의로운 삶으로써 너희들이 이루
고 역사하는 것, 그것만이 너희들이
모두가 이루어지며 이룰 수 있다는 것
을 그들에게 깨우쳐 전해 줘,
14 오늘의 믿음에서 각성하며 바로 가는
믿음으로 가도록 그리 전하라.
15 그렇지 아니하면 너희들이 아무것도
남는 게 없으며, 너희들이 나에게 와
심판을 받을 때 죄에 대한 그 무게만
이 너희들을 누르고 있다는 것을 절대
잊지 말라 전하라.

10,430 번째 하나님 말씀

2004년 4월 9일 21시 41분

1 사랑하는 나의 아들아!
2 "네, 아버님! 말씀하옵소서."
3 너희들이 이제 나의 법전을 읽고 깨우
쳤으며, 그리고 나의 아들을 통하여
강론을 들으니, 너를 따르는 제자들이
요, 나의 법전을 읽고 깨우친 만백성,
너희들이 그 누구와 시시비비를 하든,
갑론을박을 하든, 너희들이 전하는 그
말은 주옥 같은 말이요, 황금 같은 귀
하고 소중한 말로써 너희들이 그 모두
를 대화할 수 있으며 그들과 견줄 수
있느니라.
4 그러나 그것이 또한 너희들이 그들과
차이점이 무엇인 줄 알겠느냐?
5 너희들이 황금 같은 말이요, 주옥 같
은 말을 잘하여 그들을 설득시키고
이해를 시키며 너희들 뜻을 전한다 하
나,
6 그것보다도 내가 너희들에게 바라는
것은 너희들의 행동이 또한 그와 같이

일치해야 되며, 그와 같이 따르는 백
성이 되는 것을 나는 원함이니라.
7 너희들이 주옥 같은 말로써, 황금알
같은 말로써 남들에게 전하고 깨우치
고자 하는 노력보다는,
8 너희들이 언행일치하는 삶으로써 거
듭나는 그와 같은 백성이 되기를 바라
는 것이 나의 뜻이며 내가 원함이라는
것을 알라.
9 나의 아들 또한 그러하며, 나의 아들
의 제자 너희들은 그 모두는 말보다
아름다운 행동을 하는 그와 같은 백성
으로서 거듭나야 될 것이며,
10 그와 같은 백성으로서 너희들이 변화
되지 아니하면 아무것도 역사할 수 없
으며 아무것도 이룰 수 없음을 알라.
11 이것이 이제 너희들이 해야 할 일이
며, 지켜야 할 일이며, 내가 너희들에
게 명하는 것임을 절대 잊지 말라.
12 그러니 너희들이 아름다운 말이요, 남
들이 들어 너희들에게 탄복할 수 있
는 그와 같은 진리의 나의 뜻을 전한
다 해도,
13 그것보다도 너희들의 행동이요, 너희
들이 말하는 것처럼 행하고 살아가는,
그와 같이 변하는 것이 더 소중하며
귀함이라 함이니 이를 명심하도록 그
리하라.

10,431 번째 하나님 말씀

2004년 4월 9일 21시 50분

1 사랑하는 나의 아들아!
2 "네, 아버님! 말씀하옵소서."
3 나의 아들을 따르고 있는 제자들이요,
그리고 나의 법전을 읽고 깨우쳐 더불
어 만백성을 구하는 역사에 임할 너희
들은,
4 너희들이 가지고 있는 자신의 특성이
요, 그리고 너희들이 가지고 있는 남
다른 재주, 그 모두를 알지 못함이니
라.
5 그리하여 너희들이 힘들고 어려운 훈
련을 통하여 진정한 자아를 발견할 수
있도록 내가 너희들에게 이와 같은 역
사를 이룸을 너희들은 알아야 될 것이
니라.
6 너희들 자신이 발견하지 못하고 사는
너희들의 그 특성이요, 나로부터 가져
간 누구도 갖지 않은 그 재주요, 그 모
두를 발견하는 너희들을 찾는 그와 같
은 백성으로 거듭나게 하기 위하여,
7 나 여호와가 오늘의 너희들에게 고통
스러운 훈련이요, 그 힘든 훈련을 강
행하고 있음을 알아야 될 것이니라.
8 그리하여 진정한 너희 자신을 찾아 주
고자 하는 것이 나 여호와의 뜻이니,
9 너희들 스스로 너희가 가지고 있는 특
성이요, 그 재주를 찾았을 때, 너희들
에게 모두가 임했을 때, 그리고 그와
같이 거듭났을 때,
10 너희들은 자신도 모르는 힘을 발휘할
수 있으며, 너희들이 가지고 있는 그
특성의 위대함을 알게 될 것이니라.
11 그리하여 내가 너희들에게 오늘의 험
악하고 힘든 훈련의 시간을 보냄이니,
12 지금 너희들이 살아가는 한계는 무엇
이더냐?
13 너희들이 육의 세상에서 눈에 보이는
그와 같은 삶의 한계에서 벗어나지 못

하며, 듣고 보는 그와 같은 한계에서
너희들이 지금 벗어나지 못하며,
14 너희들이 살아가면서 어떠한 환경이
요, 불리한 여건에 부닥쳤을 때 대응
하는 것, 그것이 지금의 너희 한계요,
너희들이 그 이상이 아닌 것이라 그
리 생각하고 있을 것이니라.
15 그러니 너희들이 나 여호와로부터 받
아 나간 그 특성이요, 재주는 너희들
의 눈에 보이는 인간 세상의 삶에서
너희들이 들으면서 변화되는 삶이요,
16 그와 같이 어떠한 어렵고 힘든 환경에
너희들이 부닥쳐서 대응하는 능력이
요, 그것이 너희들이 가지고 있는 전
부가 아님을 알라.
17 나 여호와로부터 받아 나간 특성이요,
그 재주는 너희들의 상상을 초월하는
그와 같은 지혜가 있는 백성들이니,
바로 너희 자신을 보지 못하며 너희들
을 찾지 못하고 있기에,
18 나 여호와가 강한 훈련으로써 고통스
러운 훈련 속에서 너희들 자신을 발견
하며 너를 바라볼 수 있도록 내가 그
리하고자 하는 것이니라.
19 그러니 너희들이 바로 훈련에 임하여
고통스럽고 힘든 훈련을 이김으로 인
하여 너희들 자신을 발견하게 될 것이
며, 너희 자신을 알게 될 것이며,
20 그리고 너희들이 나로부터 받아 나간
본성의 성품이요, 그리고 너희들이 가
지고 있는 지혜의 특성, 모두를 내가
원상태로 만들고자 하는 것이 나 여호
와의 뜻이니라.
21 그리 만들었을 때, 너희들은 무너지지
아니하며 쓰러지지 아니하며, 나의 뜻
을 이루는 강한 전사로서, 강한 선생
으로서 이 세상을 다스려 나갈 수 있
기 때문임이니 그리 알라, 사랑하는
나의 아들딸들아!
22 너희들은 모르느니라.
23 너희들이 생활 속에서 부닥치는 환경
에 적응하는 능력이 네가 아니요, 그
보다 너희들이 더 위대한 특성이요,
그보다 큰 지혜요, 재주를 가지고 있
음을 알라.
24 내가 그것을 원상태대로 너희들이 찾
을 수 있도록 하고자 오늘의 훈련에
임하고 있음을 알며,
25 그를 너희들이 거부하지 말며, 주저하
지 말며, 포기하지 말며, 인내하는 마
음으로써 견디고 나가면, 언젠가는 너
희 본성이요, 자신을 찾게 될 것이니,
26 그러한 백성은 결코 무너지지 아니함
이니 그리 알라.

10,432 번째 하나님 말씀

2004년 4월 9일 21시 57분

1 사랑하는 나의 아들아!
2 "네, 아버님! 말씀하옵소서."
3 나는 나의 피조물 만백성 너희들에게
실패라는 건 없으며, 오로지 너희들이
성공이요, 성공의 역사하는 것만 있도
록 너희들을 만들었으며, 그리하여 내
가 너희들을 세상에 내보냈음이니라.
4 그러니 너희들이 노력하고 노력한다
면 못 이루는 것이 없으며 못 역사하
는 것이 없느니라.
5 그러나 너희들이 너희 마음속에 남아
있는 욕심의 찌꺼기 때문에, 너희들이

바로 그 욕심이라는 것 때문에 실패를
자초하는 것이요,
6 너희들이 앞으로 얼마든지 이룰 수 있
으며 얼마든지 역사할 수 있는 승자의
그 길을 보지 못하며, 너희들이 승자
의 길을 가도록 노력하지 아니함이니
라.
7 그러니 너희들이 얼마든지 승자가 될
수 있으며, 패자라는 것이 없는 백성
으로 내가 만들어 세상에 내보냈거늘,
8 너희들이 승자의 길에 노력하지 아니
하며 승자의 길을 가는 데 최선을 다
하지 아니하며, 너희들이 최선을 다하
지 아니하기 때문에 스스로 무너짐이
니라.
9 그리하여 너희들이 스스로 무너져 내
가 너희들에게 명하지 않은 실패라는
단어 앞에 너희들이 패자가 되는 것이
며 실패하는 백성이 됨을 알라.
10 그러니 그 이유가 무엇인 줄 알겠느냐?
11 너희들이 노력하면 모두를 역사하며
얻을 수 있는 것을, 노력하지 아니하
며, 그리하여 이름도 없는 명칭도 없
는 실패자가 되는 것이 바로 너희들이
니,
12 그것은 바로 너희들의 마음속에 있는
그 욕심의 찌꺼기 때문이니라.
13 그러니 너희들이 네 마음속에 있는 그
찌꺼기를 깨끗이 청소하지 아니하며,
철저하게 쓸어 내지 아니하면, 결국
내가 너희들에게 내리지 않은 그 실패
라는 단어 앞에 굴복하게 되며 그와
같은 백성으로서 낙오자가 되는 것을
알아야 될 것이니라.
14 나 여호와는 너희들이 새로운 힘이요,
새로운 용기로써 항상 승자가 될 수
있는 것이며, 어떠한 역경에서도 거듭
날 수 있는 그와 같은 백성으로 세상
에 내보냈거늘,
15 너희들이 노력하지 아니하며 너희 스
스로 역사하지 아니하기에 너희들이
실패라는 내가 명하지도 않은 그 단어
요, 그 말 밑에 굴복하며 쓰러져 가는
자가 되는 것이니,
16 너희들은 너희 스스로가 실패자가 되
는 것이지, 나 여호와가 실패라는 단
어로써 실패자가 세상에 나오도록 너
희들을 창조하여 세상에 내보낸 일이
없음을 알라 그리 전하라.
17 그러니 너희들이 어찌 노력해야 될 것
이며, 그리고 너희들 마음속에 있는
욕심의 찌꺼기를 어찌 청소할 것이며,
철저히 쓸어 낼 수 있는가?
18 그것을 쓸어 낼 수 있는 자, 세상의
모두를 볼 수 있음이니, 거기에는 너
희들의 노력이요, 앞으로 전진하는
일만 있으며 게으른 자가 없으며 나태
한 자가 없음이니,
19 그와 같은 삶을 살 수가 없는 것이 너
희들이 깨달은 백성이니라.
20 그리고 욕심을 지워 버린 순수한 백성
들이니, 그것이 너희들의 마음이니라.
21 그러니 너희들이 그를 다스려, 실패라
는 그 단어 밑에 고개 숙이고 그 밑에
노예가 되지 말며,
22 힘과 새로운 용기를 가지고 거듭나는
승자가 될 수 있는, 오로지 노력하며
모두를 이룰 수 있는 그 길을 선택하
여 가도록 그리하라.

10,433 번째 하나님 말씀

2004년 4월 9일 22시 04분

1 사랑하는 나의 아들아!
2 "네, 아버님! 말씀하옵소서."
3 나의 법전을 세상에 덮어 너희들이 만
백성을 구한다는 확고한 신념을 갖고
임하며 그리 모두를 역사한다면,
4 이 세상에 너희들을 방해하는 것, 너
희들을 훼방하는 것, 나의 법전을 이
단이요, 사탄이요, 마귀의 장난이라
하여 세상에 전해지는 것을 가로막는
자,
5 그와 같은 자들이 네 앞에서 물러날
것이며, 너희들에게 더 이상 대적하지
못할 것이니라.
6 그러니 모든 방해물들이 물러났을 때,
너희들은 소기의 목적을 이룰 수 있
으며 모두를 역사할 수 있음을 알라.
7 사랑하는 나의 아들딸들아!
8 너희들 인간 본연의 마음속에는 무엇
이 있느냐?
9 너희들이 스스로 모든 것을 다 소유
하고자 하는, 자연적으로 발생하는 그
욕심의 마음이 있음이니라.
10 그러니 너희들이 이를 다스리지 못하
기에, 이를 다스리는 신념과 확고한
믿음과 용기와 자신감이 없는 백성이
되어 버렸기에, 그 모두를 상실한 백
성들이 되었기에,
11 너희들이 내 뜻에 의해 역사하는 그
와 같은 삶을 살지 못하고 있는 것이
니라.
12 그러니 이와 같이 지금 비틀비틀 흔들
리는 그 백성들이 무엇이더냐?
13 너희들이 신념을 갖지 못하며 확고한
자신이 있는 그와 같은 삶을 살지 못
하기 때문이니라.
14 그러니 나의 법전을 가지고 세상을 덮
어 만백성을 구하고자 하는 너희들은
신념과 자신과 용기를 가지고 모두에
도전하는 그와 같은 삶을 살아야 될
것이니라.
15 지금의 나의 피조물 만백성은 너희 자
신이 가지고 있는 잠재 능력이요, 그
재주를, 너희 자신에게 내가 부여해
준 그 능력을 제대로 써 보지도 못하
고 활용해 보지도 못하고,
16 그것을 다 저버리고 살다 나에게 죽
음으로써 와 심판을 받는 그 백성들이
바로 너희들이니라.
17 내가 너희들이 얼마든지 역사할 수
있는 그 능력이요, 잠재 능력을 주었
거늘, 너희들은 용기와 확고한 신념과
목적 의식이 없는 삶을 살기에,
18 그리고 지금의 종교 집단의 지도자,
저희들이 알지도 못하는 자들이, 거짓
된 삯꾼들이 너희를 이리 끌고 저리
끌고 능멸하는 바람에,
19 너희들이 자신의 본연의 위치도 찾지
못하고, 내가 내려 준 재능이요, 그리
고 너희들이 가지고 있는 재주요, 그
특성을 다 활용하고 써 보지도 못하고
너희들이 나에게 와 심판을 받는 불
쌍한 백성이 되어 가고 있다는 것을
알아야 될 것이니라.
20 이 모두를 다 너희들은 어찌 생각하는
가?
21 너희들은 지금 성실성과 끈기 있는 그
와 같은 마음 자세로써 모두를 역사한

다면, 너희들은 모두를 다 이룰 수 있
는 백성이며,
22 내가 너희들에게 준 그 특성이요, 재
주를 모두 써 만백성에게 너희들이 하
나의 부끄러움이 없는 삶을 살 수 있
는 그와 같은 의지요, 그 모두를 너희
들이 발휘할 수 있는 인간이거늘,
23 너희들이 악에 물들여 선한 것은 써
보지도 못하며 다스려 보지도 못하며
만져 보지도 못하고 모두를 버리는 그
와 같은 어리석은 백성의 삶을 살아가
고 있느니라.
24 이제 사랑하는 나의 아들을 따르는 제
자, 너희들은 알라.
25 너희들은 확고한 신념과 성실한 마음
과 끈기 있는 그와 같은 마음 자세로
써 나의 법전을 전하며, 그리고 내가
너희들과 항상 같이 있다는 확고한
믿음의 신념을 너희들이 버리지 말고
살아간다면, 모두가 이루지 못할 것이
없으며 너희들이 성취 못 할 것이 없
는 것이거늘,
26 너희들은 확고한 신념과 목적 의식을
지금 잊어버렸으며, 자연적으로 발생
하는 모두를 소유하고자 하는 그 마
음에 지금의 종교 집단이요, 지도자들
이 불을 지피는 그와 같은 것으로써
너희들을 이끌어 가고 지금 인도하였
기 때문에,
27 내가 너희들에게 내린 그 위대한 특성
이요, 재주요, 그 모두를 너희들이 사
용해 보지도 못하며, 만져 보지도 못
하며,
28 죄악 속에 물들어 살다 너희들이 견딜
수 없는 지옥의 문에 가 어렵고 힘든
영원히 사는 죄악 속에서 그 대가를
치르고 사는 어리석은 백성으로 전락
되어 간다는 것을 잊지 말도록 그리
전하라.

10,434 번째 하나님 말씀

2004년 4월 9일 22시 09분

1 사랑하는 나의 아들아!
2 "네, 아버님! 말씀하옵소서."
3 너희들이 살아가는 소망이요, 소원함
이 너희들의 노력이 아니라, 너희들이
피나는 노력으로써 모두를 거두며 역
사하고자 하는 그와 같은 마음이 없느
니라.
4 농부가 씨앗을 뿌려 모두를 정성을
다하여 가꾸는 시련과 어려움이요, 그
리하여 결실을 맺는다는 그 이치를
너희들은 잘 알고 있으면서,
5 너희들은 그것을 이루고자 하는 소망
이요, 그리고 너희들이 구원을 받고자
하는 애절한 마음, 그 모두를 너희들
이 노력으로써 역사하며 스스로 이루
고자 하는 그와 같은 생각이 없음이니
라.
6 그러니 그와 같이 얻는 것은 여호와는
너희들의 노력이요, 너 자신의 손에
달렸다 하였거늘,
7 모든 믿음의 길을 가는 백성들이, 지
금의 나의 백성들이 너희들 자신이 어
렵고 힘든 길을 가려 하지 아니하며,
8 외부의 능력 있는 자의 힘을 빌어 너
희들이 모두를 이루고자 하는 기대심
리를 물리치고 버려야 될 것이니라.
9 나 여호와의 능력이요, 나의 아들 예

수의 죽음의 보혈 그것으로써, 외부의
너희들이 특정한 힘이요, 너희들이 상
상할 수 없는 힘을 가지고 있다는 나
여호와요, 그리고 나의 아들 예수요,
그 이름으로써 너희들이 무엇을 이루
고자 하는 너희의 기대심리요, 그와
같은 생각을 버리지 아니하고 너희들
이 거듭나지 아니하면,
10 결코 너희들은 소원하는 것, 소망하는
것을 아무것도 이룰 수 없으며 거둘
수 없다는 것을 알아야 될 것이니라.
11 사랑하는 나의 아들딸들아, 너희들은
알아야 될 것이니라.
12 너희들이 어떠한 재산을 갖는 것, 그
리고 어떠한 위대한 힘을 갖는 것, 부
귀영화요, 권력을 누리는 것, 어떠한
외부의 힘에 의하여 너희들이 무엇을
이룬다는 것,
13 그 모두를 너희들이 그보다 더 위대
하고 자신 있게 정확하게 이룰 수 있
는 것은 무엇인 줄 알겠느냐?
14 외부의 힘으로써 너희들이 이루어지
는 것은 하나도 없음이니라.
15 그러나 너희 자신의 내부에 있는 잠
재적인 너의 능력이요, 너의 그 재주
를 찾아 그를 발휘한다면, 그보다 더
위대한 힘이요, 그보다 더한 역사를
이루는 것은 아무것도 없음을 알라
그리 전하라.
16 지금 나의 아들을 따르는 제자들이요,
너희들이 미약하고 초라하나 내가 너
희들을 선택한 것이 무엇인 줄 알겠
느냐?
17 너희들은 잠재되어 있는 능력이요, 내
가 너희들에게 내린 기본의 힘이요,
재주요, 그 모두가 다 남들이 따라갈
수 없을 만큼 내가 너희들에게 부여
해 주었으며 그를 가지고 있는 너희들
이니라.
18 그러기에 내가 너희들을 선택하였으
며, 너희들을 나의 아들을 통하여 강
한 훈련으로써 너희들의 그 본성을
찾으며, 너희들 자신을 찾는 그와 같
은 생활로써 역사함으로써 너희들이
거듭나게 되었을 때,
19 너희들은 이 세상의 그 누구도 너희
들을 따를 수 없으며, 그 누구도 너희
들을 흉내낼 수 없는 특별한 재주요,
능력을 가지고 있는 백성이라 내가 전
한 뜻을 알게 될 것이며,
20 그를 너희들이 직접 체험하는 때가 머
지않았음을 알라, 사랑하는 나의 아들
딸들아!

10,435 번째 하나님 말씀

2004년 4월 10일 06시 08분

1 사랑하는 나의 아들아!
2 "네, 아버님! 말씀하옵소서."
3 모든 것을 너희들이 살아감에 형식이
라는 것으로써 모두를 이루어 가면 아
니 됨이니라.
4 하나를 이룬다 해도 진실한 것이요,
하나를 이룬다 해도 확실한 너희 것으
로써 모두를 역사하는 그와 같은 깨달
음으로 가지 아니하면 아니 됨이니라.
5 너희들이 나의 법전이요, 나의 강론을
들으면서 변해 가는 것도 그러하니라.
6 백 개를 들으면 무엇하느냐?
7 단 한 개요, 열 개라도 완벽하게 너희

들 것으로 만들어 가는 그와 같은 믿
음이요, 그와 같은 것으로써 깨우쳐
가야만 그 모두가 너희들에게 존재하
며,
8 또한 너희들의 생활에 그를 갖다 활용
할 수 있으며, 그를 적용하는 삶을 살
아야 되는 것이 아니더냐?
9 그러기 위해서 너희들이 완벽하게 너
희 것을 만드는 그와 같은 믿음의 길
로 가지 아니하면 아니 됨이니라.
10 너희들이 형식적이요, 그저 대충 가는
것으로써는 결코 아니 됨이니라.
11 그리하여 내가 너희들에게 차곡차곡
하나하나 쌓아 나가는 그와 같은 믿음
이요, 깨달음의 길을 가야 된다 함이
니라.
12 그러나 나의 피조물 만백성 너희들이
어디까지 진실이며, 어디까지 모두를
다 아는 것이며, 그리고 너희들이 어
디까지 열과 성의를 다해서 지금의 믿
음의 길을 가며, 나의 아들을 통하여
내리는 나의 강론을 들으며, 내가 직
접 내리는 나의 법전을 읽고 깨우치
는 그 마음 자세가 과연 어느 정도인
가 그것을 너희들은 수시로 점검하지
아니하면 아니 됨이니라.
13 완벽한 마음으로써 하나하나 깨우쳐
가고자 하는 그 백성은 세월이 지나
면 지날수록 굳어지는 것이며 단단해
짐이니, 그는 반석 위에 집을 짓는 그
와 같은 믿음의 길을 가는 것이요,
14 형식적이요, 너희들이 진실된 마음이
없이 그저 세월을 가라 하는 식으로
공부를 하며 깨우침을 얻고 강론을
듣는다 하면 그는 너희들에게 남는 것
이 하나도 없으니,
15 그와 같은 백성이야말로 모래 위에 집
을 짓는 그와 같은 것이나 무엇이 다
르더냐?
16 그러니 너희들은 완벽한 마음 자세요,
진실한 마음이요, 그리고 흔들리는 마
음이 아닌 모든 정성을 다하여 강론
을 들으며 나의 법전을 읽으며 깨우쳐
가는 그와 같은 삶으로 살아야 됨을
알라.
17 이제는 형식적이요, 그저 대충대충 가
는 그와 같은 공부하는 자세요, 믿음
의 길을 가는 자세로써는 절대 아니
됨이니, 이를 명심하고 또 명심하도록
그리하라.

10,436 번째 하나님 말씀

2004년 4월 10일 06시 12분

1 사랑하는 나의 아들아!
2 "네, 아버님! 말씀하옵소서."
3 너희들이 지금까지 잘못 살아온 것,
그리고 그 죄라는 것을 손으로 하나하
나 꼽아 보니, 그 죄를 셀 수 없으며,
그 죄를 너희들이 다 기억하지 못하며
알지 못하는 죄를 그와 같이 너희들
스스로 지었으니,
4 알고 모르고 지은 그 죄에 대하여 이
제 번민하고 고통받기 전에, 거기에서
벗어나고자 하는 피나는 노력을 하지
아니하면 아니 되며,
5 거기서 벗어나지 못하면 너희들은 결
코 아니 됨이니라.
6 지금까지 너희들이 안고 있는 그 모든
죄를 지워 버리며 털어 버리는 것은,

오로지 지금 너희들이 육을 가지고 있
으며 이 세상에서 지었듯이, 이 세상
에서 모두를 털고 그를 버리며 그것에
서 벗어나는 그와 같은 삶을 살지 아
니하면 아니 됨이니라.
7 그러니 지금부터 너희들이 남은 인생
이요, 남은 삶을 지금까지 지고 온 고
통스러운 것이요, 지워 버리고 싶은
그 죄 속에서 너희들이 벗어나는 노
력, 그리고 그 모두를 지워 버리는 노
력과 변화되는 것이 필요한 것이며,
변화된 삶을 살지 아니하면 결코 아니
됨을 알라.
8 그러니 너희들이 고통스러워하며 번
민하며 후회하지 말라.
9 다만, 나 여호와는 너희들이 노력하는
자, 변하고자 하는 자에게 항상 변할
수 있으며 나에게 오를 수 있도록 길
을 열어 놓고 있으며, 항상 문을 열어
놓고 있다는 것을 너희들은 알아야 될
것이니라.
10 다만, 너희들이 언제부터 어떠한 마음
으로 살아가느냐 하는 것이 중요하니,
나의 법전을 읽고 깨우치는 이 순간
에, 그리고 나의 법전을 읽고 깨우침
이니, 너희들이 잘못 살아온 것이요,
얼마나 많은 죄를 가슴에 안고 있는
지를 깨달았다면, 깨닫는 지금 그 순
간부터 시작하라.
11 그리고 너희들은 무서운 각오로써 두
번 다시 후회할 죄, 죄가 되는 행위를
하지 아니하며, 반복하지 않는 삶으로
써 살아가는 것,
12 그것이 너희들이 지금까지 지어 온 죄
에 대한 두려움이요, 그 고통 속에서
너희들이 그 모두를 벗어날 수 있으
며, 털어 버릴 수 있으며, 지울 수 있
는 것이라는 것을 알아야 될 것이니라.
13 그러니 너희들이 천사와 같은 변화되
는 삶을 살고자 하는 것, 그리 살아가
는 그 삶으로써 너희들이 거듭나지 아
니하면 결코 안 되니, 이를 명심하고
또 명심하도록 그리하라.
14 과거에 너희들이 살아온 그 죄요, 잘
못된 것의 그 보따리 보따리에 너희
들이 고통스러워하기 전에,
15 그 모두를 두 번 다시 반복하지 않는
무서운 각오로써 변화되는 삶을 살 때,
16 나 여호와는 너희들에게 길이 있음을
알려 줄 것이며, 너희들은 나에게 오
를 수 있는 길이 있음을 알라 그리 전
하라.

10,437 번째 하나님 말씀

2004년 4월 10일 06시 18분

1 사랑하는 나의 아들아!
2 "네, 아버님! 말씀하옵소서."
3 모든 빛이 되며 모든 생명의 근원이
되는, 바로 아름다운 태양이 빛을 발
하지 못한다면, 그 위대한 태양도 다
무엇하느냐?
4 무가치한 것이 아니더냐?
5 그리고 아름답게 핀 꽃의 위대한 진
가는 무엇이던가?
6 그 꽃이 아름다운 향기를 지니고 있
는 것이니라.
7 그러니 그 아름다운 꽃이 향기가 없다
면 그 꽃은 무엇이더냐?
8 곧 죽은 꽃과 무엇이 다르단 말이더냐?

9 그러니 나의 인간이요, 나로부터 창조
된 백성, 너희들이 나 여호와의 뜻을
모르며 진정한 그 길을 모른다면, 그
리고 창조주가 원하는 것, 너희들이
가야 할 길을 모르고 산다 하면, 그리
고 내가 너희들에게 바라는 뜻에 의
한 삶을 살지 못한다면, 바로 너희들
은 어떠한 삶이더냐?
10 너희들이 살아 있어도 살아 있는 자가
아니니,
11 빛을 발하지 못하는 태양과 같으며,
향기 없는 꽃과 같은 것이 바로 너희
들이 내 뜻을 모르며, 진정한 믿음이
요, 참진리의 길을 가지 아니하고 사
는 백성이라는 것을 알아야 될 것이
니라.
12 그러니 너희가 진정한 참진리를 가는
것, 그것보다 더 소중한 것이 없음을
알아야 될 것이니라.
13 지금 내가 부른 자들이요, 내가 선택
한 너희들이야말로 어떠한 길을 가고
있는가?
14 너희는 참진리요, 창조주 나의 뜻을
알 수 있다면, 그리고 그 길을 너희들
이 지금 가고 있다면, 그리고 너희들
앞에서 태양보다도 더 밝은 빛을 가
지고 그 길을 인도하는 자가 있다면,
과연 너희들은 얼마나 행복한 백성인
가 생각해 보았는가?
15 너희들을 인도하는 자가 있으니, 그가
너희들에게 얼마나 소중한 역할을 하
고 있으며, 그를 위해 살아가는 것인
가를 생각해 보았느냐?
16 그리고 인도하는 자가 존재하도록 내
가 세상에 너희들 앞에 보내 주었다
면, 나 여호와의 마음은 어떤 것이며,
그는 얼마나 너희들에게 소중하고 귀
한 자인가를 과연 너희들은 그리 생각
해 보았느냐?
17 그리고 너희들이 그와 같은 나의 참진
리요, 그 모두를 너희들이 들어서 지
워 버리는 것이 아니요, 책으로써 엮
어 그 모두를 가지고 전했을 때,
18 그를 보고 깨우치고 또 깨우치며 변
화되는 그와 같은 삶을 살아갈 수 있
는 그 책으로써 모두를 엮어서 세상의
너희들의 가슴에 전해진다 하면, 그
책보다 더 소중하고 귀한 것이 세상에
어디 있단 말이더냐?
19 그러니 지금의 나의 아들을 따르는 제
자들이요, 나의 법전을 읽는 백성, 너
희들은 너희들을 인도하는 소중한 인
도자가 있으며, 그리고 책으로 만들어
너희들에게 가르치는 자가 있음이니,
그리고 책으로써 너희들에게 전해짐
이니,
20 그것보다 더 큰 은혜요, 영광이 없음
이니라.
21 그러니 바로 선택된 너희들이 그와 같
은 축복과 영광의 은혜가 있다는 것,
22 다만 내가 너희들을 그리 훈련시키고
또 다그쳐서 내가 필요한 사람으로서,
필요한 백성으로서 쓰고자 함이라는
것을 너희들은 알아야 될 것이니라.
23 그러니 그와 같은 은혜와 축복을 받은
너희들이 한 점의 부끄러움이 없이 사
는 삶을 살지 아니하면 아니 됨을 알
아야 될 것이니라.

10,438 번째 하나님 말씀

2004년 4월 10일 06시 24분

1 사랑하는 나의 아들아!
2 "네, 아버님! 말씀하옵소서."
3 너희들이 오늘의 육이 존재하는 이 세
상의 삶이 얼마나 귀하고 소중한 것인
가를 다시 한 번 기억하도록 그리하라.
4 모든 나의 백성, 너희들이 지금 구원
을 받을 자와 구원을 받지 못할 자, 너
희들이 나에게 오기 전에 너희 이웃의
형제요, 그리고 너희들과 같은 그 백
성들이 이미 너희들을 다 심판을 하고
있으며, 너희들은 심판을 지금 받고
있다는 것을 알아야 될 것이니라.
5 너희들 주변의 형제들에게 너희들이
이미 심판을 다 받은 자라는 것, 그러
니 그 심판대에 너희들이 지금 어느
위치에 서 있으며 어떠한 형국에 있
는가를 다시 한 번 돌아다보며, 너희
들이 변화되는 그와 같은 삶을 살지
아니하면 아니 됨을 알라.
6 주변에서 너희들의 형제가 말하기를,
첫째는 너희들은 천사와 같은 사람이
요, 천사와 같은 백성이니, 그와 같은
아름다운 사람이 없으며, 그와 같이
귀한 사람이 없다는 소리를 듣는 자,
7 두 번째는 너희들이 부모에게 효성스
러우며 그래도 남에게는 피해를 끼치
지 아니하는 사람이라는 평을 듣는
자,
8 그리고 셋째는 그래도 제 것은 제 것
이요, 남의 것은 남의 것을 구분하며,
그저 맹목적으로 남의 것을 제 앞에
쌓아 놓으려 하지 아니하는 사람이라
는 평을 받는 자,
9 넷째는 너희들이 그저 제 것, 네 것 할
것 없이 제 앞에 쌓아 놓고자 하는 그
욕심에 그득 찬 백성이요,
10 그리고 다섯째는 너희들이 있으나 마
나 한 백성이요, 그와 같은 말을 듣는
것, 그리고 남에게 피해를 주고 사는
백성,
11 그리고 여섯째는 너희들이 저러한 인
간이 세상에 태어난 것을, 저러한 인
간과 같이 사는 것을 수치스럽다 생각
하는 자,
12 일곱째는 차라리 저런 인간은 태어나
지 아니하였으며 이 세상에 없어야
된다는 그와 같은 말을 듣는 것,
13 이와 같이 너희들이 인간의 주변의 형
제요, 이웃으로부터 평가를 받는 사람
이라는 것, 그것이 바로 너희들이 심
판을 받음이니,
14 인간 세상에서 심판을 받는 그와 같
은 심판이 곧 너희들이 죽어 나에게
와 심판을 받는 것과 똑같은 연장선
상에 있다는 걸 알아야 될 것이니라.
15 그러니 이제 나의 아들을 따르는 제자
들이요, 그리고 나의 법전을 읽은 백
성, 너희들은 과연 인간 세상에서 몇
번째에 해당하며, 어떠한 기준에 해당
하는 백성인가를 너희 스스로 깨달아
서 한 계단 한 계단 앞으로 변화되는
삶을 살라 하는 것이 거기에 있음이니
라.
16 그리하여 너희들이 변화되지 아니하
고 저는 인간도 아니며 필요 없는 자
라는 말을 들을 때, 결국 그 대가요,
심판의 결과는 인간이 심판하는 것이

요,
17 그것이 기준이 되어 나에게 와 너희들
이 그와 같은 심판의 결과가 나온다는
것을 잊지 말라.
18 그러니 너희들이 오늘의 지상의 삶이
요, 육이 존재하는 삶에서 심판을 받
는다는 것, 그러니 너희들이 그 심판
을 받고 있으니,
19 너희들이 하나하나 고쳐 변화되는 삶
을 살 수 있는 것은 오늘의 삶의 변화
요, 오늘의 생활의 변화요, 모두를 여
기서 다스리지 아니하면 아니 되기 때
문이니라, 사랑하는 나의 아들딸들아!

10,439 번째 하나님 말씀

2004년 4월 10일 06시 30분

1 사랑하는 나의 아들아!
2 "네, 아버님! 말씀하옵소서."
3 나 여호와는 너희들에게 패자라는 그
와 같은 말을 내리지 아니했다 했음이
니라.
4 너희들이 얼마나 노력하느냐에 따라
너희들은 승자의 길만 갈 수 있는 것
이 나의 백성들이라 하였음이니,
5 다만 너희들이 승자의 길을 가기 위하
여 피나는 노력을 하지 아니하며 게으
른 자요, 나태한 자이기에, 너희들이
승자의 길을 갈 수 있는 것을 스스로
패자의 길을 감이니,
6 내가 만들지 아니하며 내가 원하지 않
은 그 패자의 삶을 너희들이 자초하는
것이며, 너희들이 만들어 가는 것이라
내가 그리 말하였음이니라.
7 그러니 너희들이 오늘의 살아감이요,
힘들고 어려운 인생의 그 삶도 노력하
지 아니한 것이요, 게으른 자이기 때
문에 너희들이 모두를 안고 있는 것이
아니더냐?
8 그러니 '모두는 내 탓이요, 내가 게으
른 것이요, 내가 잘못이라' 그리 생각
하는 반성부터 하고 저 자신을 다스려
가는 삶으로 살 때, 너희들은 거듭나
는 인생이요, 변화되는 삶을 살 수 있
는 것이니라.
9 너희들이 그 모두가 조상 탓이라 하는
말이 있듯이, 이웃의 탓이요, 남들의
탓이라 그리 말하는 자, 결코 벗어날
수 없음을 알라.
10 너희들은 인간 세상에서 재물을 모으
고 살아가는 것, 그리고 남부럽지 않
은 삶을 사는 것, 남에게 너희들이 꾸
지 않는 자요, 남에게 손을 벌리지 않
고 사는 삶의 기본이 무엇이더냐?
11 너희들이 버는 것은 너희들 말에 쥐
꼬리만큼 번다는 말이 있느니라.
12 그러니 너희들이 버는 것은 쥐꼬리만
큼 버는 자가 낭비하는 것은 소와 같
은 것으로써 낭비한다면, 과연 그것은
무엇이더냐?
13 내가 너희들에게 내리지 않은 패자의
길을 가는 자요, 승자의 길을 스스로
버리는 자이니,
14 너희들의 오늘의 고통이요, 오늘의
시련은 모두가 너희들이 자초한 것이
니라.
15 이제 너희들은 들으라.
16 너희들이 오늘의 삶에 있어서 나를 원
망하지 말며, 나의 아들을 원망하지
말며, 너희들이 법전을 공부함으로써

기적의 은사요, 이적의 역사가 이루어
지지 아니한다 하여, 그리고 너희들이
살아가는 그것이 변해지지 아니한다
하여 원망하지 말라.
17 내가 너희들에게 그보다 더 소중하고
귀한 것, 하늘에 오르는 길이요, 구원
을 받는 것도 너희들 스스로 네 손에
달렸다 하였거늘,
18 너희들이 육의 세상에서 어떠한 삶을
사느냐 하는 것은 다 네 탓이요, 네 손
에 달렸으며 네 노력에 달렸거늘,
19 어찌 너희들은 모두의 힘을 빌어 무엇
인가를 거저 이루려 하며 거저 역사하
려 하더냐?
20 나는 거저 역사하는 것이 없으며 거저
내려 주는 것이 없다 그리하지 아니하
였더냐?
21 그러니 구원의 길도 너희들의 노력이
요, 네가 어떠한 길을 살아왔느냐에
따라서 네가 모두를 얻는다 했으며,
22 인간 세상에서 너희들이 어떠한 평가
를 받느냐에 따라서 나에게 와 그 평
가를 받는다 했으니, 그것은 너희들의
삶으로써 모두가 이루어지는 것이 아
니더냐?
23 진실한 천사와 같은 사람이라는 것,
그리고 필요 없는 인간이라는 것, 극
에서 극으로 너희들이 평가받는 것도
또한 너희들의 그 삶이요, 네가 엮어
온 그 자체에서 이루어지는 것이 아니
더냐?
24 그러니 모든 살아가는 그 백성, 너희
들이 인생을 포기하는 자, 그리고 인
생의 고통 속에 살아가는 자, 너희들
이 말하는 황혼기에 너희들의 인생에
아름답게 매듭을 짓지 못하며, 추하고
추한 모습으로써 살아가는 것은 무엇
이더냐?
25 다 거기에는 이유가 있음이니라.
26 수입은 쥐꼬리만큼 너희들이 역사하
고 노력해서 얻으면서, 너희들이 쓰는
것은 그 몇십 배 갖다 써 대는 자가 결
국 노후에 제 인생을 책임질 수 있으
며, 황혼기라는 그 인생에 저 자신을
지탱하는 그와 같은 삶을 살 수 있겠
느냐?
27 절대 없음이니라.
28 그건 이루어질 수 없으며 그것은 너희
들이 역사할 수 없음이니라.
29 바로 너희들이 구원을 받고 하늘에 오
르는 그것도 그와 마찬가지니라.
30 너희들이 믿음이요, 깨우침은 적으며
형식적으로 너희들이 가며, 인생을 즐
기고 향락에는 모든 힘을 다 바쳐 살
아가는 그와 같은 삶을 사는 자, 결코
그가 구원을 받을 수 있으며 나에게
오를 수 있겠냐?
31 쥐꼬리만큼 버는 그와 같은 너희들이
노력의 대가를 가지고 역사하지 못하
는 자가 열배 백배 낭비하는 자, 결국
은 무엇이더냐?
32 폐인이 된다 하지 않았더냐?
33 그리고 근거도 없는 것이요, 오고 갈
데 없는 것이 너희들 인생의 마지막
삶이라 하였거늘, 바로 너희들의 믿음
도 그러하니라.
34 너희들이 변화되고 깨우치는 데는 게
을리하며, 너희들이 독한 마음으로써
모두를 다 바치는 그와 같은 어렵고
힘든 길을 가지 아니하며, 대충대충

형식적으로 그저 세월이 가면 가라 하
는 식으로 너희들이 그리 믿음의 길을
가다 가는 결국 무엇이더냐?
35 황혼 길에 너희들이 인간의 육의 세상
에서 갈 곳이 없으며, 쉴 곳이 없으며,
너희들이 찾아갔을 때, 모든 사람이
문을 걸어 잠그며, 너희와 대화하지
아니하며, 만나지 않으려 하는 야속한
세상보다도 더 너희들이 무섭고 무서
운 결과를 맞이한다는 것을 잊지 말라
그리 전하라.
36 내가 모두를 너희들에게 깨우쳐 주며,
내가 모두를 너희들의 손에 쥐여 줌이
니, 이것 또한 행하지 아니하고 따르
지 아니하며,
37 지금 너희들이 오늘의 젊음을 믿으며,
그것으로써 너희들이 모두를 역사할
것이라 하여 나의 법전을 던져 버리고
태워 버리고 찢어 버리는 자,
38 너희들이 황혼 길에 오고 갈 데 없는
자요, 자식들로부터 등 돌림의 슬픔을
받는 그와 같은 삶을 매듭짓는 자보다
천배 만배 더 고통스러운 영원히 사는
삶이요, 거듭나는 축복된 영광 모두를
다 저버리는 어리석은 백성이라는 걸
깨우쳐 주라.

10,440 번째 하나님 말씀

2004년 4월 10일 06시 36분

1 사랑하는 나의 아들아!
2 "네, 아버님! 말씀하옵소서."
3 너희들이 정녕 하늘에 오르는 길이요,
나에게 오르는 지도자가 너희들 앞에
있으며, 그리고 너희들이 읽고 깨우치
는 법전이 너희들 앞에 있음이니,
4 새로운 성경이 너희들을 지금 인도하
고 있음이니,
5 그보다 영광되고 축복된 백성은 없다
하였음이니, 너희들은 그 감사한 은혜
를 마음으로 새겨야 될 것이니라.
6 그러니 그와 같은 마음으로 살아가는
백성, 너희들에게 내가 명하노니, 너
희들은 네 형제요, 같이 공부하는 모
든 백성들이요, 그들을 상대하기에 너
희들이 진심으로 상대하며,
7 위선적인 마음으로 상대하고 거래해
서는 아니 된다는 것을 명심하라.
8 사랑하는 것도 너희들이 진실의 사랑
함이요, 사랑하는 것이 위선일 때 그
것이 무엇인 줄 알겠느냐?
9 그가 너를 위선으로 사랑하는 것이니,
10 네가 진실로써 그를 아끼고 보호하지
아니할 때, 그리고 진심으로써 너희들
이 대하지 않을 때, 너만이 그러는 것
이 아니요,
11 상대 또한 너희들에게 진심으로 대하
지 아니하며, 진심으로써 너희들이 사
랑을 받을 수 없는 불행한 백성이라는
것을 먼저 알도록 그리 전하라.
12 그러니 내가 오늘 아침 나의 아들을
통하여 너희들의 믿음이요, 너희들이
나를 향하여 오는 것, 나의 법전을 가
지고 공부하는 것, 그리고 나의 아들
의 강론을 듣는 것, 그 모두를 진심이
요, 진실된 마음으로 가라 함이 무엇
인 줄 알겠느냐?
13 너희들이 인간 세상에서도 너희들을
진심으로 사랑하고 사랑하지 아니하
는 것을, 네가 하는 만큼 상대방이 모

두를 알고 있다 하지 않더냐?
14 또한 상대방이 너희들에게 하는 것도
너희가 피부로 느끼며 깨달음의 지혜
가 있을 것이며, 그를 느끼는 지혜를
이미 내가 내려 주었음이니,
15 바로 창조주 나 여호와가 너희들의
그 믿음이 위선적이요, 진실된 것인지
아닌지를 모른다 생각하느냐?
16 너희들은 나로부터 정해진 시간이요,
생명의 시간이 정해져 있으니, 그 소
중하고 귀한 생명의 시간을 허송세월
하며 무의미하게 보내는 너희들의 삶
을 살아서는 절대 아니 되느니라, 사
랑하는 나의 아들딸들아!
17 그러니 나 여호와가 알고 있으며 보
고 있음이니, 형식적인 믿음이요, 형
식적인 강론을 듣는 그와 같은 삶을
살지 말며, 나의 성전을 찾는 것도 형
식적인 마음으로 찾지 말도록 그리하
라.
18 형식적인 마음이요, 이중적인 마음이
요, 두마음이 깔려 있다면 언제든지
너희들은 무너지며, 언제든지 나의 성
전을 떠날 수 있으며,
19 너희들이 가장 귀하고 소중한 안내자
인 나의 아들을 버리고 갈 것이며, 나
의 법전을 버리고 너희들이 떠나는 그
와 같은 불행을 자초하기 때문에, 내
가 진실된 마음이요, 완벽한 마음으로
믿으라 함이니라.
20 그것이 너희들의 인격의 형성이며 인
간 본연의 자세요, 나 여호와가 너희
들에게 내린 그 마음을 찾아 주고자
하며 찾으라 함이니 그리 알라.
21 내가 너희들에게 내려 준 본심이요,
본심의 너희들의 특성이요, 재주요,
그 모두를 찾아 너희들이 거듭나는 그
와 같은 삶을 살 때, 모두를 역사한다
하지 아니하였더냐?
22 그러니 너희들은 본심의 훈련으로써
본마음으로써 살아가는 그 훈련을 할
때,
23 너희들이 내가 내려 준 가장 위대한
지혜요, 너희들의 모든 것을 도로 찾
을 수 있으며, 너희들이 거듭날 수 있
다는 그 의미를 알도록 그리 전하라.

10,441 번째 하나님 말씀

2004년 4월 10일 06시 43분

1 사랑하는 나의 아들아!
2 "네, 아버님! 말씀하옵소서."
3 인간이 살아가면서 정의로운 삶이요,
불의의 삶을 사는 것, 그 모두를 이 세
상에서 반드시 너희들이 둘 중에 하나
의 길을 선택하고 살아가게 되어 있느
니라.
4 그러니 내가 바라보는 지금 나의 사랑
하는 모든 피조물 만백성을 인도한다
는 너희들의 물리적인 힘이요, 집단의
힘을 가지고 있는 종교 집단이요, 지
도자, 그 모두가 다 너희들이 정의로
운 삶이요, 나 여호와의 뜻에 의한 삶
을 사는 것이 아니라,
5 이 세상을 험악하고 두렵고 무서운 세
상으로 만들어 놓았다면 과연 이를 믿
겠느냐?
6 모든 종파요, 그 지도자들이 지금 나
여호와의 뜻이요, 나에게 명을 받았다
그리 말하나, 그들은 인간의 사업이

요, 인간 육성의 교육을 위하여 모두
를 바쳤으며, 그 사업 속에서 저희들
이 모두를 이루어왔다는 것을 알아야
될 것이니라.
7 지금 너희들이 세상에 태어남이니, 학
교의 교육이라는 것을 받음이니, 그
학교 교육의 수준을 벗어나지 못하고
지금 가르치고 가는 것이 종교 집단이
요, 지도자이니,
8 인간의 교육이요, 인간의 한계를 벗어
나지 못했다는 그 뜻이 거기에 있음이
니라.
9 이 험악하고 험악한 세상에 제 앞에
더 아름다운 것을 놓고자, 제가 더 큰
것을 놓고자, 제가 남들보다 앞에 가
고자 하는 그 마음에 젖어 있으며, 그
모두를 위하여 바치라 가르치며, 그것
만을 깨닫고 가는 것이 인간 세상의
교육의 기본이거늘,
10 오늘의 모든 종교 집단이요, 지도자들
이 또한 더 높고자, 더 아름답고자, 제
가 먼저 구원받고자 '나는 구원을 받
는다.'는 그 욕심 그것을 놓고 너희들
이 인간 교육을 시키는 것과 무엇이
다르더냐?
11 인간 교육은 상식이요, 학식을 깨우쳐
세상에 남보다 나은 삶을 살고자 하여
그들을 교육에 임하나, 너희들은 무엇
이라 하느냐?
12 너희들은 구원의 길이요, 우선적인 구
원을 위하여 구원을 받는 것이 큰 은
혜요, 영광이라 하여 구원을 받기 위
한 그 욕심으로써 그들을 가르치고 깨
우치니,
13 더 부자가 되며, 더 명예로운 자며, 남
을 지배하고 살고자 하는 것을 가르
치고 배우는 그 교육이나 너희들이
똑같은 형국에서 벗어나지 못하고 있
음이니,
14 그리하여 너희들이 종파요, 종교 지도
자들과 인간 교육과 더불어 너희들이
'나'를 생각하며 '나'만을 엮어 가는 욕
심의 세상을 만들었으며, 욕심 덩어리
로 니의 피조물 만백성을 만들어, 이
세상이 이와 같이 험악하고 험난하게
되었음이니라.
15 그 속에서 나는 너희들에게 제가 양
보하며 제가 적게 가지며, 너희들이
말하는 그와 같은 인간의 교육과 구
원을 받는다는 종교 집단의 교육의
모두를 다 지금 가르치고 있지 않더
냐?
16 재물을 제 앞에 놓고자 하는 것, 더 명
예를 얻고자 하는 것, 불의한 방법으
로써 수단과 방법을 가리지 않고 무
엇인가를 얻고자 하는 마음을 다 버리
고 살라 하였으며, 작은 질서요, 도덕
을 지키고 살라 하였음이니,
17 인간 교육에 너희들이 명예욕이요, 부
귀영화를 누리는 것이 아니라, 인간
본연의 자세요, 도덕을 지키고 살라는
그 모두가 다 나의 법전에 있으며 나
의 아들의 강론 속에 있지 않더냐?
18 지금의 그 종교 집단이요, 지도자들이
인간 교육을 시키면서, 구원은 제가
먼저요, 구원을 받기 위하여 몸부림치
며 저희들이 사탄에게 모두를 바치는
욕심된 삶을 살고 있으나,
19 너희들은 구원의 한 자리가 있을 때
그것도 양보하며 그도 다 남에게 주라

함이니, 그리고 지옥의 길을 스스로
선택하라 함이니,
20 너희들이 또한 종교 집단이요, 지도자
요, 그 믿음의 길을 가는 백성들을 깨
우치며 그들을 가르치는 진정한 교육
이요, 진실된 나의 뜻으로 가고 있지
않더냐?
21 그러니 그와 같은 너희들이 이 세상에
존재하는 것, 남들이 보기는 바보요,
정신 나간 자요, 이 세상에 맞지 않는
이상한 백성들이라 그리 말하나,
22 그것이 나 여호와의 뜻이요, 하늘의
뜻이요, 인간이 살아가는 기본의 자
세라는 것을 너희들은 알아야 될 것이
니라.
23 인간 세상에서 너희들이 정의로운 것
은 승리하며 불의는 패하며, 언제든지
그 정의라는 것은 밝혀진다 그리 말하
지 않느냐?
24 오늘의 너희들이 힘들고 어려운 길이
라 해도, 너희들이 나의 길이요, 나의
뜻이요, 정도의 길을 살아간다는 것을
알게 될 것이니라.
25 이제 사랑하는 나의 아들을 통하여 사
랑하는 나의 아들을 따르는 제자 너희
들에게 양손의 교육을 시킴이니라.
26 왼손에는 너희들이 인간 본연의 자세
의 교육을 어찌 가며 어찌해야 되는가
를 가르치니, 모두를 양보하고 사랑하
는 마음으로 가라 함이요,
27 오른손에는 너희들이 구원 구원을 부
르짖는 그 백성들에게, 그 믿음의 길
을 가는 욕심에 그득 찬 인간 교육에
서 벗어나지 못하는 그들에게,
28 구원의 그 소중한 것, 제가 그리 모두
를 바쳐 원하고 갈구하는 것, 그것도
남에게 양보하는 것이 너희들이 진정
한 믿음이요, 하늘에 오르는 길이요,
나 여호와의 뜻이라 가르침이니,
29 그것보다 위대한 백성이 어디 있으며,
그보다 소중한 백성이 과연 이 세상에
어디 있단 말이더냐?
30 그러니 사랑하는 나의 아들딸들아!
31 너희들은 양손에 인간 교육이요, 하늘
의 교육을 한다는 그 모두를 다시 가
르치고 다시 지금 깨우치고 있지 않더
냐?
32 그러니 너희들이 소중한 백성이라 함
을 절대 잊어서는 아니 됨이니라.
33 그것이 나로부터 선택된 백성이요, 위
대한 너희들이라는 것을 알라.
34 그러니 정의는 승리한다는 것처럼, 너
희들은 반드시 승리할 것이니라.
35 그러니 이제 나의 아들을 따르는 제자
들이요, 나의 법전을 읽고 깨우친 만
백성, 너희들은 들으라.
36 기적이요, 이적으로써 너희들이 무엇
을 얻으려 하지 말며,
37 내가 너희들에게 지혜를 준다 했음이
니, 그 지혜가 내가 가장 큰 상이라 했
음이니,
38 너희들이 바르게 살고자 하며, 그리고
너희들이 무엇인가를 바라지 않는 것,
그러니 그와 같이 순수한 마음으로써
너희가 변하는 것, 너희가 다시 태어
나는 것, 너희 마음이 동화되는 것, 너
희 마음이 변화되는 것,
39 그리고 모든 재물을 놓을 수 있는 그
마음이요, 믿음의 그 자리도 양보할
수 있으며, 구원의 자리도 양보할 수

있는 너희들의 변화되는 마음이요, 그
삶이 가장 소중하고 위대함이요,
40 나로부터 가장 큰 은혜요, 영광이요,
그를 생각할 수 있는 지혜가 너희들에
게 영원히 내리는 위대한 상이라는 것
을 잊지 말고 살아가라, 사랑하는 나
의 아들딸들아!
41 그것만을 감사하게 생각하며 살라 그
리 전하노라.

10,442 번째 하나님 말씀

2004년 4월 10일 06시 49분

1 사랑하는 나의 아들아!
2 "네, 아버님! 말씀하옵소서."
3 내가 너희들에게 간곡히 명하며 간곡
히 전하노라.
4 이제 이 세상은 험악해질 대로 험악해
졌으며, 무너질 대로 무너져 가고 있
으며, 쓰러질 대로 쓰러져 감이니,
5 이를 바라보는 나 여호와의 마음이 얼
마나 아프고 저린 것인지 알겠느냐?
6 너희들이 자식을 정성을 다하여 기르
고 또 가르쳤으니, 그가 부모의 뜻을
따르지 아니하며 인간의 도리로 살지
아니하고, 모든 인간으로부터 저와 같
은 인간이 세상에 나와서는 아니 된다
하며 사람들이 불안하며 공포를 느끼
는 그와 같은 인간으로 살아간다면,
7 그 부모의 배신감이요, 그리고 모두를
가르쳐 바쳤던 그 정성된 마음이 얼마
나 배신이요, 섭섭한 마음으로 가슴을
울리겠느냐?
8 나 여호와가 너희들에게 가장 높은 지
혜를 주고 아름다운 모습으로 만들어
나 여호와의 품에 돌아오라 하여 너희
들을 창조하였거늘,
9 모두가 내 뜻을 거역하며 나를 버리는
그와 같은 삶을 살아가는 것, 그 길을
가면서도 그를 모르고 살아가는 그 백
성들을 볼 때, 내 마음이 천 갈래 만
갈래 아픔은 물론이요,
10 때로는 내가 너희들에게 인간으로부
터 배신을 당하며, 인간으로부터 환멸
을 느끼는 그와 같은 내 마음이 있다
면, 너희들은 어떠하겠느냐?
11 이것이 오늘의 믿음의 길을 가는 그
백성들이니라.
12 그리고 믿음의 길을 가지 않는 그 백
성들도 아름답고 선함을 행하기보다
는 악하고 죄짓는 것을 꿀을 마시듯
달게 마시고 있는 것이 오늘의 너희들
의 삶이니, 그를 바라보는 내 마음이
얼마나 아프겠느냐?
13 인간 세상의 배신이요, 너희들이 등
돌리는 그와 같은 삶의 그 분노함은
정녕 인내하기 어려울 것이니라.
14 그러나 나는 너희들을 사랑함이요, 그
리고 너희들은 반드시 바로 사는 삶을
살 수 있는 백성이요, 그리고 깨우쳐
주면 깨달을 수 있는 백성들이요,
15 그리고 지금의 너희들이 나를 등지고
가는 백성들이 알고 가는 백성보다는
모르고 가는 백성들이 더 많음이니,
16 그들을 기다리며 그들이 바로 서기를
바라는 것이 나 여호와의 뜻이며, 오
늘의 내가 인내하고 있음이니라.
17 그러니 그 모두를 대행하는 것이며 그
모두를 대신하는 너희들이 바로 서고
바로 가지 아니하면 아니 됨을 알아야

될 것이니라.
18 내가 너희들을 사랑함이니라.
19 그리하여 너희들이 한 점의 부끄러움
이 없는 그와 같은 삶을 살며, 그와 같
은 삶으로써 너희들이 거듭나라 함이
니라.
20 그러니 내가 너희들에게 뭐라 말하였
느냐?
21 각자 너희들이 아름다운 한 송이의 꽃
이 되어서 아름다운 향기를 뿜는 그와
같은 사람이 되라 하였음이니라.
22 내가 너의 제자들의 이름 하나하나를
지금 하늘에서 부르고 있으며, 그 이
름을 부르면서 내가 너희들에게 하나
하나 직접 명함이니,
23 이게 너희들이 인간 세상에서 받는 세
례요, 하늘에서 내가 너희들에게 세례
를 내림이니 그리 알라.
24 내가 지금 한 사람 한 사람의 네 제자
의 이름을 부르면서,
25 '너는 너의 아름다운 꽃을 피우라.
26 그리고 너의 그 아름다운 향기를 세상
에 전하라.
27 너의 아름다운 꽃이요, 아름다운 향기
를 전하는 나의 아들딸로 거듭나라.'
하여 내가 너희들의 이름 하나하나를
부르며,
28 그 모든 이름 앞에 하나의 꽃이 되라
내가 부름이니,
29 너는 이를 기록하여 전하라, 사랑하는
나의 아들아!

10,443 번째 하나님 말씀

2004년 4월 10일 09시 44분

1 사랑하는 나의 아들아!
2 "네, 아버님! 말씀하옵소서."
3 이 세상에 살아가는 백성들이 모두가
원조요, 기초요, 근본이요, 본가라 그
와 같이 말하고 사는 것이 너희들이
아니더냐?
4 저희가 금화와 은화를 바치고 스승으
로부터 하나를 배워 오니, 그리하여
제가 또한 그 유업을 받은 것처럼 말
할 때, 그는 무어라 하느냐?
5 저희 스승이 살아 있으며 지척에 있는
데도 불구하고 저는 그와 같은 간판을
내걸면서 이게 원조라 그리 말하니,
6 너희들이 인간 세상에 살아가면서 그
와 같은 형국으로 살아가는 것이 오늘
의 백성 너희들의 마음이요, 제가 본
가라 그리 말하느니라.
7 본가라 하는 집에 가 너희들이 양념이
요, 쓰는 기술이요, 그 비법을 금화와
은화를 주고 배우고 옴이니,
8 그리하여 너희들이 나와서 그를 또 성
업을 이루고자 할 때, 바로 너희들이
본가라 그리 간판을 붙이는 것이 인간
너희들이 오늘에 살아가는 그 마음이
아니더냐?
9 그러니 이와 같은 것이 너희들이 어디
에서 다 이루어진 줄 알겠느냐?
10 지금의 2천 년 동안 흘러오는 종교 집
단이요, 지도자 그들로부터 너희들이
그와 같은 것을 받았으며, 너희들이
거기서 그 악습을 계승한 것이니라.
11 지금의 모든 종파가 생기면 생길수록

그가 뭐라 하느냐?
12 제가 본가요, 제가 혈통을 받은 자요, 제가 예수님의 그 모두를 역사하는 자요, 그리고 창조주 아버님의 그 모두를 다 역사하는 본 자식이요, 본가의 맏아들이라 부르짖는 것이 그 형국이 아니더냐?
13 그러니 너희들이 어떠한 종파가 하나 생기며 간판을 내걸면서도 너희들이 본가가 아니며 종가가 아니요, 맏아들이 아니며 명받은 자가 아니요, 너희들이 선택된 자가 아니요, 기름 부은 자가 아니라는 자가 하나도 없음이니,
14 바로 그러면 누가 장자란 말이더냐?
15 그리고 너희들이 나 여호와의 뜻에 의해 역사하는 그 혈통을 받은 자요, 나로부터 명받은 자라 하지 않더냐?
16 그러니 지금 너희들이 그와 같은 종교 집단이요, 지도자들이 그리 모두의 본가요, 본점이라 이리 부르짖는 것이요,
17 그리고 '나만이 선택된 창조주의 아들이요, 나만이 목자요, 그리고 예수님의 피 흘려 돌아가신 그 모두를 역사하는 것의 대명을 받은 나라' 너희들이 그리 부르짖으니,
18 거기서 배운 것이 나의 피조물 만백성의 그 악습이 무엇이더냐?
19 본가요, 원조라는 간판을 내걸고 살아가는 것이니,
20 저를 가르쳐 준 스승이 지척에 있거늘, 그 지척에서 제가 상점을 만들며 그 업을 계승하면서 본가요, 원조요, 그리 써 붙이는 것도 오늘의 잘못 가는 종교 집단, 지도자, 너희들이 부르짖는 속에서 그들이 지혜를 얻으니,
21 그 사악한 지혜를 얻어 그와 같이 너희들이 부르짖고 가는 형국이 되었음이니, 그 원조의 죄인은 바로 오늘의 종교 집단이요, 믿음의 길을 가는 백성, 너희들이니라.
22 그러니 정녕 그 본가요, 원조는 없어졌으며, 모두가 거짓된 것이요, 가짜가 이 세상을 덮고 있음이니,
23 그리하여 내가 정통으로써 나의 성령이요, 내 뜻을 내려보내 그 모두를 다스릴 것이며,
24 지금까지 너희들이 우리 부자의 이름을 팔아 장자요, 본가라 하여 부르짖고 왔던 그 모두를 내가 단죄하고자 함이니, 그리하여 너희들의 실체를 세상에 보이고자 함이니라.
25 그리하여 내가 성서를 기록한 그 뜻을 풀어서 지금 나의 아들을 통하여 너희들에게 가르치며, 그리고 새로운 나의 성령을 내려 내가 나의 법전에 기록하여 너희들을 깨우침이니,
26 이제는 장자요, 혈통을 받은 자요, 선택된 목자요, 그리고 예수의 그 대명을 이루는 자라 하는, 너희들이 그와 같은 기름 부은 자라는 것이 얼마나 허황된 것이며 잘못되었는가, 그리고 너희들이 거짓된 자라는 것을, 그리고 너희들이 원조요, 정통이 아니라는 것을 이제 하나하나 들춰 너희들을 단죄하고자 하는 것이니,
27 그 신도요, 지금까지 제왕적인 노릇을 하며 너희들의 종처럼 부렸던 그들에게 너희들이 단죄를 당하는 일이 머지않았음을 알라.
28 그러니 너희들이 지금이라도 너희 죄

를 용서를 빌며 깨달음을 얻어, 나의
법전을 가슴에 안고 '이는 정녕 창조
주 아버님의 뜻이요, 아버님이 역사하
는 것이요, 새로운 성경이라' 하여 너
희들이 변화되어 거듭나지 아니하면,
29 절대 너희들은 그 단죄함을 면치 못할
것이며, 그 처참한 것을 피할 수 없다
는 것을 알라 그리 전하라.

10,444 번째 하나님 말씀

2004년 4월 10일 09시 48분

1 사랑하는 나의 아들아!
2 "네, 아버님! 말씀하옵소서."
3 너희들 인간 세상에 살아가면서 '속이
차지 않은 빈 깡통이 요란하다.' 하였
음이니라.
4 그러니 지금 너희들의 종교 집단이요,
지도자들이요, 울고불고 광란의 짓 하
는 자, 하늘을 향하여 목청을 돋우는
자, 그와 같이 너희들이 요란을 떠는
것이 무엇인 줄 알겠느냐?
5 정녕 너희들은 믿음이요, 참진리의 길
을 모르기에, 너희들이 참진리요, 나
여호와의 뜻이 얼마나 두렵고 무서운
것인가를 모르기에 그리 악을 쓰고 소
리 지르며 광란의 짓을 하느니라.
6 그러면서 광란의 짓을 하는 자가 조용
히 앉아 나에게 기도하며 내 뜻을 알
고자 하는 그 백성에게,
7 '저 자는 믿음이 없는 자요, 아무것도
알지 못하는 자요, 그리고 저는 믿음
이 없는 자라' 하여 너희들이 따가운
눈총을 보이는 그와 같은 광란의 짓을
하지 않는가?
8 너희들이 소리가 요란하면 요란할수
록 진리를 모르며 깨달음을 모르는 자
들이니라.
9 그러니 울고불고 악을 쓰는 그와 같은
자, 내가 뭐라 말하였느냐?
10 너희들은 아무것도 알지 못하는 자요,
믿음이라는 그 자체도 모르는 자들이
라 하였음이니라.
11 나의 성전에 와 나의 아들 앞에 고개
숙여 눈물 흘리며 감사하다 그리하는
자, 그리고 쉽게 뜨거워지는 자, 그들
은 결코 이 어렵고 힘든 길을 가지 못
한다 하지 아니하였더냐?
12 그러니 모든 종교 집단이 속이 비어
있으며, 속이 차 있는 것이 하나도 없
기에, 두드리면 그리 요란하고 소리가
나며, 그리하여 세상을 복잡하고 요란
하게 떠들고 다니는 자들이요,
13 그리하여 그 종교, 종파요, 그 모두가
잘못되었다 함이니라.
14 그리하여 내가 지금에 알곡식인 나의
성령이요, 내 뜻을 세상에 내려보내어
조용히 너희들을 깨우치고자 하며 다
스리고자 하는 것이 나 여호와의 뜻이
니라.
15 나의 법전을 읽고 깨우친 백성들이 과
연 고성방가를 하며 울고불고 눈물을
흘리며 그리 살아가며, 부모 형제에게
핍박하는 소리를 높이 하며,
16 그저 부모에게 핍박을 한다 해도 나
여호와를 찾고 울고불고하는 것으로
그 죄는 사해지며 면죄부가 된다 하여
그곳에만 매달리고 광란의 짓을 하는
것이 나의 아들을 따르는 제자들이던
가?

17 너희들은 지금 나의 아들의 제자들이
가는 삶의 모습과 너희들이 가고 있
는 그 모습이 과연 누가 요란하며 누
가 모든 소리를 내질러 대는가, 그리
고 어떠한 것이 더 세상을 시끄럽게
하는가?
18 잠시도 아무도 쉬지 못하도록 광란의
짓을 하고 소리를 지르며 소리를 내
는 것은 누구인가 들여다보라.
19 너희들이 빈 깡통이 소리가 나듯이,
소리가 크고 높을수록 진리요, 하늘에
오르는 길을 모르는 자요, 속이 다 빈
자요,
20 너희들은 사탄의 자식으로서 사탄의
노래에 맞춰, 사탄의 장단에 맞춰 춤
을 추고 있는 모습이라는 것을 알라.

10,445 번째 하나님 말씀

2004년 4월 10일 09시 54분

1 사랑하는 나의 아들아!
2 "네, 아버님! 말씀하옵소서."
3 모든 성서에 기록한 역사는 무엇이더
냐?
4 나의 아들 예수가 기록하여 전했다는
신약의 성서 또한 무엇이더냐?
5 예수가 행했던 참진리요, 나 여호와의
뜻을 그는 말로써 전하고 가르쳤음이
니,
6 지금의 나의 아들의 가는 길보다 나의
아들 예수가 가르쳤던 그 길이 더 간
단한 방법이요, 편안한 방법으로 모두
를 역사했느니라.
7 나의 아들 예수가 2천 년 전에 말로써
음성으로써 그를 전함이니, 세월이 지
남으로 그 제자의 제자들이 행하고 역
사한 것을 기록하여 신약의 성서라 하
여 지금 너희들이 역사하고 있지 않던
가?
8 그러나 지금의 나의 아들은 어찌하는
가?
9 그가 직접 기록하여 전하여 만들어
그 제자들에게 내림이니, 그들이 다듬
고 다듬어 또 하나의 법전이요, 새로
운 성경을 세상에 내고 있음이니라.
10 예수는 말로써 전했으며 말로써 교육
했음이니라.
11 그러니 나의 아들은 말로써 강론하고
가르치는 것을 책으로 만들어 엮어서
너희들에게 그걸 전하고자 하며, 그
준비를 다 만들어 주는 것이 나의 아
들이니,
12 오늘의 나의 아들이 가는 길이 얼마
나 고달프고 힘들며 어려운 길인가?
13 이는 곧 내리는 자가 나 여호와이기
때문이니라.
14 그리고 그는 내 뜻에 따라 대행하고
집행하는 자이기에 그는 직접 내가 내
리는 그 뜻을 받아 기록하는 것이니,
15 지금 너희들은 나의 법전이요, 새로운
성경이 얼마나 위대하고 귀하고 소중
한 것인가를 알겠느냐?
16 창조주 나 여호와가 예수에게 내림이
니, 그 예수가 그를 받아 전했으니,
17 그리하여 그 제자들이 예수가 직접 기
록한 것도 아니요, 그 제자들이 기록
한 것도 아니요, 그다음 다음의 제자
들이 유전으로 전해진 것을 취합하여
만들었음이니,
18 그를 만들어 전한 예수의 고통이요,

그 제자들이 고통은 오늘의 너희만큼
없었을 것이니라.
19 그러나 지금의 나의 아들은 무엇이더
냐?
20 내가 직접 통제하고 관장함이니라.
21 그리하여 내가 직접 나의 아들의 가슴
을 통하여 그로 하여금 모든 기초를
만드니, 그 만든 것을 바로 그를 따르
는 1세대의 제자들이 직접 듣고 그를
넘겨받아 책으로 만드는 것이니,
22 여기에는 너희 유전으로 전해지는 것
이 없으며, 그저 하나의 계통으로써
그냥 이루어짐이니,
23 그리하여 나의 법전이 무서운 것이며
만백성을 심판하는 것이요, 너희들이
죄를 짓고 짓지 않는 것, 하늘에 오르
고 못 오르는 그 모든 기초의 기본이
나의 이 새로운 성경 속에 들어 있다
함을 너희들은 알라.
24 이 세상에 너희들이 모두를 남기는 것
은 무엇이더냐?
25 나의 아들 예수도 그 제자의 제자들이
했으며, 석가 또한 그 행함이 무엇이
더냐?
26 그 제자들이요, 그 제자들이 또 역사
하지 않았던가?
27 성현이요, 너희들의 한 시대를 이끌어
가며, 정신적인 인간의 지도자로서 추
앙받는 모든 나의 백성들이 과연 어떠
하던가?
28 그들도 또한 말로써 모두를 전하고 역
사했으며, 그 행적을 가르치는 것은
그 제자들이요, 추종자들이 기록하여
만들었느니라.
29 그러나 지금의 나의 아들은 어떠한 길
을 가느냐?
30 이는 직접 내린 이가 있으니, 내리는
것을 직접 제가 받아 그걸 기초를 하
여 그 제자들에게 넘겨줌이니,
31 그 제자들이 직접 그를 가지고 더하고
빼는 것이 없이 그저 나의 법전이요,
새로운 성경이라 하여 세상에 내보냄
이니,
32 이는 나 여호와가 직접 임하며 내가
직접 통제하고 관장함이니, 이는 유전
으로써 흐르고 흘러 너희들이 빼고 더
할 것을 추리는 것도 없음이니라.
33 그와 같은 시간도 없으며 그와 같은
여유도 없는 것이 너희들이니라.
34 그저 내리는 대로 그대로 기초를 잡아
너희들에게 내리니, 그를 받는 너희들
이 그대로 역사하지 않더냐?
35 그러니 이 세상의 모든 진리와 하늘의
뜻을 같이 여기서 하며, 모든 새로운
성경이요, 새로운 법전이라는 뜻이 무
엇인 줄 알겠느냐?
36 인간 세상에 내려온 예수를 통하여 역
사했던 하늘의 진리요, 석가를 통했던
진리요, 성현들을 통하여 내렸던 그
진리요, 너희들의 깨우침, 그 모두를
망라하여 나 여호와가 새로이 내리는
나의 성령이라 하여 성령으로써 같이
역사하여 모두를 이를 펴내고 만들어
냄이니,
37 세상사의 살아가는 것이 이 속에 들어
있으며, 하늘의 뜻이 여기에 있으며,
인간 세상의 하늘과 땅이 교통하는 것
이 여기에 다 있다는 것을 알라.
38 그리하여 내려보내는 것이 얼마나 위
대한 나의 새로운 성경인 줄 알겠느냐?

39 모든 세상에 살아왔던, 너희들이 정신
적인 지주라 했던 사람들, 그리고 너
희들이 가슴속에 기억하고 남기고 싶
은 사람들이 남긴 이야기들, 그리고
예수요, 석가요, 그 모든 구약 시대의
모세가 전했던 그 모두를 총망라하여
그를 모두 하나로 만들며 그 뜻을 설
명하며,
40 그 위에 지금 창조주 나 여호와의 새
로운 뜻을 부어 넣어 이를 만들어 내
려보내니, 이게 얼마나 위대한 것인
줄 알겠느냐?
41 이와 같은 것을 너희들이 어찌 거부하
고, 사탄이 말하는 것이요, 사악한 자
가 말하는 것이라 하며,
42 너희들이 모두 이를 보고 깨우쳐 하늘
에 오르는 것을 보려 하지 아니하며,
거부하고 욕된 짓을 하고 있음이니,
43 이를 보지 아니하고 이를 깨우치지 아
니하며, 나의 법전 속에 너희들이 빠
져들지 아니하고, 나의 아들을 통하여
내리는 그 강론에 너희들이 모두가 빠
져들어 와 모두를 다하는 마음으로써
공부하고 깨우치지 아니하면,
44 너희들은 정녕 나를 볼 수 없으며 하
늘의 뜻을 역사할 수 없다는 것을 알
라 그리 전하라.

10,446 번째 하나님 말씀

2004년 4월 10일 09시 59분

1 사랑하는 나의 아들아!
2 "네, 아버님! 말씀하옵소서."
3 하얀 마음이요, 천사와 같은 너희 자
신으로 변화되는 제자들이 되라 내가
너희들에게 명하고 명함이니라.
4 이제는 나의 아들을 통하여 내가 내림
이니, 그를 만들어 160권의 법전이 세
상에 빛을 볼 때, 그 찬란한 빛은 너희
들이 감당키 어려울 것이며,
5 그 빛의 역사함은 너희들이 어떠한
형국으로도 상상할 수 없다 그리하였
음이니라.
6 그 빛이 가르고 지나가는 곳에 너희들
이 부정한 것, 썩어진 것, 그 모두가
다 묻힐 것이며, 새로운 새싹만이 거
기에 움트며 새싹만이 존재하는 무섭
고 파괴적인 그 힘은 너희의 상상을
초월할 것이니라.
7 그러니 160권을 만들어 그 찬란한 빛
이 세상을 덮으며, 썩은 것을 버리며,
부정한 것을 버리며, 새싹을 뿌려 나
가는 그 모든 역사하는 것은 바로 무
엇이더냐?
8 그의 길을 터 주며, 그 앞에 씨를 뿌리
는 것은 또한 누구더냐?
9 바로 하얀 마음을 갖고 천사와 같이
변한 너희들이 그 모두의 거기에 씨를
뿌려야 됨이니라.
10 나의 160권의 강렬한 빛이 모두를 태
우고 지나감이니, 그리고 그 후에 새
싹이 나는 것, 그 토양 위에 나의 씨앗
을 뿌리는 것은 너희들이 해야 할 일
이니,
11 너희들이 천사와 같은 하얀 마음으로
너 자신이 변하지 아니하면 아니 됨이
니라.
12 그러니 160권의 법전이 세상에 나오
기 전에 나의 아들을 따르는 제자들이
요, 그리고 나의 법전을 읽은 너희들

이 하얀 마음처럼 되지 아니하면 아니
됨이니 그리 알라.
13 160권이 이 세상에 나와 모두를 역사
하기 전에 너희들이 그리 하얀 마음으
로 거듭나라 하는 것은 내가 너희에게
직접 내리는 명이니 그리 알라.
14 너희들은 이를 지키고 행하도록 모두
를 다 바쳐야 될 것이니라.
15 나의 아들에게 나 여호와가 직접 내리
며, 그가 직접 기록하여 만드는 나의
새로운 법전이요, 그리고 모두를 심판
하는 이 새로운 성경이 세상에 내려왔
을 때,
16 그 심판의 빛은 너희들이 감당할 수
없으며, 그 불어 닥치는 환란이요, 회
오리바람은 아무것도 그 앞에 대적할
수 없으며 견딜 수가 없음이니라.
17 다만, 그와 같이 지나간 다음에 그 모
두를 정리하고 다스리는 것은 하얀 마
음을 가진 너희들만이 하얀 모습으로
써 나의 하얀 씨앗을 뿌려 너희들이
새싹을 틔우고자 함이니,
18 그와 같이 태풍이 지나가는 것보다 더
무서운 환란이 지나간 다음에 이 세상
에 하늘에서 이루어진 것같이 이 땅에
서 이루어지는 그와 같은 씨앗을 뿌리
게 됨을 알라.
19 그와 같은 것이 아니고는 결코 다스릴
수 없는 것이 오늘의 너희의 환경이
아니더냐?
20 그러니 160권이 세상에 나와 그 빛이
모두를 태울 것 태우고 너희들이 버릴
것 버리는 그 무서운 환란 속에서 그
모두를 다스리고 지키고 따라가며 새
로운 씨앗을 뿌리는 것은,
21 하얀 마음을 가진, 나의 아들을 따르
는 천사와 같은 제자들이요, 그 백성
들이 해야 될 것이니,
22 너희가 그와 같이 변하지 아니하면 아
니 됨이라 함을 알라.
23 내가 나의 아들을 통하여 너희들에게
그리 명하였느니라.
24 이제 나 여호와가 직접 나의 아들을
통하여 너희들에게 세례를 내림이니
라.
25 '너희 자신의 아름다운 한 송이의 꽃
을 피우라.' 그리하여 '네!' 대답한 백
성, 너희들은 이제 어떠한 것도 내가
용서하지 않을 것이니,
26 내가 직접 내리는 그 세례를 받은 백
성들이 과연 어찌 살 것인가?
27 자신 있는 자 세례를 받을 것이며, 자
신 없는 자 세례를 받지 말도록 그리
하라, 사랑하는 나의 아들아!
28 그 세례를 받는 자는 목숨을 바쳐 지
켜야 될 것이며, 어떠한 일이 있어도
가야 될 것이니 그리 알라.
29 그리하지 아니하는 자 세례를 받을
수 없을 것이며, 그와 같이 지키는 각
오가 있는 자에게 세례를 주라.
30 너희들이 불의한 것, 추한 것, 그 모두
를 다스리고 나가며 지키고 나가며
버리고 나갈 수 있는 그와 같은 용기
와 자신이 없다면 아니 됨이니,
31 그 자신과 용기 있는 백성에게 네가
세례를 내 대신 내리라.
32 '네 이름으로 아름다운 꽃을 피워 만
백성을 구하는 아름다운 향기로서 거
듭날 수 있겠는가?' 물어, 그렇다 하
거든 '네!'라는 대답을 받아 나의 법전

에 그 이름을 기록하도록 하라, 사랑하는 나의 아들아!

10,447 번째 하나님 말씀

2004년 4월 10일 10시 05분

1 사랑하는 나의 아들아!
2 "네, 아버님! 말씀하옵소서."
3 너희들이 하얀 마음이라 하였음이니, 너희들이 하얀 마음이 되어야만 모든 유혹에서 견디고 견딜 수가 있음이니라.
4 인간인 너희의 마음속에 자연 발생으로 이루어지는 소유욕이 있다 하였음이니라.
5 소유하고 싶어하는 그 마음이 너희들이 자연적으로 발생함이니, 그를 너희들이 억누르고 다스리기가 그리 힘들며 어렵다 하지 아니하였더냐?
6 그러니 하얀 마음으로 변하는 그와 같은 마음이 되지 아니하면, 자연적으로 발생하는 그 소유욕이요, 너희들이 채우고자 하는 충족의 그 욕심을 막을 수가 없다 하였음이니라.
7 너희들이 소유욕이요, 충족시키고자 하는 길을 그대로 갈 것인가,
8 그렇지 아니하면 하얀 마음으로써 그 모두를 다스려 나 여호와가 기뻐하는 참진리의 길이요, 나의 뜻에 의하여 나에게 오고자 하는 그와 같은 삶을 너희들이 살아갈 것인가?
9 이제 모든 백성 너희들이 스스로 결정을 할 때가 되었음이니라.
10 그리고 나의 아들을 따르는 제자들이요, 강론을 듣는 너희들은 나 여호와가 나의 아들을 통하여 너희들에게 직접 세례를 내림이니,
11 이제 너희들이 나 여호와의 뜻에 따라 나의 기쁨이요, 나의 진리의 그 길을 갈 수 있는 사람으로 거듭나겠는가, 거듭나지 아니하겠는가?
12 이제 오늘의 너희들이 결정할 시간이 머지않았음이니라.
13 그러니 너희 스스로 결정하여 내가 내리는 세례를 받는 자, 너희들은 어떠한 것도 내가 용서치 아니할 것이니,
14 너희들이 바로 살 수 있는 마음 자세가 되어 있다면 세례를 받을 것이요, 그렇지 못하면 내가 내리는 세례를 거부하도록 그리하라.
15 그리하여 너희들이 마음의 준비가 되어 있을 때, 너희들이 갈 수 있을 때 받는 백성이 되라.
16 그러나 너희들은 나로부터 세례를 받으므로 나 여호와가 내리니 너희들의 마음이 변화될 것이며, 자신 있게 살아갈 수 있는 용기가 있을 것이며, 거듭나는 그와 같은 길이 있을 것이니,
17 너희들은 어쨌든 가야 될 것이며, 또한 나로부터 세례를 직접 받아야 되는 너희들이기에,
18 오늘의 나의 아들을 통하여 내리는 세례를 너희들이 당당히 받아 거듭나는 백성이 되도록 그리하라.
19 이제 나의 뜻에 의한 삶을 사는 것을 너희들이 결정할 때가 되었음이니,
20 그 결정을 지었을 때 너희들이 나의 법전을 읽고 깨우쳐 변화되는 삶을 사는 것, 그것이 바로 너희가 나 여호와에게 가장 복된 축복이요, 영광을 받

는 길이니,
21 너희들이 오늘의 나의 뜻에 따라 세례
를 받으며, 나의 뜻에 따라 살아가고
자 하는 것, 나의 법전을 가슴에 안고
그 속의 가르침을 그대로 지키고 변화
되는 삶을 살아가는 것이 너희들이 나
에게 와 받을 수 있는 가장 복된 길이
요, 축복된 길이요, 영광의 길이라는
것을 알라.
22 육신의 소유욕에 의하여 너희들이 이
루는 것의 그 마음을 다스리지 못하며
하얗게 변하지 못한다면,
23 너희들은 소유욕이라는 그 욕심에 의
하여 강물에 흘러가는 낙엽처럼 인생
이 그리 하나의 낙엽이 되어 밑으로
밑으로 흘러가는 그와 같은 결과가 됨
이니, 그리 흘러가는 낙엽이 무엇이
되겠느냐?
24 아무것도 이룰 수 없으며, 아무것도
존재할 수 없는 것이니, 그저 썩어져
버려지는 것이며, 물에 가라앉지 아니
하면 늪에 가 그저 썩어 퇴비로 되고
말 것이니,
25 너희들이 바로 어떠한 삶을 살 것인
가, 너희들 스스로 심판을 하여 결정
할 때가 왔음이니 그리 알라, 사랑하
는 나의 아들딸들아!

10,448 번째 하나님 말씀

2004년 4월 10일 11시 29분

1 사랑하는 나의 아들아!
2 "네, 아버님! 말씀하옵소서."
3 너희들이 나의 법전을 만들며 이를
가지고 만백성에게 외치기를 '이는 창
조주 아버님의 뜻이요, 이 세상의 모
든 종파요, 믿음이 잘못 가기에, 그를
바로잡으려 하여 지금 아버님께서 직
접 성령을 태워 세상에 내려보내니,
만백성은 이를 읽고 깨우쳐 스스로 판
단하는 지혜를 얻으라.' 아무리 그리
외쳐도 그들은 믿으려 하지 아니하며
듣지 않으려 하지 않더냐?
4 그러니 그와 같은 백성의 그 심리가
무엇이더냐?
5 너희들이 가는 세월 속에서 누가 거
기에 견딜 수 있으며 그를 막을 수 있
으며 그를 이길 수 있는 천하장사는
아무도 없다는 걸 너희들은 잘 아느니
라.
6 그러면서 너희들은 당연히 나에게 와
심판을 받으며 죽음의 고비를 넘지
아니하는 자 없다는 것을 엄연히 알면
서도,
7 내일, 모레요, 몇 시간 후에, 또는 몇
년 후에 그 선을 넘어야 되는 그와 같
은 사람이 아직도 너희와는 관계없는
줄 알며,
8 남들이 숨을 거둬 죽어 가는 것, 그리
고 세월 앞에 굴복하는 것, 그것은 너
희들과는 관계없으며 남의 일처럼 생
각하며 먼 일로 생각하는 것이 나의
백성 너희들이 살아가는 지금의 마음
자세가 아니더냐?
9 그러니 지금 새로운 성경이요, 새로운
법전이라 하여 너희들이 이를 보지 아
니하면 구원을 받지 못한다 해도 그들
이 이를 듣지 아니하며,
10 이는 저희들과 관계없는 것이며, 저희
들의 재물을 뺏으며, 시간과 노동력

을 착취하며, 저희들을 이용하는 그와
같은 사악한 집단이요, 잘못된 것이라
그리 인식하고 그리 머릿속에 심어
놓음이니,
11 그리하여 이 법전을 보지 아니하며 읽
지 않는 그와 같은 백성의 근성이 지
금 뿌리 깊이 내려져 있느니라.
12 그리고 더구나 거기서 가장 큰 집단이
요, 가장 큰 물리적인 힘을 가지고 있
다는 종교 집단이요, 모든 종파와 지
파들이 이를 보지 말며 이를 깨우치지
말라 그 신도요, 백성들에게 말함이
니, 그 신도요, 백성들이 또 나가 전하
고 전함이니,
13 온 세상이 나의 법전이요, 새로운 성
경이요, 구원의 기본인 이를 보지 못
하도록 막는 역사만 하고 있으며, 그
와 같은 힘으로써 모두를 거부하고 막
고 있음이니,
14 나약한 너희들의 힘으로써 그 벽을 뚫
고 넘기는 힘들고 어려운 것이니라.
15 그러나 너희들은 두려워하지 말라.
16 그 모두는 나 여호와의 계획이요, 내
뜻에 의해 모두를 넘고 뚫을 것이며
헤치고 나갈 것이니,
17 다만 나의 아들을 따라 너희들이 160
권의 법전을 만들어 세상에 내는 것으
로써 모두를 다 역사하도록 그리하라.
18 그리하면 160권의 찬란한 빛이 내가
뭐라 말하였느냐?
19 썩은 것을 태우지 못할 것이 없으며,
도려내지 못할 것이 없으며, 수술하지
못할 것이 없다 하였음이니라.
20 그러니 그 찬란한 빛이 쓸고 나갈 때,
그 깨끗한 토양 위에 너희들이 새로운
씨앗을 뿌리며 새로운 씨앗을 심는 것
이라 하였음이니라.
21 그리하여 너희들이 하얀 마음과 같은
그 마음이 되라 하였으며, 그리하여
하얀 마음이라는 그것을 너희들이 그
와 같이 네 마음이 그리 변하고 다스
려지는 것, 그리하여 그 씨앗을 뿌릴
수 있으며, 토양 위에 그를 밟고 가 모
두를 역사할 수 있는 것이 너희들이
그 자격을 얻음이니,
22 그리하여 내가 너희들이 그리 하얀 마
음과 같이 살라 함이 여기에 있음이니
그리 알라.

10,449 번째 하나님 말씀

2004년 4월 10일 11시 34분

1 사랑하는 나의 아들아!
2 "네, 아버님! 말씀하옵소서."
3 나의 법전을 읽으며 강론을 들으며,
그리고 세상에 옳지 못한 것이 뿌리를
내릴 수 없도록 그 모두를 뽑아 버리
며 태워 버리는 찬란한 빛이 세상을
쓸고 나가는 역사를 이루는 나의 사랑
하는 아들을 따르는 제자, 너희들은
모든 백성들을 인도하는 자요, 앞에서
이끄는 자니,
4 인도자로서, 너희들이 이끄는 자로서
한 점의 부끄러움이 없는 그와 같은
삶을 살지 아니하면 아니 됨을 알라.
5 모든 백성들이 지금 너희들을 보고 그
모두가 다 변화될 것이며 따라가게 됨
이니라.
6 너희들이 인도자로서 한 점의 부끄러
움이 없는 그와 같은 삶을 살 때,

7 모든 백성들이요, 너희의 후손이요,
후손 그들이, 너희 자신을 버리고 하
늘에 오르는 길을 묵묵히 살아간 너
희의 살아온 발자취요, 그 삶을 보고
8 '아! 하늘에 오르는 길이요, 구원의 길
이라는 것이 저렇게 사는 것이구나!'
하고 그들이 너희들의 삶을 보고 깨우
쳐, 그 백성이 나의 백성으로 거듭나
는 영광을 얻게 됨이니라.
9 그것을 너희들은 명심해야 될 것이니
라.
10 너희들이 '나'를 버리고 '나' 자신을 지
워 버리고 살아가는 그 삶을 살며 너
희들이 살아온 복음의 전함을 그들이
읽고 너희들을 기억할 것이며,
11 그리하여 하늘에 오르는 백성이 이리
살아가는 길이며, 이와 같이 가는 길
이 하늘에 오르는 길이라 하여 너희들
의 삶을 보고 모든 백성들이 구원의
길을 볼 수 있기 때문이니, 너희들이
명심하라 함이니라.
12 모든 백성들이 너희들을 붙잡고자 하
며, 너희들이 나에게 오르는 길을 걸
어온 것처럼 그들도 그 길을 따라 나
에게 오르려 할 것이며,
13 그리 올라올 수 있도록 너희들은 진정
한 안내자로서, 인도자로서, 앞에 간
선배로서 한 점의 부끄럼이 없는 삶을
살아야 될 것이며,
14 그리하여 너희들은 안내자요, 인도자
요, 앞에 선 선배로서, 나의 법전을 직
접 듣고 깨우친 백성으로서 네 몫을
다하지 아니하면 아니 됨을 알아야 될
것이니라.
15 너희들에게 주어진 책임의 양이요, 그
목적을 다 이루지 아니하면 결코 아
니 됨이니라.
16 그 누구도 대대손손 그 백성을 이룰
수 없으며, 그 백성들이 너희들이 온
발자취를 보고 그리 가는 길이 하늘
에 오르는 길이라 하여 온 백성들이
한마음으로 너희들의 발자취를 따라
오도록 이루지 아니한다면, 그는 무엇
이더냐?
17 내가 천 년에 걸쳐 하늘에서 이룬 것
같이 이 지상에서 이루려 하는 그 모
두가 다 물거품이 되며 그 모두가 다
무산됨이니 그리 알라.
18 누구도 갈 수 없는 저 높고 맑은 천국
을 향하여 올라오는 백성을 인도하는
것은 너희들뿐이니 그리 알라.
19 너희들이 온 그 길을 따라 끝이 보이
지 않는 나의 피조물 만백성들이 너희
를 따라 맑고 높은 나의 천국을 위하
여 끝없는 줄이 이어지는 그와 같은
것을,
20 나 여호와는 너희들을 믿으며 너희들
이 그리 역사할 것이라 생각하며, 그
와 같이 이룰 것이라 믿고 있음이니라.
21 그리하여 내가 너희들을 사랑하며, 나
의 아들을 사랑하며, 인간 세상에서
너희들이 깨우친 모든 지혜 위에, 그
리고 모든 구약이요, 신약의 성서의
가르침 위에 그 비밀을 다 내가 너희
들에게 열어 주며 거기에 나 여호와의
뜻을 또 내림이니,
22 하늘의 뜻을 내가 거기에 보태어 너희
들이 아래위로 모두를 다 깨우치며,
과거요, 현재요, 미래를 들여다볼 수
있는 그와 같은 내가 깨우침의 역사를

이룸이니, 너희들은 이와 같이 선택된
백성이 귀하고 소중함을 알라.
23 저 높고 맑은 하늘의 천국에 너희들이
올라왔을 때, 너희들이 가는 그 모습
을 보고 나로부터 들림을 받았다는 말
을 들을 때,
24 너희들이 어찌 살았는가 하여 그들이
너희들을 보고 '아, 그리 살았구나!'
하여 '그리 사는 것이구나!' 하여 끝없
는 백성들이 너희들의 뒤를 이어 계속
올라올 때,
25 너희들이 천국이요, 내 앞에서 그를
바라보는 너희들이 얼마나 자신이 행
복하며 축복된 삶인가, 그를 기억하며
그를 생각하며, 너희들이 오늘의 모든
악습을 버리며 거듭나는 백성으로 살
라 그리 전하라, 나의 아들딸들에게.

10,450 번째 하나님 말씀

2004년 4월 10일 11시 39분

1 사랑하는 나의 아들아!
2 모든 믿음의 길을 가는 백성에게 물
으라, 그것을 하나도 부정하지 아니할
것이니라.
3 나 여호와가 전지전능한 아버지요, 그
리고 전지전능한 하나님이 너희들의
아버지라 물으면, 그 모두는 그를 맞
다 그리 말할 것이니라.
4 그리하여 너희들은 나를 전지전능한
하나님 아버지라 울고불고 찾으며, 그
리하여 너희들이 나에게 오르고자 하
는 그와 같은 오늘의 믿음으로 가는
백성, 너희들의 삶이요, 믿음의 그 길
을 가는 것이 어떠한 것인 줄 알겠느
냐?
5 모든 종교 집단이요, 지도자요, 그리
고 구원을 받았다 나에게 감사하다며
나를 찾고 전지전능한 아버지요, 나의
아들 예수를 '주여, 주여!' 부르는 그
와 같은 백성, 너희들이 오늘의 신앙
이요, 그 믿음이 어떠한 형국인 줄 알
겠느냐?
6 너희들 세상 속에 그러한 말이 있느니
라.
7 '눈을 가리고 아웅 한다.'는 그와 같은
말이 있으니, 너희들의 오늘의 그 믿
음이 바로 눈을 가리고 아웅 하는 그
와 같은 형식적이요, 물거품 같은 행
위로써 지금 가고 있음을 알아야 될
것이니라.
8 어찌하여 너희들이 나의 참진리요, 진
정한 나의 뜻을 알고 깨우쳐 어렵고
힘든 길을 가려 하지 아니하며,
9 그저 편안한 대로 너희들이 부르짖고
그저 몇 푼의 금화와 은화를 바치면
너희들이 구원을 받는다는 거래하는
그 심정에서 아직도 벗어나지 못하는
가?
10 너희들 말대로 눈을 가리고 하늘을 향
하여 아웅 하는 그와 같은 행위를 하
는 것이 오늘의 믿음이요, 행위라는
것을 알라.
11 이제는 그러한 행위를 중단하도록 깨
우쳐 주라, 나의 아들아!
12 그리고 그와 같은 행위를 나 또한 더
이상 볼 수 없음이니, 그리 알라.
13 그들의 불행을 바라보고만 있어서는
아니 되는 것이니라.
14 너를 따르는 제자들이요, 나의 법전을

읽고 깨우친 만백성, 너희들이 그저
눈을 가리고 나를 속이는 그와 같은
행위를 하는 그 불쌍하고 가련한 백성
들을 그대로 바라만 보고 있어서는 아
니 됨이니, 그들을 깨우쳐야 되는 것
이니라.
15 깨우쳐 바로 세우지 아니하면 너희들
또한 죄가 어떠한 것인 줄 알겠느냐?
16 알면서 가르치지 않는 그 선생의 죄
가 있다 했듯이,
17 너희들이 하늘의 뜻이요, 하늘의 이치
를 알면서 깨우치고 전하지 않는 그
죄, 또한 너희들이 감당키 어려울 것
이니 그리 알라.
18 너희가 내 앞에서 순수한 백성으로서
거듭나야 하는 그러한 백성만이 영육
간의 모든 행복을 얻을 수 있으며, 영
육 간의 가장 행복한 아름다운 삶을
살 수 있으며 이룰 수 있다는 것을 어
찌 모르더냐?
19 너희들이 그와 같이 순수하고 아름다
운 마음으로 내 뜻을 알고자 하며 노
력하는 그 마음으로 사는 것이 너희들
이 또한 거듭나는 영광을 얻는 것이거
늘,
20 이제 모든 종교 집단 저희들이 '눈을
가리고 아옹 한다.'는 그 말처럼, 어리
석은 그와 같은 행위에서 벗어나도록
그들을 깨우라.
21 깨우지 아니하면 그들은 그곳에서 헤
어나지 못하는 어리석은 백성이 될
것이니,
22 그리하고 그들이 과연 어찌하여 거듭
나는 영광의 은혜를 얻을 수 있단 말
이더냐?
23 내가 보는 너희들이 그리하느니라.
24 한 치 앞도 보지 못하며 나를 속이는
자요, 나를 속이고자 하는 자들이니,
25 감히 나의 백성, 너희들이 나를 속이
고 속여서 하늘에 오르는 길이요, 그
리고 영광된 축복을 무엇을 얻는단
말이더냐?
26 너희들은 지옥 불로 가는 것을 천국
에 오는 길로 간다 함이니, 그 차이가
얼마나 무섭고 두려운 것인지 아느냐?
27 내가 나의 아들을 통하여 너희들이 지
옥문 앞에 몸부림치는 것이 너희들의
모습이라 하나, 너희들은 이를 믿지
아니하며 이를 실감하지 못함이니,
28 나의 아들은 그 험악한 형상을 보고
말하고 전하는 것이니,
29 보지도 못하고 듣지도 못하는 너희들
이, 그를 보며 그 환상을 보며 그 모두
의 현실을 보며 나의 뜻에 의하여 전
하는 나의 아들의 말이요, 내가 책으
로 전하는 나의 법전이요, 새로운 성
경을 읽어 깨우쳐 너희 것으로 만들
어, 보지 못하는 세상을 볼 수 있는 지
혜를 어찌하여 얻지 아니하고,
30 너희들이 이를 사탄이요, 이단이라 하
며, 어리석은 그와 같은 행위를 하며,
너희들 목에 무거운 죄의 사슬만을 더
걸머지는 그와 같은 길을 가고 있느냐?
31 이제 깨어나라, 사랑하는 나의 아들딸
들아!

10,451 번째 하나님 말씀

2004년 4월 10일 11시 44분

1 사랑하는 나의 아들아!

2 "네, 아버님! 말씀하옵소서."
3 2천 년 전에 나의 아들 예수가 그리
말하였느니라.
4 그가 내려올 때, 인간 너희들의 생각
으로 판단하지 말며, 인간 너희들의
생각으로써 행동을 하지 말고 기다리
라 그리 말하였느니라.
5 '내가 감으로 인하여 다른 보혜사요,
아버님의 모두의 뜻을 풀어서 전하는
그와 같은 새로운 성령이 내려오며 성
령이 내려와 너희들이 역사하는 시대
가 올 것이니 기다리라.' 하였음이니
라.
6 차라리 지금 나의 피조물 만백성 너희
들이 그저 잠에 빠져서 잠을 자는 그
와 같은 형국으로써 고요히 있었더라
면,
7 오늘의 나의 법전을 가지고 내 성령이
요, 새로운 나의 이 뜻을 가지고 나의
아들이 너희들을 깨우치기 쉬우며, 그
제자들이 나의 법전을 전하여 깨우치
기가 더 쉬울 것이거늘,
8 차라리 너희들이 고요히 잠자는 백성
들이요, 잠자는 형국으로써 그대로 왔
더라면, 나의 아들 예수의 뜻대로 조
용히 새로운 성령이요, 새로운 뜻이
세상에 내려와 성경이요, 그리고 하늘
의 뜻의 모두를 깨우쳐 주는 그와 같
은 진리가 내려올 때까지 기다렸다면,
9 차라리 하늘의 뜻을 받아들이기가 쉬
우며, 너희들이 이 뜻을 따라 역사하
기도 쉬울 것이거늘,
10 너희들이 그리 기다리지 못하며 갖은
사악한 방법으로 사악한 종교 지도자
들이 제가 하늘에 오르는 길이요, 기
름 부은 자라 그리 각자가 제가 나로
부터 혈통을 받은 자요, 저희들이 적
자라 하여
11 모든 종교 집단이요, 지도자의 이름을
걸고 나서서 너희들이 나의 피조물
만백성을 구원한다, 그리고 하늘에 오
르는 길로 인도한다 그와 같이 하여,
12 너희들이 지금 잘못된 그 믿음이요,
비진리 속에 깊이 빠져, 그곳에 빠진
것이 아니라, 거기에 뿌리를 내리고
굳게 굳게 다져져 있으니, 그 백성들
을 어찌 깨우쳐 인도한단 말이더냐?
13 그러니 참진리의 길을 깨우쳐 주고 전
한다 해도 그들이 듣지 아니하며 변하
지 아니함이니,
14 차라리 너희들이 고요히 잠드는 형국
으로 그대로 기다리고 있었더라면, 구
원하기가 쉬웠으며 지상의 천국을 이
루는 것도 쉬웠을 것이거늘,
15 잘못된 종교 집단이요, 지도자요, 나
의 적자요, 혈통이라는 그 사악한 지
도자들이 사탄의 이름을 앞세워 나의
피조물 백성에게 참진리요, 하늘에 오
르는 길이요, 나 여호와의 뜻에 의하
여 인도하는 것이 아니라,
16 너희들이 비진리를 가지고 나의 피조
물 만백성에게 물건을 사고파는 그와
같은 장사꾼보다 더 상업적으로 변하
여,
17 나의 아들 예수의 보혈이요, 내 이름
을 팔아 너희들이 지금 장삿속으로 이
렇게 변질되어 인간 세속의 한계를 벗
어나지 못하고 있는 어리석은 그와 같
은 형국이 되어 있음이니, 이를 보고
어찌 깨우친단 말이더냐?

18 그리하여 인간의 교육을 시키는 나의
법전이요, 그리고 하늘의 이치를 깨우
쳐 주는 나의 법전이요, 그 모두를 일
깨워 주는 하늘과 땅에 통달하는 그와
같은 삶이요, 교통할 수 있는 그 모두
를 기록한 나의 법전을 세상에 내려보
내나,
19 너희들이 지금 아무리 두드려 깨우고
역사한다 해도, 너희들이 가르치고 가
르친다 해도, 그리고 소리 질러 이를
보라 외친다 해도, 너희들이 깊이 내
려져 굳어진 그 벽을 넘을 수가 없고
깰 수가 없으니, 어찌한단 말이더냐?
20 그래도 그도 나의 백성이요, 나의 아
들딸들이니, 그들이 참진리의 길이요,
나 여호와의 뜻이요, 하늘에 오르는
길로 인도하는 것은 바로 너희밖에
없으며, 나의 법전뿐이라는 것을 명심
하고 들으라.
21 그리고 그 이상의 어떠한 것도 역사
할 수 없다 함이니, 이는 무엇이더냐?
22 참진리요, 나 여호와의 뜻이요, 나의
법전이요, 나로부터 선택된 하얀 마음
이요, 천사와 같은 백성들이 너희들이
기 때문이니라.
23 하늘에 천사가 있음이니, 지상의 천사
가 있음이니라.
24 그러니 너희들에 의하여 모두를 이룸
이니라.
25 하늘의 천사는 나 여호와의 뜻을 따라
하늘의 일을 역사하는 것이요,
26 지상에서 나의 피조물 만백성을 구원
하고 구원하지 못하는 것을 선별하는
것, 그리고 깨우쳐 인도하는 것, 그 모
두는 지상의 천사인 나의 아들을 따르
는 제자들이요, 나의 법전을 읽고 깨
우쳐 가고 변해 가는 너희들이 모두를
이루는 것이요, 너희밖에 할 수 없다
는 것을 명심하고 또 명심하도록 그리
하면,
27 너희들이 어떤 자세로 살아가야 될
것인가 스스로 깨달음의 지혜를 얻을
것이니라, 사랑하는 나의 아들딸들아!

10,452 번째 하나님 말씀

2004년 4월 10일 11시 51분

1 사랑하는 나의 아들아!
2 "네, 아버님! 말씀하옵소서."
3 하늘에는 하늘의 천사가 있으며 지상
에는 지상의 천사가 있음이니, 그 천
사가 바로 무엇이더냐?
4 나의 성령을 가슴에 심으며 이를 보고
깨우치는, 너를 따르는 제자들이요,
나의 법전을 읽고 깨우친 백성들이라
내가 그리 말하였느니라.
5 그러니 너희들의 그 삶이 어떠한 것인
줄 알겠느냐?
6 이제는 나의 아들을 따르는 선택된 제
자들이요, 나 여호와가 지상의 천사라
명한 너희들이야말로 하루를 사는 삶
에 있어서, 단 하루를 살더라도 너희
들이 변하는 삶이요, 깨달음의 삶이
요, 믿음의 그 길을 가고자 하는 그와
같은 삶을 살지 아니하면 아니 됨을
알라, 사랑하는 나의 아들딸들아!
7 그리고 너희들은 단 1분이요, 1초라
도 이 세상에 내가 생명을 내려 준 그
시간 동안 살면서 너희들이 나의 피
조물 만백성 그 모두를 깨우쳐 주는

데 전부를 다해야 될 것이니라.
8 그는 무엇인 줄 알겠느냐?
9 하늘과 땅의 그 모든 가르침이요, 그
교육의 역사하는 현장에 최고의 것을
너희들이 가지고 있기 때문이요, 최고
의 것을 너희들은 알고 있으며, 최고
의 것을 가르치는 자들이기 때문에
그러하니라.
10 나의 사랑하는 모든 백성들에게 최고
의 것을 가지고 있으며, 나 여호와의
것보다 더 최고의 것이 어디 있느냐?
11 그러니 성현의 가르침이요, 한 시대의
너희들의 정신적인 지주요, 석가요,
예수요, 모세요, 모두가 세상에 역사
했으나, 그들 모두가 다 그 직분을 다
하는 그와 같은 한 토막을 엮어 가는
삶이요, 가르침이었음이니라.
12 그러니 이제는 무엇인 줄 알겠느냐?
13 나 여호와의 성령이요, 내가 직접 이
끌어 가는 이 세상에 지상의 천사라
명하는 너희들이야말로 나 여호와의
것을 가지고 지금 지식을 쌓아 가며,
나 여호와의 것을 듣고 배우며 깨우쳐
감이니,
14 지구와 땅 사이에, 그리고 하늘과 그
모든 사이에 너희들이 최고의 것을 아
는 선생이요, 최고의 것을 가지고 있
는 선생들이니,
15 너희들은 단 1분, 2분도 함부로 소홀
히 하지 말며, 네 인생을 다할 때까지
그 모두에게 깨우쳐 주고 가르쳐 주는
것을 절대 잊어서는 아니 되느니라.
16 모든 백성을 사랑하라.
17 그리고 모든 사람을 사랑하라.
18 그리고 모든 백성들이 중요함을 알라.
19 그러니 그 중요한 백성이요, 그 모두
를 사랑하는 마음을 가지고 있을 때,
너희들이 그 모두를 깨우쳐 줄 수 있
음이니라.
20 최고의 나의 성령이요, 나의 가르침을
가지고 있는 너희들은 무엇인 줄 알겠
느냐?
21 가장 아름다운 향기를 전파하는 자들
이요, 가장 아름다운 멜로디를 전파
하는 자들이요, 너희들의 입에서 나오
는 그 모두는 이 세상에서 가장 아름
다우며 가장 귀한 것들뿐이니라.
22 그러니 너희들이 얼마나 아름답게 살
아야 되는지 알겠느냐?
23 그러니 최고의 것을 가지고 있는 선택
된 나의 백성들이 가장 아름다운 멜
로디요, 가장 아름다움이요, 너희들이
맡기 좋은 향기로운 향기를 전하고
행하는 것이니,
24 너희들이 이제는 모든 열의를 가지고
단 1분, 2분을 다투어 나의 사랑하는
백성 모두를 구하는 데 최선을 다하며
하루하루의 삶을 살도록 그리하라, 사
랑하는 나의 아들딸들아!
25 너희들은 단 하루를 살더라도, 단 1분
을 살더라도 변화되는 삶을 살며, 깨
우침의 지혜를 얻는 삶을 살며, 그러
면서 너희들이 그 속에서 단 1분, 1초
라도 만백성을 깨우치도록 그리하라.
26 너희들이 가지고 있는 상품이 최고요,
너희들이 가지고 있는 것보다 더 귀하
고 소중한 상품이 없으며,
27 하늘의 열매를 열 수 있는 것은 너희
들이 가지고 있는 그 상품이요, 너희
들이 가르치는 것밖에는 아무것도 없

음이니라.
28 그러니 너희들이 나가 풍성한 열매를
열 수 있고 거둘 수 있는 최고의 날이
요, 최고의 역사를 이루도록 하여 나
에게 기쁨을 선사하도록 하라, 사랑하
는 나의 아들딸들아!
29 그 순간을 위하여 너희들이 생의 모두
를 다 바치라.
30 그를 위하여 너희들이 열과 성의를 다
바치라, 사랑하는 나의 아들딸들아!
31 누가 뭐라 해도 너희들은 선택된 행운
의 백성이요, 행운의 길을 가는 백성
들이요, 행운이 있는 자리요, 그와 같
은 것이 모두가 역사함이니,
32 이제 그대로 앉아서 기다리는 것이 아
니요, 너희들에게 온 그 행운을 지키
고 간직하며 그 행운을 만백성에게 나
누어 주는 것,
33 그리고 우둔하고 불쌍한 그 백성들이
깨우쳐 하늘에 오르는 길을 가도록
인도하고 깨우치는 데 모두를 다하라,
사랑하는 나의 아들딸들아!
34 인간 세상에 너희들이 부귀영화의 성
공이 아닌 그 반대에서 세상을 볼 수
있는 그 지혜를 갖도록 그리하라.

10,453 번째 하나님 말씀

2004년 4월 10일 11시 58분

1 사랑하는 나의 아들아!
2 "네, 아버님! 말씀하옵소서."
3 나 여호와로부터 너희들이 생명을 받
아 세상에 나감이니, 너희 가슴속에
내가 무엇을 심어 주었는지 알겠느냐?
4 "네, 아버님!
5 아버님께서 사랑하는 마음이요, 그 사
랑하는 마음으로써 세상을 다스려 살
아갈 수 있는 그와 같은 지혜를 갈이
주셨사옵나이다."
6 사랑하는 나의 아들아!
7 "네, 아버님! 말씀하옵소서."
8 사랑이요, 친절의 그 모두를 너희들이
베풀고 살아가나,
9 나는 너희들에게 따뜻한 가슴속에서
우러나오는 진정한 친절이요, 이웃을
사랑하는, 그리고 이웃을 네 몸보다
더 소중히 하는 그와 같은 따뜻한 가
슴으로써 내가 너희를 세상에 내보냈
음을 너는 너의 제자들에게 깨우쳐
주어야 될 것이니라.
10 그러니 내가 너희에게 어렵고 힘든
그 훈련을 거듭함은 무엇인 줄 알겠
느냐?
11 내가 너희들에게 심어 준 그 따뜻한
가슴에서 사랑하는 마음이요, 모두를
가슴에 안는 그 마음이 저절로 우러
나오게 하고자 함이니라.
12 그러니 내가 얼마나 아름다운 마음으
로써 너희들을 창조했으며, 아름다운
마음으로 세상에 내보낸 줄 알겠느냐?
13 그러니 따뜻한 가슴에서 아름다움이
우러나는 그것이 내가 창조한 사람들
이요, 사람이 또 사람답게 살아가는
기본의 자세라는 것이 거기에 있음이
니라.
14 그러나 너희들이 살아가면서 욕심이
라는 향수에 젖어, 그리고 제 앞에 쌓
아 놓고자 하는 것, 그리고 제가 더 이
루고자 하는 것, 더 이루고자 하는 그
향수에 젖어 너희들이 지금 살아가고

있음이니, 그것이 바로 무엇이더냐?

15 너희들이 죄악의 뿌리의 마음을 버리지 못하고 있기 때문이니라.

16 그러니 너희들이 그 죄악에 의한 그와 같은 향수에 젖어 살아가는 사람이 되어서는 아니 되느니라.

17 네가 따뜻한 가슴으로써 스스로 우러나오는 친절이요, 사랑을 베풀며, 모두를 아름다운 몸으로 볼 수 있는 너희들의 그 원래의 자신의 향수를 맡을 수 있도록 내가 나의 사랑하는 아들딸, 너희들을 훈련시킴이니 그리 알라.

18 내가 너희를 지상의 천사로 만들며, 지상의 천사만이 지상에 있는 나의 피조물 만백성, 그들을 구할 수 있는 그와 같은 지혜가 있음을 알라 그리 전하라.

19 지금의 모든 믿음의 길을 가는 그 백성들이 어찌하여 그와 같은 진정한 참 진리요, 아름다운 꿀맛을 보지 못하며,

20 너희들이 어찌하여 썩어진 것, 그리고 잘못된 너희들이 버려지는 그와 같은 곳에 맛이 들어 진정한 꿀맛이요, 진정한 아름다움의 그 의미를 알지 못하고 살아감이니,

21 그들을 너희들이 다스려 주고 이끌어 주어야 됨을 잊지 말라, 사랑하는 나의 아들아!

22 그들을 사랑하느니, 내가 너희들을 사랑하는 만큼 그들 또한 사랑함이니, 너희들도 그 사랑으로써 그들을 다스려 주도록 그리하며,

23 이제는 너희들이 시간을 다퉈 내가 너희들에게 심어 세상에 내보낸 따뜻한 가슴에서 스스로 우러나오는 그 아름다운 마음이요, 사랑의 마음으로 어서 돌아가라.

24 돌아가면 모두를 너희들이 가슴에 안을 수 있을 것이니 그리 알라, 사랑하는 나의 아들딸들아!

10,454 번째 하나님 말씀

2004년 4월 10일 12시 04분

1 사랑하는 나의 아들아!

2 "네, 아버님! 말씀하옵소서."

3 내가 너에게 뭐라 말하였느냐?

4 모든 백성에게 남을 사랑하라 하였음이니라.

5 그것도 스스로 우러나오는 가장 아름다운 마음으로 사랑을 하라 하였음이니라.

6 그 사랑이라는 것은 너희들이 그의 부족한 부분을 완벽한 사람으로, 완전한 사람으로 만드는 것이 너희 자신에 대한 그 모두를 다스려 나가며 너를 위하여 행하는 것이라 내가 그리 말하지 아니하였더냐?

7 그 이치를 가지고 살아가는 그와 같은 삶을 살아야 될 것이니라.

8 너희들은 세상사에 살아가면서 어떠하던가?

9 너희들이 남을 기쁘게 해 주면 너희 자신이 기쁜 것을 알면서, 남을 기쁘게 해 주면 너희가 기쁨을 배로 받는 것을 알면서, 어찌하여 너희들은 그와 같은 장사를 하지 않느냐?

10 너희들은 무슨 물건을 사고팔며 무엇을 역사하는 거래요, 장사는 잘하고

있으나,
11 너희들이 남에게 기쁨을 줌으로써 그
기쁨이 배로 얻어지는 그것은 어찌하
여 행하지 아니하며 그리도 인색하단
말이더냐?
12 너희들이 누구를 불쾌하게 하고 괴롭
혔을 때, 남을 속였을 때, 그 속임을
당한 사람보다, 괴로움을 당한 자보다
너희 자신이 더 괴롭다는 것을 알고
있지 않으냐?
13 세상의 이치요, 나 여호와의 진리는
세상에 다 내려와 있거늘, 어찌하여
너희들이 그를 따르고 행하려 하지 않
는 것이냐?
14 그러니 너희들이 지금의 살아가는 마
음이 무엇이더냐?
15 가슴이 따뜻한 백성이 나의 백성이라
고 했으며, 따뜻한 가슴에서 스스로
사랑하는 마음이 우러나도록 하여 모
두를 사랑하라 하였음이니라.
16 그러나 너희들은 그 사랑이라는 것을
갖지 못하고 있으며, 진정으로 따뜻한
가슴에서 우러난 사랑이 있는 백성이
하나도 없음이니라.
17 그리하여 너희들이 모든 사람들을 사
랑하는 것이 아니요, 짓누르는 대상으
로 생각하며, 네 발아래 두고자 하는
대상으로 생각하며, 네가 정복하여 다
스릴 수 있는 그와 같은 모든 백성이
요, 그와 같은 수준에서만 네 이웃을
보기 때문에,
18 사랑하는 것도 너희들이 네 밑에 두기
위하여, 사랑하는 것도 네 아래 두고
자 하는 그와 같은 마음을 갖고 살기
에,
19 오늘의 이 아름다운 세상이 너희들이
말하는 말세요, 지옥의 세상이 되었음
을 어찌 모른단 말이더냐?
20 사랑하는 나의 아들, 너희들은 이제
들으라.
21 모든 태양이 무엇을 바라고 주더냐?
22 아무것도 바라지 않고 주지 않더냐?
23 그리고 달과 별이 무엇을 비춰 주며
너희에게 무엇을 바라더냐?
24 절대 그들도 너희에게 바람이 없으며
보상이 없지 않더냐?
25 너희들은 자연이 내려 주는 그 물이
너희들에게 무엇을 바라며 갈증이 나
죽어 가는 그들에게 생명수가 되면서
도 그들은 무엇을 얻어 가며 무엇을
거둬 가더냐?
26 너희들이 잠시도 숨을 쉬지 못하면 아
니 되는 그 바람이요, 산소요, 공기가
너희들을 스쳐 가면서 너희들에게 무
엇을 바라며 무슨 보상을 요구하더냐?
27 아무도 너희들에게 바라는 것이 없음
이니라.
28 그리고 흔들리며 살아가는 나무 또한
너희들에게 무엇을 바라더냐?
29 너희들에게 바라는 것이 없이 그들은
살아가면서 너희들을 돕는 그와 같은
모두를 다 무상으로 주며 너희들의 생
명을 지탱하게 함이니라.
30 그러나 너희들은 그 모두를 괴롭히는
자들이요, 그 모두를 정복의 대상으로
가고 있는 것이 너희들이 오늘의 삶이
아니더냐?
31 이제 사랑하는 나의 아들을 따르는 제
자, 너희들은 들으라.
32 내가 지금 너희들에게 아무런 대가의

보상 없이 주고 바치는 그들처럼,
33 이 세상의 모든 백성에게 너희들이 태양이 될 것이며, 물이 될 것이며, 바람이 될 것이며, 묵묵히 자라는 나무가 되어야 될 것이며, 생수로서 되어야 될 것이며, 모두를 무상으로 주는 너희가 되라.
34 유유히 흐르는 그 강물이 모두를 흘러가듯이, 너희들이 그와 같이 유유히 흐르는 강물처럼 그 모두가 되라.
35 그리고 모두가 너희들이 무상으로 줄 수 있는 그와 같은 것, 그들을 본보기로 하여 너희들이 마음을 그리 넓히고 다스리라.
36 한 송이의 피어 있는 그 아름다운 꽃이 보상이 없이 그 꽃향기를 전하고 전하듯이,
37 나의 법전을 읽고 깨우친 만백성 너희들이 나의 법전의 향기의 꽃을 무상으로 전하는 그 일을 하라 함이니라.
38 이제는 너희들이 태양을 스승으로 삼으며, 물을 스승으로 삼으며, 바람을 스승으로 삼으며, 말없이 성장하여 너희들에게 은혜를 주는 나무를 스승으로 생각하며,
39 아무 이유 없이 풍겨 주는 그 아름다운 향기를 스승으로 생각하며, 보상 없이 그저 유유히 흘러가는 그와 같은 물을 보고 너희들이 스승으로 삼으며,
40 너희들이 스승으로 삼을 것은 그것뿐이요, 인간 세상의 그 모두를 스승으로 삼는 것은 이미 너희들은 벗어난 백성들이니라.
41 나의 법전을 읽고 읽고 깨우친 너희들이 160권을 읽었을 때, 이미 너희들은 그 모두를 다스리고 그를 초월한, 살아서 움직이는 태양과 물과 바람이 되어 있어야 함을 알라.
42 그리하여 너희들을 보고 모든 백성들이 따라갈 것이니 그리 전하라.

10,455 번째 하나님 말씀

2004년 4월 10일 12시 11분

1 사랑하는 나의 아들아!
2 "네, 아버님! 말씀하옵소서."
3 너희들이 이 세상에 태어난 그 모두는 너희 자신이 나로부터 받은 가장 큰 은혜요, 은총이요, 선물이라는 것을 알며,
4 보낸 이가 있음이니, 보낸 이로부터 선물을 받은 존재라는 것을 너희들이 스스로 터득하고 깨우치는 그와 같은 자세로써 세상을 보며 모두를 들여다보도록 그리하라.
5 너희들이 생명을 보내 준 이가 있으며, 그 은총을 받은 존재라는 것을 깨닫는다면,
6 너희들의 그 오만함이요, 기만함이요, 너희들이 인간 세상을 속이며 한 점의 부끄러움이 있는 그와 같은 삶을 사는 것이 얼마나 잘못된 것인가를 깨닫게 될 것이니,
7 그리되었을 때 너희들은 하늘을 향하여 한 점의 부끄러움이 없는 그와 같은 백성으로서 살아갈 수 있는 것을 알아야 될 것이니라.
8 그러니 보내 준 이가 있으며 무상으로써 너희들의 생명을 내려 준 것이 내려 준 이의 은총이요, 사랑으로써 너

희들이 모든 게 이루어졌다면,
9 오늘의 그 하나를 터득하며 그에 감
사하는 마음을 가지고 살아간다면, 오
늘의 고통과 실망과 패배요, 그 모두
는 다 너희들이 어찌 받아들이겠는가?
10 고통과 시련이라 너희들은 그리 생각
하지 아니할 것이니라.
11 보내 준 이에 대해 너희들이 감사함을
깨닫고 그를 들여다보는 믿음으로 살
때, 재기할 수 있는 힘이요, 거듭날 수
있는 용기요, 그리고 실망과 실패의
고통 모두를 발판으로 하여 너희들이
거듭나는 인생이요, 실패하지 않는 인
생으로 우뚝 설 수 있는 그와 같은 용
기와 자신을 갖게 될 것이니,
12 그러니 너희들은 고통과 실패요, 실
망이요, 그 모두가 기쁨 못지않은 영
광을 얻는 그와 같이 소중한 것이며
귀한 것이라는 그 의미를 알게 될 것
이니라.
13 그러니 너희들이 그와 같은 마음 자세
로써 생각할 때 이 세상에 고통이요,
실망이요, 너희들이 견디지 못할 것이
아무것도 없으며, 너희들이 울고불고
나에게 소원할 것도 없으며,
14 더 갖고자, 더 이루고자 기도하고 울
고불고하는 것이 얼마나 너희들이 오
만하며 저 자신을 기만하며 불쌍한 백
성들이 할 수 있는 짓이던가?
15 보낸 이요, 내려 준 이의 은총에 감사
하는 그것을 터득하라.
16 그리고 내 마음을 들여다보도록 그리
하며, 그 감사함과 은혜가 얼마나 무
한한 것인가를 한번 생각해 보라.
17 너희들이 짐승으로 세상에 태어났으
며, 미물로 태어났으며, 너희들이 잘
못된 어떠한 형국으로 세상에 태어났
다 생각할 때,
18 너희들이 완벽한 인간으로서 완벽한
모습을 가지고 세상에 태어난 너희들
의 그 삶이요, 그 형태가 얼마나 감사
하며 기쁘며,
19 나로부터 다시 받을 수 없는 가장 귀
하고 소중한 선물을 이유 없이 대가
없이 보상 없이 받아 가지고 나간 너
희 자신이거늘,
20 너희 자신이 선물을 받은 자이며 너희
가 선물 그 자체이거늘, 어찌하여 그
은혜요, 감사의 은총을 모르며, 고통
과 실망이요, 실패요, 그 모두를 나에
게 돌리며, 너희들이 게으른 탓이라는
것을, 네 잘못이라는 것을 생각하지
아니하며, 나를 원망하며 욕되는 그와
같은 말을 가슴에 담을 수 있단 말이
더냐?
21 그 모두를 너희들이 내가 보내 준 것
이요, 내가 역사한 은혜 속에 사는 것
이요, 모두는 너희가 잘못 관리했으며
잘못 다스렸기에 오늘의 너희들이 육
의 고통이요, 정신적인 고통의 길을
간다면,
22 너희들은 지금이라도 그걸 거울삼아
바로 서고 재기할 수 있는 그 삶을 살
아가는 그와 같은 지혜를 얻어,
23 너희들이 그 모두가 미래의 기쁨이요,
미래의 너희들을 위하여 다듬어진 하
나의 과정이라 하여 감사하는 마음으
로 다시 일어서는 그와 같은 삶으로
전하는 백성이 되어야 될 것이니 그리
알라.

10,456 번째 하나님 말씀

2004년 4월 10일 12시 16분

1 사랑하는 나의 아들아!
2 "네, 아버님! 말씀하옵소서."
3 너희들이 순간적인 감정을 표출하는
것, 그리고 감정에 좌우되어 행하는
것, 그것이 너희들의 본색이요, 깨달
음의 한계라 그리하였음이니라.
4 그러니 그 감정을 다스리는 그와 같은
지혜를 너희들이 스스로 터득하지 아
니하면 아니 됨을 알라.
5 너희들은 당황하는 것, 긴박한 상황이
요, 어찌할 줄 모르는 그와 같은 상황
에서도 너희들은 모두를 깨닫고 헤쳐
나갈 수 있는 그 지혜를 다 가지고 있
는 백성이니라.
6 그리고 나의 아들을 따르는 제자들이
요, 너희들은 어떠한 긴박한 상황이
요, 너희들이 헤어나지 못할 그와 같
은 상황에 있어도 너희 자신이 모든
답을 다 알고 있느니라.
7 그리하여 나의 법전을 읽고 깨우쳤으
며 나의 강론을 듣는 너희들은 이미
그와 같은 경지에 와 있으며, 그와 같
은 것을 가슴에 다 안고 있는 백성들
이니라.
8 그러나 너희들이 우발적인 순간적으
로 폭발하는 그 감정을 억제하지 못하
며 다스리지 못하기 때문에, 너희들이
불리한 상황이요, 당황한 상황에서 그
와 같이 제대로 해결하지 못하며 스스
로 다스리지 못하고 너희들이 우왕좌
왕하며 무너지는 그와 같은 백성이 됨
이니라.
9 아무리 당황하고 긴박한 상황에 처한
다 해도 너희들이 나의 아들을 통하여
내리는 강론이요, 나의 법전을 읽고
깨달음을 상기할 수 있는 시간을 갖는
다면, 먼저 너희들이 거기서 답을 찾
고자 한다면,
10 나 여호와에게 너희들이 기도하며 나
로부터 답을 얻고자 하며, 또 나의 법
전 속에 있는 그 가르침의 답을 얻고
자 하며, 나의 아들을 통하여 내리는
그 강론을 듣고 너희들이 거기에서 답
을 찾고자 한다면,
11 너희들은 당황하는 것도 없으며 어떠
한 상황에도 견디지 못할 것이 없는
것임을 어찌하여 모른단 말이더냐?
12 그러니 그와 같은 방법으로써 모두를
다스려 나가도록 현명한 지혜를 가지
라 그리 말하라.
13 다만, 너희들이 순간적인 그 감정을
자제하지 못함으로 인간적인 감정이
폭발함으로 너희들이 모두를 그르치
며 모두를 다 무너트리는 그와 같은
형국이 되느니라.
14 너희들이 나의 법전을 전하며 이를 이
해하지 못하며 받아들이지 못한다 하
여 너희들이 감정적으로 그와 같은 언
행을 할 때,
15 너희의 깨우침의 한계를 그들은 알지
못함이니, 그들을 모르면서 그들을 네
감정대로 주입시키며 전하려 하면 모
두가 다 실패함이니라.
16 그러니 너희들은 스스로 나의 법전 속
에서 모든 답을 찾도록 그리하라.
17 그러면 너희들이 어떠한 상황에서도
그 길이 있으며, 해답을 알 수 있는 것

이 선택된 너희의 은혜요, 축복임을
알라, 사랑하는 나의 아들딸들아!
18 그리고 영원히 변하지 아니하며 네 가
슴속에 지니고 살 수 있는 지혜라는
그 상을 이미 내가 내려 주었거늘,
19 내가 내린 그 상을 너희들이 활용하지
못하고 쓰지 못하는 어리석은 백성이
되어서는 아니 될 것이니 그리 알라.

10,457 번째 하나님 말씀

2004년 4월 10일 19시 40분

1 사랑하는 나의 아들아!
2 "네, 아버님! 말씀하옵소서."
3 네가 나의 성령을 받아 책으로 내어
만백성을 구하는 역사를 위하여 네가
나에게 성령을 받으면서 십계명을 한
번도 암송하지 않은 적이 없으며, 한
번도 거르지 않고 그 십계명을 암송했
으니, 네가 그 십계명의 내용을 다 알
것이니라.
4 그러니 네가 그 십계명대로 모두를 다
지키고 사는가 살지 않는가, 이를 너
는 항상 점검해 봐야 될 것이니라.
5 너처럼 많이 십계명을 암송한 사람이
없으며, 십계명을 너처럼 그리 목매어
매달려 부르짖은 자도 없음이니, 그와
같이 이 세상의 나의 백성 중에서 가
장 많이 십계명을 암송했으며, 십계명
을 따라 살고자 하는 네가 그 십계명
대로 살지 못하며, 거기에서 하나라도
지키지 못하는 것이 있다 하면,
6 이 세상 그 누구도 지킬 수 없으며 역
사할 수 없음이니, 나의 아픈 마음을
어찌 알겠느냐?
7 그러니 사랑하는 나의 아들, 너는 한
점의 부끄러움이 없이 나의 십계명을
지키는 그와 같은 삶이요, 그와 같이
거듭나는 백성이요, 그리고 거듭나는
모든 백성들에게 네가 본보기가 되며
교본이 될 수 있도록 그리 살아가라,
사랑하는 나의 아들아!
8 이제 십계명을 암송한 숫자가 얼마더
냐?
9 한 번 암송할 때마다 내가 종이 한 장
씩의 높이를 쌓는다 했음이니, 그 높
이가 이루 말할 수 없이 높이 와 있음
을 너는 알고 있느냐?
10 그러니 너는 어떠한 일이 있어도 이
를 지키고 행하는 나의 아들로서 바
로 서지 아니하면 아니 됨이니라, 사
랑하는 나의 아들아!
11 네가 그리 가지 못했을 때 그 누구도
지키지 못하며 그 누구도 역사할 수
없다는 것을 알아야 될 것이니,
12 네가 바로 설 때 너의 가는 길을 그 제
자들이 보고 따를 것이며, 그와 같은
길을 올 수 있을 것이니라, 사랑하는
나의 아들아!
13 모두를 다 접어 두라. 모두를 잊으라.
그리고 모두를 네가 손에서 놓는 그
와 같은 삶을 살아야 될 것이니라.
14 어떠한 것도 네가 손으로 쥐고 있으며
그를 네가 쥐고 있고자 한다면, 아무
것도 이루어질 수 없으며 아무것도 역
사할 수 없음이니 그리 알라, 사랑하
는 나의 아들아!
15 내가 나의 피조물 만백성에게 하늘에
오르는 길이요, 너희들이 정녕 구원의
길이라는 것이 얼마나 힘들고 어려운

길인가, 그 모두는 너희들의 노력으로
써 모두가 이루어져야 되며, 너희들의
모두가 그를 이루어야만 된다 하지 아
니하였더냐?
16 그러니 너희들이 지금의 살아가는 삶
이 그러하니라.
17 내가 너에게 성령을 내리지 아니한다
면, 네가 나의 법전을 만들어 만백성
을 구할 수가 없으며, 또한 너 자신이
나태하며 게을러 네가 기도드리지 아
니하며, 네가 나의 성령을 받아 만백
성을 구하는 그 마음의 준비요, 자세
가 되지 아니하면 이를 내릴 수가 없
음이니,
18 너는 과연 얼마나 노력으로써 역사해
야만 이 모두가 이루어지는 것인가를
잘 알고 있을 것이니라.
19 그러니 네가 나의 법전을 만들어 만백
성에게 전하는 것, 네가 조용한 마음
으로, 너 자신을 다스려 네가 기도하
는 마음으로 나의 성령을 기다려야만
모두가 역사할 수 있고, 이 세상에 나
의 진리가 내려올 수 있음이니, 바로
그것이 얼마나 힘들고 어려운 길이더
냐?
20 그러니 그와 같이 네가 경배하고 기도
할 때 나의 성령이 내려가 하나하나
쌓이는 그와 같은 역사를 이루듯이,
21 너희들 스스로 모두가 변화되지 아니
하면, 너희들 스스로가 노력하여 너희
스스로 역사하지 아니하면 아니 되며,
너희들이 악습을 버리지 아니하면 아
무것도 거둘 수 없으며 이룰 수 없다
는 것을 알라.
22 너희들은 나 여호와의 이름으로써 은
혜의 보혈로써 모두를 이룬다 그리 말
하느니라.
23 인간의 노력이요, 인간의 그와 같은
것으로써는 한계가 있어 너희들은 결
코 이룬다 이루지 못한다 하나,
24 너희들이 인간의 능력의 한계가 없으
며 그 위대함은 말할 수 없음이니라.
25 그리고 내가 너희들에게 준 그 능력이
요, 지혜요, 그 재주가 너희들이 모두
를 지킬 수 있는 그와 같은 백성으로
모두 갖춰졌음을 우선 먼저 깨달으라.
26 내가 너희들에게 그와 같은 능력이요,
자격을 주지 아니하고 지키라면, 공의
의 하나님이요, 창조주 아버지라 너희
들이 나를 찾을 이유가 없으며 부를
이유가 없음이니라.
27 그러니 너희들이 노력하면 노력할수
록 역사하는 것이니라.
28 네가 기도하며 경배하는 마음으로 자
세를 갖췄을 때, 내가 너를 통하여 성
령을 내리니,
29 이가 쌓이고 쌓여 책으로 되며, 이 책
이 160권이라는 대장정의 역사가 이
루어지는 것은 네 노력이요, 네가 열
심히 하기 때문에 이루어지는 것이 아
니너냐?
30 너희들이 구원이요, 하늘에 오르는 길
이 너희 스스로 이와 같이 나의 아들
이 나에게 경배하여 나의 성령을 받아
책으로 한 권 한 권 엮어 가는 것처럼,
31 그와 같이 피나는 노력이요, 그와 같
이 역사함이 없이는 너희들이 아무것
도 이룰 수 없으며 구할 수 없다는 것
을 근본이요, 기본으로 삼으라.
32 160권의 대장정은 나의 아들이 기도

하고 경배함으로 내가 내려 줌이니,
그가 그 역사함이 얼마나 힘들고 어려
운 길을 가는가?
33 쉬지 않고 달려가며, 한시도 그를 잊
어 본 적이 없으며, 이를 역사하기 위
하여 모두를 저버리고 살아가는 것이
나의 아들의 삶이니,
34 그가 노력하여 160권의 대장정의 역
사를 이루듯이, 노력하고 노력하는 것
만이 너희들이 구원에 오를 수 있으며
구원을 받는다는 것을 절대 잊지 말라
그리 전하라.
35 너희들이 노력하지 아니하고 스스로
찾지 아니하며 스스로 구하지 아니하
면, 아무것도 이루어지고 역사할 수
없음이니라.
36 너희들은 어찌하여 나에게 얻는 것만
이 두드리면 열릴 것이요, 구하면 구
할 것이라 그리하는가?
37 너희들이 참진리요, 하늘에 오르는 길
이요, 나의 백성으로 거듭나는 그 길
을 위하여 두드리고 찾고 구하면 구
한다는 그 이치를 거기에 너희들이 적
용하여 다시 한 번 돌이켜 생각해 보
도록 그리하라.
38 하늘에 계신 너희들의 아버지요, 창조
주 나 여호와가 너희들이 두드리면 열
어 주고, 그리고 구하면 구할 것이며,
얻으면 얻는다는 그것을 그와 같이
너희들이 편리한 쪽에 쉬운 쪽에는
적용을 하면서,
39 어찌하여 너희들이 찾아서 두드리고
얻고 구하고 하여 천사와 같이 변하는
그와 같은 삶을 살기 위하여 너희들은
두드리지 아니하며, 구하지 아니하며,
얻으려 하지 아니한단 말이더냐?
40 그 모두를 천사가 되는 그것에 다시
한 번 적용해 보면 모든 답이 거기에
있음을 알라, 사랑하는 나의 아들딸들
아!

10,458 번째 하나님 말씀

2004년 4월 10일 19시 47분

1 사랑하는 나의 아들아!
2 "네, 아버님! 말씀하옵소서."
3 내가 수없이 너희들에게 명하고 가르
침이니라.
4 지금의 모든 종교 집단과 지도자요,
그리고 감히 저희들이 구원을 받았다
고 망령된 말을 하는 백성들, 그리고
하늘에 와 너희들이 그 은혜요, 상을
받을 것만이 그득히 쌓여 있다는 그
어리석은 백성들,
5 너희들은 지금의 그 믿음이요, 그와
같은 간단한 방법으로써, 편안한 방법
으로써 믿음의 길을 오는 것, 그것으
로써 너희들이 지금 너희 자신을 들
여다보며 바라보지 아니한다면,
6 오늘의 그 형국으로써는 너희들은 아
무것도 이룰 수 없으며, 정녕 너희들
은 나와는 관계없는 그와 같은 백성이
라는 것을 알아야 될 것이니라.
7 너희들이 지금의 믿음의 자세를 바라
보지 아니하며, 바로 서지 아니하며,
지금의 너희 자신을 다스리지 아니한
다면, 너희들은 아무것도 이룰 수 없
음을 알아야 될 것이니라.
8 지금의 믿음 속에서 과감히 헤어나지
못하며, 그 모두를 접어 두며, 너희들

이 새로운 나의 법전이요, 나의 아들
을 통하여 내리는 그 강론을 듣고 거
듭나지 아니하면 절대 아니 됨이니라.
9 너희들이 지금 그 자리에 머물러 있다
면 그 누구도 구원을 받을 수 없으며,
나에게 오르는 길도 볼 수 없는 자들
이라는 것을 알라.
10 이제 내가 나의 아들을 통하여 너희들
에게 수없이 명한 그 뜻을 내가 다시
한 번 전하니,
11 오늘의 믿음에 대한 집착과 그리고
미련을 버리지 못하며, 과감히 너희들
이 떨치고 일어나지 못한다면, 결코
너희는 어렵고 힘든 그 대가를 치르
는지 머지않아 그를 알게 될 것이니
라.
12 그러니 너희들이 변화되는 것을 보지
못하며, 변화되는 삶을 보지 못하고
이대로 너희들이 집착과 미련과 아집
으로써 그리 간다는 것은, 너희들이
나를 얼마나 능멸하며 나를 욕되게
하는 그 믿음으로 가고 있는지 알겠
느냐?
13 너희들은 모두를 나를 위하여 역사하
며 내 뜻에 의하여 한다 하나, 그 모두
는 인간 너희들을 중심적으로, 너희
자신의 욕심이요, 명예요, 너희들의
모두를 위해 지금 살아가는 그 삶이요,
14 진정한 하늘의 뜻이요, 내 뜻에 따라
연구하고 순수한 마음으로 살고자 하
는 백성이 하나도 없다 하면 너희들은
믿겠느냐?
15 오로지 너희 중심적인 것에서 깨어나
지 못하며, 너희들이 인간 세상의 지
혜는 가지고 있으나, 하늘의 나의 지
혜요, 내 뜻이요, 내가 하늘을 볼 수
있는 그 지혜를 내리는 것을 아무도
받지 못하며, 그를 받아들이는 백성이
없음이니,
16 오로지 인간 세상에서 그저 다람쥐가
쳇바퀴 돌듯이 돌고 돌며 진흙탕에서
헤어나지 못하는 그와 같은 신앙의
길을 가고 있음이니라.
17 내가 새로운 성경을 지금 내림이니라.
18 그리고 나 여호와가 다시 한 번 기회
를 주어 너희를 하늘에 오르는 길로
나의 아들을 통하여 인도하고자 함이
니,
19 너희들이 내가 인도하고자 하는 뜻을
알아야 될 것이며, 나의 법전을 보며
너희들이 나에게 오는 길을 보지 아니
하면 절대 아니 됨이니라.
20 이제 내가 나의 아들을 통하여 내리는
나의 법전을 읽고 깨우쳐 하늘에 오르
는 길을 따르는 자, 그리 역사하지 않
는 자는 아무것도 얻을 수가 없으며,
이룰 수 없는 가련한 백성이라는 것을
알라.
21 내가 나의 아들을 통하여 나의 법전이
요, 새로운 성경을 내려보내니,
22 이를 정독하고 이 속에서 내가 원하는
것에 따라 너희들이 변화되며, 그리고
나 여호와가 역사하고자 하는 그 뜻을
볼 수 있는 하늘의 지혜를 얻어 변하
지 아니하면 결코 너희들은 아무것도
이룰 수 없다 함이니,
23 내가 너희들이 얼마나 귀하고 소중하
면 이와 같은 이야기를 나의 법전에
전하고 또 전하는 그와 같은 수고로움
을 하겠는가?

24 너희들은 나의 법전의 귀함이요, 소
중함을 알며, 이제는 너희들이 지금의
지옥으로 가는 그 믿음이요, 집착에
서 벗어나며, 그 미련을 다 지워 버리
며, 그리고 모두를 떨쳐 버리며,
25 너희들의 고집이요, 아집에서 헤어나
는 그와 같은 거듭나는 백성으로 다시
나거라.
26 그렇지 아니하면 아무것도 보고 얻을
수 없으며, 이룰 수도 없다는 것을 명
심하라.

부 록

【하나님께서 가르쳐 주신 운동】

천재지변이 일어날 때, 동물이나 미물들은 미리 알고 대피하지만, 인간은 알지 못하고 큰 화를 당합니다. 하나님께서 인간에게 가장 높은 지혜를 주시고 완벽하게 창조해 주셨기에 동물들보다 더 잘 알 수 있지만, 욕심으로 마음이 혼탁해져서 한 치 앞을 보지 못하는 것입니다.

마찬가지로, 인간은 누구나 스스로 필요한 운동을 해서 건강을 지킬 수 있도록 하나님께서 만들어 주셨습니다. 우리의 머리에서 우리 몸에 필요한 동작을 해 달라고 끊임없이 신호를 보내지만, 인간이 혼탁하게 살아서 그 신호를 알아채지 못합니다. 그러니 자연스럽게 자기 몸이 원하는 그 신호를 따라서 운동하는 것이 하나님께서 가르쳐 주신 운동 방법입니다. 바로, 우리의 영이 육을 이끄는 운동입니다.

▶ 하나님 운동법

1. 눈을 감고, 발을 어깨너비로 벌리고 바르게 선다.
2. 몸에 힘을 풀고, 허리를 숙이면서 손과 머리를 아래로 내린다.
3. 허리를 펴고 싶을 때, 천천히 펴면서 하고 싶은 동작을 하면 운동이 시작된다. (사람마다 다르다.)
4. 멈추지 말고, 어떤 동작이든지 자기 몸의 느낌대로 계속 이어서 한다.

▶ 참고 사항

① 눈을 감은 상태로 아무 생각 하지 않고, 자기 몸의 느낌대로 움직입니다.

② 마음을 비우고, 욕심을 버리고, 지난날의 잘못을 반성하면서 몇 차례 시도하다 보면, 자기도 모르게 하고 싶은 동작이 끊임없이 생깁니다.

③ 운동 장소는 방 안이든 운동장이든 관계없으며, 걷거나 달리고 싶을 때는 눈을 떠도 됩니다.

④ 매일 40분 이상, 주 4회 이상, 3개월 이상 하면 음식 조절에 들어갑니다.
- 음식으로 생긴 병은 음식으로 치료하게 되며, 어떤 음식을 먹어야 하는지 스스로 알게 됩니다.
(자기 몸에 필요한 음식만 먹고 싶어집니다.)

⑤ 사랑하는 사람과 함께 운동하면 서로 치료해 주기도 합니다.

⑥ 운동을 하다가 몸의 어느 한 부분을 계속 손으로 자극한다면 그쪽에 이상이 있는 것이니, 의사에게 상담을 받고 적절한 치료를 받으면 됩니다.

⑦ 다이어트 및 기타 건강관리에 효과적입니다.

⑧ 꾸준히 운동하여 영이 맑아지면, 자신의 과거와 미래를 스스로 보게 됩니다.

누구나 스스로 하실 수 있습니다.

간 행 사

《새로운 성경》은:

· 새로운 성경은, 하나님께서 선량하고 선한 자를 선택하여 십계명을 암송하도록 하시고, 십계명을 암송한 다음에 음성으로써 들려주시는 말씀을 듣고 그대로 카세트테이프에 녹음해서 받아쓴 책입니다.

· 90분짜리 녹음테이프 700여 개에 달하는 말씀으로, 1999년 8월부터 2004년 7월까지 총 160권(권당 288쪽)을 완성하였으며, 그 이후에도 현재까지 계속 말씀을 내려 주고 계십니다.

· 새로운 성경은 "하늘을 두루마리 삼고 바닷물을 먹물 삼아 쓰고 써도 다 못 쓴다"는, 끝없이 방대한 하나님의 말씀이 두루마리로 직접 내려오는 것입니다. 이러한 새로운 성경은 구약과 신약을 폐하려는 것이 아니라 "인봉된 성서의 비유의 뜻"을 상세히 설명하여 완성하고자 하나님께서 직접 내려 주신 말씀입니다.

《새로운 성경》의 구성:

· 제 목: 2013년, 160권 모음집을 발간하면서, 본 도서의 제목을 "하나님! 말씀하옵소서"에서 《새로운 성경》 으로 명해 주셨습니다.

· 단행본: 각 권당 288쪽(신국판) 책이 160권까지 시리즈로 출판됩니다. (모음집은 단행본을 16권씩 묶어서, 총 10부로 구성됩니다.)

《새로운 성경》의 성경적 근거:

· 신약 성경 [요한복음] 16장 13절에 "진리의 성령이 오시면 그가 너희를 모든 진리 가운데로 인도하시리니 그가 자의로 말하지 않고, 오직 듣는 것만을 말하며" 하신 말씀처럼 하나님의 음성을 들은 것만 기록하였으며,

· "장래 일을 너희에게 알리시리라" 하신 말씀과 같이 개인, 나라, 인류의 "장래"일을 하나님께서 알려 주시는 것만 기록하여 책으로 만들었습니다.

《새로운 성경》의 기록 방법:

· 1999년 8월부터 하나님께서 저에게 들려주시는 음성을 기록하였습니다. 처음에는 제가 들은 말씀을 불러 주면 저의 아내가 기록하여, 2000년 1월 29일에 1권 초판이 세상에 나왔습니다. 2000년 4월부터는 주시는 말씀을 받아 녹음기에 기록하기 시작하였습니다.

· 녹음을 시작하면서 하나님의 말씀을 받는 데 가속도가 붙었고, 2001년 5월 3일에 1부(1~16권까지)를 인쇄하여 출판하였으며, 2004년 7월까지 총 160권 분량의 말씀을 받아 기록하였습니다.

하나님께서 저에게 주신 것은:

· 첫째, 만백성을 상대로 내려 주시는 "기도", 둘째, 수시로 내려 주시는 "묵상", 셋째, 개인의 과거, 현재, 미래를 알려 주시는 "개인 기도", 넷째, 개인의 건강을 위해서 내려 주시는 "음식 처방", 다섯째, 하나님께서 가르쳐 주신 "운동"등이 있습니다. 이 중에 첫 번째, "기도"를 책으로 편찬하였습니다. 사람의 생사, 개인의 미래에 관한 천기는 수록하지 말라 하셨습니다.

강론 안내:

· 하나님께서는 지금도 매일 저에게 새로운 하늘의 비밀의 말씀을 내려 주고 계십니다. 수시로 내려 주시는 말씀을 정리해서 제자를 육성하라는 말씀에 따라 매주 강론을 하고 있습니다. 누구나 무료로 들으실 수 있습니다. (book160.com)

《새로운 성경》을 읽는 분들에게 드리는 선물:

· 개인 기도: 개인의 과거, 현재, 미래에 관하여 말씀을 내려 주십니다.

· 음식 처방: 사람은 음식을 먹고살다가 건강을 잃으니, 음식과 운동으로 건강을 되찾는 방법을 알려 드립니다. 단, 하나님이 계심을 믿고, 십계명을 지키겠다고 진실로 서약하는 분들께 알려드립니다.

《새로운 성경》의 은혜와 기적:

· 새로운 성경 전160권은 16권씩 묶어서 총 10부의 모음집으로 구성됩니다. 모음집 한 부를 읽고 깨우치는 자에게 하나님께서 다음과 같은 기적이 있다고 하셨습니다.

· "첫째, 그가 죽어 하늘에 갔을 때 그의 죄를 묻지 아니하며, 구원을 받는 위대한 은혜가 있으며, 둘째, 그의 소원과 소망이 이루어지고, 셋째, 죽은 자(부모, 형제, 자식, 사랑하고 은혜 입은 분)의 이름으로 구입한 책을 읽고 누군가 한 사람이 깨우칠 때, 그 죽은 자가 지옥에서 천국으로 구원을 받게 되며, 넷째, 유산, 중절 수술 등으로 태어나지 못한 아이를 위하여 구입한 책을 보고 한 명이 깨우쳤을 때, 그 아이가 사람으로 다시 한 번 태어나는 은혜를 받는다."

· "새로운 성경"을 3회 이상 정성을 다해 정독하는 자, 성서의 비밀을 알게 되고, 세상의 이치를 알게 되며, 세상을 지배하고 통제할 수 있는 지혜를 다 얻게 된다고 하셨습니다. 이 책은 만백성이 정독하고 이웃에게 전하여, 평생 가슴에 묻은 슬픔과 고통의 짐을 벗고 미래를 위한 힘찬 삶을 살아가도록 하는 책입니다.

끝으로

· 하나님께서는 흰 눈이 세상을 덮듯이 새로운 성경을 온 세상에 전하라고 하셨습니다. 《새로운 성경》 을 각국어로 번역해서 온 인류에게 구원의 길을 깨우쳐 주고, 그 수익으로 가난하고 어려운 백성을 구제하여, 만백성의 영과 육을 함께 구원하는 선지자의 임무를 수행하라고 저에게 명하셨습니다.

· 하늘에서 내려 주신 말씀의 보화를 만백성에게 나누어 주는 것이 선지자의 임무라고 하셨습니다. 새로운 성경을 통해서 얻는 재물을 사용할 곳도 하나님께서 일일이 명해 주십니다. 모든 재물은 저의 자의로 쓸 수 없고, 하나님께서 명하시는 대로만 쓰여집니다.

· 어떤 명분으로든 십일조나 각종 헌금을 거두어들이지 말라 하셨으며, 국내뿐 아니라 각국에 성전과 단독 서점을 운영하며, 한국의 많은 젊은이들을 전 세계에 지도자로 내보내라고 하셨습니다.

· 우리는 세계적으로 새로운 성경을 보급하며 어려운 이들을 돕는 역사를 해 나갈 것입니다. 지금까지 비록 몇 명 안 되는 제자들과 함께 이러한 일을 역사했지만, 앞으로도 계속 하나님께서 기뻐하시는 일들을 해 나갈 것입니다. 부족한 저희에게 여러분들의 지혜와 성원을 보내 주시기를 바랍니다. 많은 분들의 참여와 도움을 간절히 기다립니다. 감사합니다.

한국어로 내려온 《새로운 성경》 단행본을 출간하며
2016년 4월 10일

발행인 **김 용 철**

한국어로 내려온

새로운 **성 경** · 9부 · 제139권

지은이 하나님 말씀
대역자 김용철

초판인쇄 1쇄 2017년 4월 3일

펴낸 곳 도서출판 하얀마음
등록번호 제 10-2107호 (2001년 2월 14일)
주소 서울시 노원구 덕릉로86길 5, 2층
전화번호 02) 313-1114
팩스 02) 393-5554
전자우편 book160@hanmail.net
편집위원 조나영 김미향 이석교
제작지원 이기종

도서상담 1600-7527
ISBN 978-89-5875-239-4 (04230)
978-89-5875-100-7 (세 트)

값 10,000원
잘못된 책은 구입하신 곳에서 바꾸어 드립니다.

※이 책은 10부로 제작되며, 각 부 16권씩 총160권으로 구성됩니다.※

1부	2부	3부	4부	5부	6부	7부	8부	**9부**	10부
1권	17권	33권	49권	65권	81권	97권	113권	129권	145권
2권	18권	34권	50권	66권	82권	98권	114권	130권	146권
3권	19권	35권	51권	67권	83권	99권	115권	131권	147권
4권	20권	36권	52권	68권	84권	100권	116권	132권	148권
5권	21권	37권	53권	69권	85권	101권	117권	133권	149권
6권	22권	38권	54권	70권	86권	102권	118권	134권	150권
7권	23권	39권	55권	71권	87권	103권	119권	135권	151권
8권	24권	40권	56권	72권	88권	104권	120권	136권	152권
9권	25권	41권	57권	73권	89권	105권	121권	137권	153권
10권	26권	42권	58권	74권	90권	106권	122권	138권	154권
11권	27권	43권	59권	75권	91권	107권	123권	139권	155권
12권	28권	44권	60권	76권	92권	108권	124권	140권	156권
13권	29권	45권	61권	77권	93권	109권	125권	141권	157권
14권	30권	46권	62권	78권	94권	110권	126권	142권	158권
15권	31권	47권	63권	79권	95권	111권	127권	143권	159권
16권	32권	48권	64권	80권	96권	112권	128권	144권	160권